德 育 理 论 探 新 丛 书

范树成 ◎ 主编

德育中的道德智慧培养研究

范树成 等 ◎ 著

中国社会科学出版社

图书在版编目(CIP)数据

德育中的道德智慧培养研究 / 范树成等著. —北京：中国社会科学出版社，2020.4
(德育理论探新丛书)
ISBN 978-7-5203-6218-4

Ⅰ.①德… Ⅱ.①范… Ⅲ.①德育—研究 Ⅳ.①G41

中国版本图书馆 CIP 数据核字(2020)第 054661 号

出 版 人	赵剑英
责任编辑	任　明
特约编辑	芮　信
责任校对	夏慧萍
责任印制	郝美娜

出　　版	中国社会科学出版社
社　　址	北京鼓楼西大街甲 158 号
邮　　编	100720
网　　址	http://www.csspw.cn
发 行 部	010-84083685
门 市 部	010-84029450
经　　销	新华书店及其他书店

印刷装订	北京君升印刷有限公司
版　　次	2020 年 4 月第 1 版
印　　次	2020 年 4 月第 1 次印刷

开　　本	710×1000　1/16
印　　张	16.25
插　　页	2
字　　数	266 千字
定　　价	85.00 元

总　序

　　无论人们如何理解和界定德育，德育总是在一定的时间、空间条件下，在德育理念的指导下，教育者运用一定的策略与方法，引导受教育者内化德育内容，并将其外化为相应的行为习惯的过程。因此，德育的时间（时机）与空间、内化与外化、具体的德育理念与策略方法便成为德育理论研究与实践必须关注的最基本问题之一。鉴于此，我在指导博士生论文选题和研究过程中，有意识地引导他们围绕这些德育理论与实践问题确定选题和进行研究。经过十多年的不辍耕耘、辛勤劳作，终于结出了硕果。今天呈现在大家面前的这套《德育理论探新丛书》便是这一努力的成果。

　　当前，我国德育改革不断深入，德育实践进一步发展。在德育理论与实践中，一些旧的问题尚未解决，而且在新的时代条件下这些问题还呈现出了新的表现形式；同时，与时代发展相伴随，又出现了一些新的问题。这些问题都需要我们去探讨、去研究，提出解决这些问题的时代对策，促进这些问题的解决，推动德育理论与实践的进一步发展。

　　德育是我们这个时代的一个重要话题和课题。德育理论及其研究随着时代的变迁而变化和发展，具有鲜明的时代特征。理论是行动的先导，德育实践的发展需要德育理论的引领。要实现德育理论的引领作用，就必须从学理上对德育中的课题进行新的探究，对这些课题作出新的回答。本套丛书就是我们对这些课题作出新回答的一种尝试。本套丛书围绕德育在什么时间（时机），什么场所（空间），以何种理念为指导，采用什么样的策略与方法，以什么为目标进行才能取得理想的效果，来确定选题和研究思路，对当代中国德育的一些基本理论、基本问题进行新的研究，主要包括德育时间与空间、德育内化与外化、礼仪教育、榜样教育、智慧德育、道德智慧培养、导育等，内容具有广泛性。本套丛书力图对这些基本的理论问题和实际问题，从不同维度和视角，运用不同的方法和言说方式作出体现时代特征、符合德育规律的回答。

这套丛书力求体现以下特色：

创新性。德育理论和实践呼唤创新，德育理论研究贵在创新，德育实践同样需要进行创新，需要在新的德育理论指导下突破传统的低效的德育的束缚。因此，本套丛书并不寻求建构系统的理论体系，而是着眼于在德育理论与实践领域的某一方面有所创新。因此，从选题到具体内容均以提出新的观点和新的见解为追求。在这些著作中，有的选题学者很少研究，选题本身就具有创新性；有的选题虽然是老的话题，已有一些研究，但是人们很少作为一个专门的研究课题进行系统、深入的学理探讨；有的课题虽已有一定的研究，但是这些课题是常探常新的。本套丛书试图对这些问题运用新的理论与方法，从新的视角，根据时代的特征，提出新的观点和看法。

实践性。德育理论是一门实践性很强的理论，是一种实践理性，德育理论研究旨在服务于德育实践。因此，本套丛书虽然注重德育理论的形而上的研究，注重德育基本理论的探讨，但是，本套丛书从选题到具体内容都力求做到理论联系实际，对选题进行形而下的研究，对德育实践进行深刻的反思，并提出具体的德育实践策略，以为德育实践提供具体的理论指导。

开放性。开放是创新的必要条件。本套丛书根据研究与创新的需要，尊重作者的创作自由，从选题到研究范式与方法，从研究思路到框架结构等方面均坚持开放性，不追求形式上的一致。本套丛书的作者努力解放思想，冲破传统思维方式和观念的束缚，提出了自己的新观点、新看法。

反思性。在当代中国，从党和政府到学界都高度重视德育理论与实践。国家和社会投入了大量的人力、物力和财力进行德育，然而德育的实效性却常常遭到人们的质疑、诟病。是何种原因造成了此种状况，如何扭转这种现状，是本套丛书非常关注的一个问题。本套丛书根据研究的主题运用不同的视角对我国德育现状进行审视，从理论依据、指导思想、操作理念、实践策略等多维度反思造成这种状况的深层次的原因，以求提出具有针对性的对策。

本套丛书，除了我的《德育中的道德智慧培养研究》一书外，均是我指导的博士生在其博士论文的基础上精修而成的。尽管每部专著的作者研究基础不同、学术造诣不同，但是他们都在自己能力所及范围内尽了最大努力，对自己研究的课题大胆探索、缜密思考、严谨论证、勇于创新，为本套丛书的出版贡献了自己的智慧。

我们愿借本套丛书的出版求教于专家、同人，同时我们也期待本套丛书有助于推进我国德育理论研究和德育实践的进一步发展。由于我们的理论水平和认知能力有限，书中难免有缺点、不足甚至错误，祈请各位专家、同人指教。

本套丛书的出版，得到了原河北师范大学法政学院领导的大力支持，任明编审为本套丛书的出版倾注了大量的心血，在此一并表示真挚的谢意。

范树成

2016 年 1 月 20 日

于河北师范大学

目　　录

总　论

德育中的道德智慧培养

道德智慧是人的德性的内在构成要素，是理性智慧、价值智慧与实践智慧的有机结合，是生活智慧、生命智慧与人生智慧的统一。它既是"智慧的道德"，又是"道德的智慧"。智德合一是人类道德与智慧关系发展的必然结果。培养学生的道德智慧是德育的必然选择和应然追求。当代德育应化道德为智慧，化智慧为道德，将德育与智育有机结合，在真实的道德事件中，在解决道德冲突中，在生活与实践中生成学生的道德智慧。

一　道德智慧解读

（一）道德智慧的含义

要界定道德智慧，首先需要准确理解智慧。因为对智慧的理解直接影响对道德智慧的认识。在现实生活和在理论研究中，人们往往从不同的视角认识智慧。在不同的视角中，智慧的含义是有区别的。从日常生活的视角看，智慧指的是人办事精明、足智多谋；从心理学视角、认识论视角看，智慧指人的聪明才智，智力发达；从哲学的视角看，智慧"是对'道'的体悟，是一种通彻事理、了悟世情、洞达人生的精神境界"①，而在印度佛教中，智慧是一种破除人生迷惑、对人生彻悟的能力；从实践论的视角看，"智慧是应用已知的去明智地指导人生事务之能力"②；从伦理学特别是从传统伦理学视角看，智慧是道德规则之一，在古代希腊将智慧

---

① 郭明俊：《哲学的智慧与智慧的哲学》，《学术研究》2008 年第 10 期。
② ［美］杜威：《人的问题》，傅统先、邱椿译，上海人民出版社 1965 年版，第 4 页。

作为四主德之一（智慧、勇敢、节制、正义），中国传统道德将智慧作为五常（仁义礼智信）之一。所以，"智慧是很重要的社会的外在道德规范和个人的内在道德品质"①。因此，在不同的学科中，智慧有不同的含义。正因为如此，智慧才有不同的表现，如"常识的智慧、艺术的智慧、宗教的智慧、伦理的智慧、科学的智慧和哲学的智慧等等"②。

由上可知，智慧可以分为道德智慧与非道德智慧。道德智慧是进行道德活动的智慧，即认识和处理道德问题、道德现象的智慧。道德智慧是智慧的一种表现形态。

对于道德智慧的含义，学者的看法也并不一致，有的学者认为，"道德智慧是一种知人、知己、知物的综合意识和能力；是人能恰当地处理人与自然、人与社会、人与自己之间关系的综合意识和能力"③。还有学者认为，道德智慧是大智慧，"而不是通常所说的小聪明，更不是狡黠、奸猾。这种生命的大智慧对人生意义、价值、道路有通透的睿智、大彻大悟，洞悉人们相互关系及其规律，明察社会发展趋势，并能审时度势，恰当地选择自己的行为目的与手段，做其所当做"④。根据对智慧的理解，考虑到道德的特性，我们认为，道德智慧是人妥善地认识与处理各种道德关系（问题）及选择与实施道德行为的综合能力。"妥善"中的"妥"指的是适当、恰当、适度；"善"指的是符合道德。正如有的学者所言，道德智慧简单地讲就是"善于善"的能力。"'善于善'后一个'善'字属于道德的范畴，伦理的范畴，前一个'善'字属于智力的范畴，智慧的范畴。作为一个整体，这就是道德智慧。"⑤

（二）道德智慧的形态

道德表现在处理人与人、人与社会、人与自身、人与自然的关系领域，相应地，道德智慧表现在人处理人与人、人与社会、人与自身、人与自然关系等方面。因此，道德智慧表现形态有三种，即生活道德智慧、人

---

① 王海明：《伦理学原理》（第二版），北京大学出版社 2005 年版，第 323 页。
② 郭明俊：《哲学的智慧与智慧的哲学》，《学术研究》2008 年第 10 期。
③ 吴安春：《回归道德智慧：转型期的道德教育与教师》，教育科学出版社 2004 年版，第 32 页。
④ 高兆明：《伦理学理论与方法》（修订版），人民出版社 2013 年版，第 47 页。
⑤ 张楚廷：《论道德智慧》，《当代教育论坛》2004 年第 11 期。

生道德智慧与生态道德智慧。

1. 生活道德智慧

生活是道德智慧形成、发展和表现的主要领域。而生活道德智慧主要表现为处理人与社会、人与他人之间的关系中。

"有一个为许多专家所接受的智慧观点是：智慧是对生活中新问题、新情境的一般适应能力。"① 生活道德智慧主要表现为，能破解生活中的道德冲突、突破道德困境、在各种道德情境中灵活运用道德规范、合理进行交往、具有公共理性，等等。

在多样化社会，人们面临的道德冲突和道德困境越发明显。道德冲突和道德困境是道德主体道德选择时面临的一种矛盾状态和困难处境。具有道德智慧的人在面临道德冲突的困境时，能运用自己的道德智慧选择解决这种道德冲突困境的途径和方式，化解和突破道德冲突的困境，使道德难题迎刃而解。

道德智慧还表现为能在各种具体的道德情境中灵活地运用抽象的道德规范。任何一种道德原则和规范，只是告诉了人们一种道德生活的原则与态度，一种解决道德问题的精神，它并没有直接告诉人们在具体的道德情境中可以照搬的道德行为方式。具有道德智慧的人，才能根据面临的具体的道德情境、道德问题灵活运用道德原则和规范，选择恰当的道德行为方式和解决道德问题的途径。

道德智慧还表现在日常生活和非日常生活的交往中。具有道德智慧的人，在交往中，具有理解、包容、诚信、平等、分享、移情、合作、尊重、利他、与人为善等的意识、能力和行为。

"'公共理性'是指在公共领域里起作用的理性。"② 公共理性追求的是公共善，是为了公共利益和共同生活，它不仅是一种一般的理性能力，更是一种道德智慧。"它要求人们在认识和处理公共领域的事务，处理人与人、人与社会的关系时，从公共整体利益出发，从有利于他人和社会出发，提出自己的见解和处理方式，理解他人的意见和处理方式，体谅他人的观点和做法，并为了他人和社会的利益作出让步和妥协，从而使多元主

---

① 瞿葆奎：《教育与人的发展》，人民教育出版社 1989 年版，第 426 页。

② 龚群：《理性的公共性与公共理性》，《哲学研究》2009 年第 11 期。

体能够和谐相处。"① 一个具有道德智慧的人也应该是一个具有公共理性的人。

2. 人生道德智慧

道德智慧不仅表现在对外的关系中，也表现在对内的关系中。是人的生存道德智慧与生命道德智慧的有机统一，是安身立命、使自身成为道德存在并使自身道德获得良好发展的智慧。具体表现为：

自我道德认识。一个有智慧的人一定是一个能正确认识自我的人。同样，一个有道德智慧的人也一定是一个能正确认识道德自我的人。道德智慧是一种认识道德自我的能力。自我道德认识表现在：能认识到自己是一个道德存在，认识到道德是自身的存在和发展方式，认识到自己的本性是道德生命；认识自己自然生命的有限性，并能提升自己道德生命的无限性、自己精神生命的无限性，实现对自身自然生命有限性的超越；能发现人生的真正意义，将创造有意义的人生作为自己的追求。

自我道德实现。道德智慧不仅表现为能妥善、明智地处理各种外在的道德关系，而且表现为能妥善地、明智地实现道德自我。心理学家马斯洛谈到的人的自我实现的二十余种表现中，有许多就属于道德的自我实现，如无私地自我实现；对人对己都要以诚相待；负责任；真诚、和谐、诚实；有意识地寻求伦理和道德原则；善以待人，助人之正业，以此变得无私；等等。② 马斯洛认为，自我实现了的人就是道德高尚的人、利他的、献身的、社会性的人。自我实现不是忽视自己对社会的义务和贡献。

自我道德超越。在道德上，人是一种超越性存在，人是在不断的自我否定和自我超越中实现道德自我发展的。具有道德智慧的人能够认识到人的这种道德属性，不断实现从实然的道德自我向应然的道德自我、现实的道德自我向理想的道德自我的转变，成为一个处在不断发展中的、一个永远在路途中的道德自我，使自己成为一个不断完善的具有更高的自主、自立、自信、自觉、自爱、自律、自尊品格的人。

3. 生态道德智慧

赫拉克利特指出："智慧就在于说出真理，并且按照自然行事，听自

---

① 范树成等：《多元化视阈中的德育改革与创新研究》，中国社会科学出版社 2010 年版，第 64 页。

② ［美］马斯洛：《洞察未来：马斯洛未发表过的文章》，许金声译，华夏出版社 2004 年版，第 19—22 页。

然的话。"① 赫拉克利特的这句话在某种程度上道出了生态道德智慧的真谛。人存在于、发展于自然中，需要认识和处理与自然的关系，道德智慧就表现在处理人与自然的关系中。在处理人与自然关系方面需要和表现出来的智慧就是生态道德智慧。在中国，生态道德智慧的发展走过了曲折的历程。中国传统文化强调天人合一，表现出了中国人最初的生态道德智慧。但伴随着我国经济的发展，环境遭到破坏，生存环境恶化，我们的生态道德智慧出现退化。在今天的中国，生态环境的恶化，又重新使我们认识到了热爱自然、保护生态环境对人类生存、发展的极端重要性，我们自觉地倡导生态文明，表现了现代中国人的生态道德智慧。与最初的生态道德智慧相比，这种生态道德智慧是一种更高级的、自觉的道德智慧。生态道德智慧表现为恰当地、明智地认识和处理人与自然、人与环境的关系，珍爱自然、保护环境、合理利用自然资源、防治污染；尊重自然之道，按照自然规律规范，调节自己的思想和行为，与自然和谐相处；感悟人生与自然的相关性，实现自然之理向人生意义的转化。

由上可知，道德智慧也就是人的为人、处世、做事、立身的智慧。

（三）道德智慧的特征

道德智慧是道德与智慧的有机结合，而不是二者的简单相加，它包含着"智慧的道德"与"道德的智慧"两个相互制约、相互渗透、互为条件的方面。因此，它是社会内容（道德内容）与心理形式（道德形式）的统一，真与善的统一，它整合了心理学、人学、哲学、伦理学等学科关于智慧内涵的看法，具有以下几个鲜明的特点：

1. 生活性

道德智慧与生活是密不可分的，甚至是一体的。道德智慧来源于生活、生成于生活，表现于生活，确证于生活，并且指导生活，引领生活，创造新的生活，引领幸福人生。它是生活智慧与生命智慧、人生智慧的统一。

2. 整体性

"智慧不等于知识、经验或能力，也不等于纯理性的或感性的思维，

---

① 北京大学哲学系外国哲学史教研室编译：《西方哲学原著选读》（上卷），商务印书馆1981年版，第25页。

更不等于智力或智商。它是人的理性与非理性、科学与人文等多方面素养的综合体现，是心理学、社会学、哲学等多领域素养在人的思维与实践中的折射。"① 道德智慧更体现了综合性、整体性。

第一，道德智慧是道德与智慧的统一。"道德智慧是以人更好生存为价值取向进行德性养成和完善的"②，"是品德的一个部分，更确切说是品德的指导因素：'智者，德之帅也'"③。而"德性也是理智或智慧以这种正确的善恶观念为根据作出选择的结果"④。道德与智慧是不可分离的，"一个人没有心灵的神圣固然什么都干得出来，但心灵的神圣还需要理性的开化、滋养和提升，而且仅有心灵的神圣未必导致神圣的结果。事实上，心灵的神圣不仅是通过理性和智慧的开化和滋养形成的，而且神圣的心灵的对象化主体建构，也是通过道德理性和道德智慧指导操作实现的。一个人具有心灵的神圣，他肯定从善致善，而且可以说是本性善良的人，甚至高尚的人，但却不可能达成从善致善的最佳效应和完美境界，成为真正完善的人。反倒会常常作出无畏的、不必要的牺牲甚至造成善的负面效果，或者成为莽撞的'英雄'，或者成为迂腐的侏儒、异化了的呆子和'愚人'。我国历史上，传统的道德教化和文化氛围便造就了这样一些有善心而不知如何为善的缺乏道德智能或道德智能低下的侏儒或'愚人'。这是值得引以为戒的"⑤。

第二，道德智慧是各种道德能力的有机统一。道德智慧作为一种综合的道德能力包含道德认识能力、道德判断能力、道德选择能力、道德直觉能力、道德移情能力、道德行为能力、道德创新能力等要素。但道德智慧不是各种道德能力的简单相加，而是各种道德能力的有机整合和综合体现，是理性能力、价值能力与实践能力的统一。

第三，道德智慧是理性智慧和非理性智慧的统一。道德智慧内含着公共理性，或者说二者具有一致性，因为"公共理性是公众对公共伦理领域问题的理智思考方式"⑥，从伦理学角度看，它是一种道德能力，它要

---

① 张茂聪：《道德智慧：生命的激扬与飞跃》，《教育研究》2005 年第 11 期。

② 江畅：《德性论》，人民出版社 2011 年版，第 33 页。

③ 王海明：《伦理学原理》（第二版），北京大学出版社 2005 年版，第 321 页。

④ 江畅：《德性论》，人民出版社 2011 年版，第 33 页。

⑤ 龙兴海：《论道德智慧》，《湖南师范大学社会科学学报》1994 年第 4 期。

⑥ 陈嘉明：《个体理性与公共理性》，《哲学研究》2008 年第 6 期。

求人们在处理公共领域的事务，处理人与人、人与社会的关系时，要善于从有利于他人和社会出发，选择合理地解决问题的方式和行为方式。道德智慧还是一种包含着情感性、直觉性在内的非理性能力，情感、直觉、良心等非理性因素在道德智慧中发挥着重要作用。

第四，道德智慧是心理形式与社会内容的统一。一般的智慧主要是一种心理形式。道德智慧与一般的智慧不同，它不仅包含心理形式，而且包含社会内容，道德性是其特质，具有明显的价值性，是一种价值智慧，是心理形式与社会内容的有机统一。

第五，道德智慧是能力与境界的统一。道德智慧不仅是各种能力，也是一种精神境界、道德境界，是人的道德能达到的一种境地。"拥有道德智慧的人，不管他所面对的社会道德现象和面临的具体道德情境如何错综复杂，变化莫测，不管面对什么诱惑和障碍的干扰，其道德思维的灵角能十分敏捷和敏锐地作出'谁是谁非'的善恶判断，能超越感性现象、感性经验、感性自我和各种偶然因素而直逼道德必然以致抓住道德必然，从而作出行为方向和行为方式的达观和明智的价值选择，达到'致广大而尽精微'的智者或哲人的境界"①，"显示出为人处事的明智和'泰然行将去'的大家气象"②。

3. 实践性

"道德智慧就是人在特定时空条件下的恰当行为能力。"③ 道德智慧既是理性智慧，更是实践智慧，是道德认识能力与道德行为能力的统一。作为道德认识能力，道德智慧是人对善恶是非的认识能力，表现为面对复杂的善恶是非问题的"不惑"和在纷繁复杂的现实生活中发现各种世事和人事的善恶价值的能力，表现为认识人与人、人与社会、人与自然、人与自我关系方面的大睿大智。作为道德实践能力的道德智慧是一种实践智慧，是人在道德生活实践中的智慧，表现为能根据道德认识恰当处理生活中的各种道德问题，实施道德行为。道德智慧作为一种实践智慧还表明，它是在道德实践中形成、表现、确证和发展的。

4. 创造性

道德智慧既表现为对普遍的道德规范的遵守，更体现为主体根据具体

①　龙兴海：《论道德智慧》，《湖南师范大学社会科学学报》1994年第4期。

②　同上。

③　高兆明：《伦理学理论与方法》（修订版），人民出版社2013年版，第47页。

的道德情境灵活地运用道德规范，创造性地解决道德问题，选择道德行为方式。创造性是道德智慧的最高表现和最高境界。因循守旧、中规中矩算不得道德智慧。

（四）道德智慧的结构

道德智慧是一个由不同的要素构成的复合性结构。主要有以下要素构成：

1. 道德认识能力

道德认识能力是主体对道德现象进行认知、对道德知识进行理解，并由此获得道德新认识的能力。道德认识能力由感性的道德认识能力和理性的道德认识能力构成。

感性道德认识能力是主体对各种道德现象进行感知并获取感性经验的能力。它是对道德情境、道德关系、道德问题的外部联系的反应能力。

理性道德认识能力是主体对道德现象的本质进行认识的能力。它是反映道德现象的内在联系、内在本质的能力。由道德分析能力、道德综合能力、道德判断能力、道德推理能力、道德反思能力等构成。道德分析能力是将道德现象和道德知识分解为各个部分、方面、要素，对其分别加以研究，从中找出认识对象的本质的道德认识能力；道德综合能力则是把分解为各个部分、方面、要素的道德现象和道德知识，再组合成一个整体的道德认识能力；道德判断能力是主体根据自己的道德价值观及社会的道德原则和规范对道德现象作出善恶价值评判的能力；道德推理能力是主体在道德判断的基础上，从一个或几个道德判断推出另一道德判断的能力，常用的道德推理有道德类比推理、道德归纳推理、道德演绎推理和道德归因推理，相应地，道德推理能力有道德类比推理能力、道德归纳推理能力、道德演绎推理能力和道德归因推理能力；道德反思能力是主体对已经完成的道德认识进行再认识的能力，具体而言是对已完成的道德的感性认识和各种道德理性认识的再认识的能力，是对道德认识的过程及其结果的认识能力，其涉及的内容是各种道德认识，而不是各种道德现象本身。

道德认识能力是道德智慧及各种能力形成和发展的基础。

2. 道德判断能力

道德判断能力是主体以自己的道德价值观及社会的道德原则和规范为标准对道德现象作出善恶价值评判的能力。如上所述，道德判断能力从逻辑上讲，应从属于道德认识能力。但是，由于道德判断能力在道德认识能力中的地位非常重要，人们往往又将其从道德认识能力中分离出来，作为一种独立的道德能力来研究，本书也采用这种方法。对于道德判断能力，我们可以根据其发挥作用于行动之前、行动之中还是行动之后，将道德判断能力分为道德指令判断能力、道德规范判断能力和道德评价判断能力。道德指令判断往往是在具体的道德情境中作出的判断，是对具体的行动主体作出的包含要求、号召、劝告、命令等指令的判断，它表现为判断主体的期待。因此，道德指令判断能力是主体对自己或他人作出应该或不应该等指令的能力，包括在头脑中作出道德指令判断的能力和实际上作出（表达出）道德指令判断的能力，这种能力是在行动前运用的能力。道德规范判断能力是主体对自己和他人的行为是否符合社会道德规范进行判断的能力。这种能力是在行动过程中运用的，其主要的功能是根据已有的道德规范对自己和他人正在进行的行动进行判断，以使这些道德行为符合道德规范的要求，纠正偏离道德规范的行为。道德评价判断能力是对道德行为表达出肯定或否定、赞成或反对的态度，对行为或事实作出善恶性质的断定的能力，这种道德判断能力往往是在道德行为发生之后运用的。

　　运用道德判断能力，人们可以实现以下目标：第一，反应—描述，即对道德现象作出反应，并运用语言、符号图式等将这种反应描述出来。第二，规范，即运用反映了社会道德要求的规范性道德判断约束自己和他人。第三，评价—导向，即通过善恶评判来褒善贬恶、扬善抑恶，实现对人们道德行为的引导，鼓励人们作出道德行为。

　　道德判断能力是道德选择及道德选择能力的形成和发展、道德行为发生的前提。科尔伯格认为，道德判断是道德行为的一个必要条件。同样，高水平的道德判断能力是成熟的道德行为的必要条件。没有道德判断能力或道德判断能力的低下，会影响到人的道德选择及道德选择能力的形成和发展，因而会影响人的道德智慧的形成和发展。

　　3. 道德选择能力

　　道德选择能力是主体以道德原则和道德规范为依据，以道德判断为基础，自由、自觉、自愿进行善恶取舍的能力。道德选择能力是在道德判断能力的基础上发展而来的。从道德选择的内容维度看，道德选择能力由道德观念的选择能力和道德行为的选择能力构成。从道德选择的构成看，道德选择能力由道德价值判断能力、道德价值比较能力、道德价值排序能力、道德选择干扰排除能力、道德选择结果预测能力构成。道德价值判断能力是主体对道德现象善恶价值的判断能力。道德价值比较能力是指主体对道德现象的价值的大小进行比较的能力。道德价值排序能力是指在道德价值比较的基础上,将道德价值的大小按照一定的顺序进行排列的能力。道德有不同的价值,同一价值有大有小,如内在价值与外在价值、长久的价值与短暂的价值、主要价值与次要价值、个体价值与社会价值。道德价值排序能力就是对这些价值及其大小按照一定的标准进行排序的能力。道德价值排序能力直接影响到人们道德选择的结果。在人们的道德选择过程中往往会受到各种来自自身和外部因素的干扰,影响道德选择的进行。排除道德选择干扰的能力是指在道德选择过程中,主体有意识地消除影响道德选择的各种干扰因素,保证道德选择顺利进行并取得最好的选择结果的能力。人们在进行道德选择前往往会在头脑中预测这种选择会产生何种结果,结果好与坏、大与小等,然后根据可能产生的结果作出选择或放弃的决定。道德选择结果的预测能力是主体对自己的某种道德选择可能产生的结果的预测和猜想能力,这种道德能力直接影响到主体的道德选择。

当前,我国正处于社会转型期,社会呈现出多元、多样、多变的状况,一些传统的道德式微,而新的道德尚未完全确立,各种道德观念相互交锋、碰撞,道德判断标准也呈现出多元,人们会经常遇到各种各样的道德困境和道德冲突,如道德心理的冲突、道德行为的冲突,不同的道德观念在头脑中的冲突,等等,造成道德主体道德决策和行动的困难。要解决这一问题,需要道德主体具有较高的道德选择能力,在道德困境和道德冲突中作出具有较大道德价值的选择。道德选择能力是道德观念到道德行为的桥梁。因此,培养学生的道德选择能力在当代社会是十分重要的。

4. 道德直觉能力

道德直觉能力是在以往经验知识积累基础上,迅捷、直接、整体地把握道德对象及其本质的能力。道德直觉能力与其他道德能力相比具有以下几个鲜明的特点。第一,它是一种省却逻辑思维过程,非逻辑地、直接地把握道德对象整体价值和意义的道德能力。第二,由于省却了许多思维的中间环节,因此,道德直觉能力是一种迅捷、瞬间把握道德对象及其本质的能力。第三,由于上述原因,道德直觉能力往往是一种在无意识中、在不经意间把握道德对象及其本质的能力。

尽管道德直觉能力是一种难以把握的道德能力,一种特殊的道德能力，但是在理论上、在逻辑上，我们仍可以对其结构进行分析。道德直觉能力由以下要素构成：道德图式激活能力、瞬间的道德移情能力、快速的道德判断能力、迅捷的道德选择能力、对道德现象的整体把握能力。道德图式激活能力是主体唤醒先存于自己头脑中的道德图式，使其瞬间发挥作用的道德能力。由于道德图式的存在，主体可以在省略许多思维环节的情况下，直接作出反应，产生道德直觉。所以对以前存在于头脑中的道德图式的激活就是产生道德直觉不可缺少的。情感可以激发道德直觉的产生，是道德直觉产生的推动力。瞬间的道德移情能力是主体在道德情境中瞬间产生与他人相近或相同情感的道德能力。快速的道德判断能力是主体不经思维中的分析、综合、归纳、演绎等一系列复杂环节而直接作出道德判断的道德能力。迅捷的道德选择能力是主体在道德情境中，在上述诸多因素的综合作用下快速地作出善恶和行为方式选择的道德能力。对道德现象的整体把握能力是主体不经分析，直接地、综合地、全面地把握道德对象及其本质的道德能力。

5. 道德移情能力

道德移情能力是在主体的道德情感和道德认识交互作用下产生的、对他人的一种替代性情感反应能力，是在对他人所处的道德情境理解的基础上产生的、与他人情感相同或相似的道德情感反应能力，是一种分享他人道德情感的能力。道德移情能力既涉及道德认识能力，又涉及道德情感能力，不仅是一种理性能力，更是一种非理性能力，是两种能力有机整合而形成的一种道德能力。

从道德移情的发生看，人的道德移情能力的纵向结构由以下要素构成：情绪情感感知能力、情境理解能力、情绪情感体验唤起能力、角色承担能力、情感共鸣能力等。情绪情感感知能力是识别他人各种不同的情绪、情感及其表达的意义的能力。情境理解能力是对引起他人特定情绪情感的情境，以及情绪情感和情境之间关系的认识和理解能力。情绪情感体验唤起能力是主体唤醒自己过去生活中亲身感受过的情绪情感体验（如快乐、烦恼、愤怒、悲痛、沮丧、惊恐等）的能力。角色承担能力是主体站在他人的立场上看问题，考虑他人的态度、思想和情感的能力，简言之是一种设身处地、将心比心的能力。情感共鸣能力是主体在理解他人情绪情感的基础上，产生与其相一致的情感体验的能力。

道德移情能力与人的道德行为存在着非常密切的关系。道德移情能力是道德行为的推动因素，是道德认识转化为道德行为的催化剂。人在道德情感能力的推动下，更容易作出道德的行为。一个道德移情能力低下的人，往往对他人的困难处境无动于衷，表现出道德冷漠，而不能伸出援手。因此，德育中培养学生的道德移情能力是非常重要的。

6. 道德行为能力

道德行为能力，又称为道德实践能力或道德践履能力，是道德主体在实际的道德生活中处理各种道德问题的能力，是将道德原则、道德规范转化为实际行动的能力。道德行为能力也是一种复合的结构，由道德行为方式选择能力、道德行为结果的预测能力、道德行为调控能力、排除内外干扰的能力、道德行为实施能力等要素构成。无论道德主体是否意识到，他在道德行动前都要选择行为方式，然后以该种行为方式从事道德行为，所以，道德行为方式选择是道德行为的前提，自然，道德行为方式选择能力也就成为道德行为能力的基础。道德行为方式选择能力是道德主体依据一定的道德原则和道德规范，在道德判断的基础上对善的行为及如何实施善的行为的方式的抉择能力。道德行为结果的预测能力是指道德主体在道德行为前对道德行为实施后可能产生的结果进行推测的能力，预测的结果直接影响到道德主体是否实施已选择的道德行为方式。道德行为调控能力是道德主体根据事先确定的道德行为目标，根据道德行为的反馈信息对自己的道德行为进程不断进行调节和控制，使其向着预定目标发展的能力。排除内外干扰的能力，又称为道德意志力，是道德主体在实施道德行为过程中自觉地克服困难、排除干扰和障碍的能力，这种能力可以保证道德主体的道德行为坚持不懈、始终如一。道德行为实施能力是道德主体将在头脑中选择的道德行为方式转化为实际行动的能力。道德行为实施能力是其他道德行为能力的综合表现，是道德智慧的表现，也是道德智慧的明证。以上几种道德行为能力紧密相连、相互依存、共同构成了人的完整的道德行为能力。

7. 道德创新能力

道德创新能力是主体的道德观念、道德生活（实践）与道德自我的改造与更新的能力。道德创新能力是道德智慧的最高表现，是一种综合性的道德能力。道德创新能力由以下要素构成：既有道德规范改造更新能力、创造性地运用已有道德规范的能力、创造新道德的能力、创新道德自我的能力、创造美好道德生活的能力。

既有道德规范改造更新能力是主体根据时代和社会发展的需要，改造既有的道德，剔除其中陈旧、落后、与时代要求不相符的东西，提出新的要求，赋予既有道德以新的内涵，以使其焕发生机和活力的能力。创造性地运用已有道德规范的能力是主体在遵从道德规范基本精神的前提下，根据具体的道德情境和道德问题灵活地运用已有的抽象的道德规范，以解决面临的具体道德问题，取得善的结果的能力。它能使人的道德行为"从心所欲不逾矩"。创造新道德的能力是道德主体根据社会和时代发展的新要求，提出原来未曾有的能有效地处理人与人、人与社会、人与自然、人与自我关系的新道德的能力。创新道德自我的能力是一种不断自我否定、自我更新、自我超越、自我道德成长的能力。创造美好道德生活的能力是主体创造性地解决实际的道德生活中的矛盾和冲突，妥善处理各种道德关系，提高生活与生命的质量与价值，过有意义的、美好的、幸福的道德生活的能力。

以上各种道德能力既相对独立，又相互依赖、相互联系、相互制约，构成一个统一的整体。道德智慧就是各种道德能力相互渗透、有机融合而成的。我们可以在理论上将各种道德能力分门别类进行研究，但在实际生活中我们很难将其分离开来。因此，我们在发展某种道德能力时必须关注其他能力的培养，渗透其他能力的培养，不能将其割裂起来单独培养。

二 道德智慧培养：德育的应然追求

近年来，以传授道德知识为目标的传统的知性德育理论与实践，片面强调学生道德能力培养的形式主义德育理论与实践，以及单纯以培养学生的道德行为为目标的行为主义德育理论与实践，受到了人们的批判。因为这些德育理论与实践都将道德与智慧的培养相分离。本文认为，理想的德育应以培养学生的道德智慧为价值追求。

（一）道德与智慧关系发展趋势的要求

在中外道德理论中，道德与智慧的关系经历了"合—分—合"的螺旋式发展的历程。道德智慧是由道德与智慧合成的概念。在中国古代，虽没有道德智慧的概念，但是，先哲们提出的"仁且智"是道德智慧的古代表达方式。他们的"德智合一"思想表达的正是道德智慧的内涵。中国古代思想家特别是儒家强调仁（德）知（智）合一，将"仁且智"作为理想的道德人格。孔子提出"知"（通智）、"仁""勇"这三种美德是构成君子人格的三要素，仁（德）与知（智）是互为前提的，都是人应该具备的美德。"择不处仁，焉得知？"①即如果一个人行为选择不以"仁"为标准，怎么能算明智呢？可见，"仁"（德）是"知"（智）的前提。孔子又说："未知，焉得仁？"②在孔子看来，"知"也是"仁"的前提。孟子继承了孔子的观点，也主张道德与智慧合一。他指出，"仁之实，事亲是也；义之实，从兄是也；智之实，知斯二者弗去是也"③。孟子认为，智的实质就是明白"仁"与"义"的道理而坚持下去。显然，在孟子那里，智包含着德。孟子的智具有以下三层含义：第一，人的是非之心，即判断是非的能力，"是非之心，智之端也"④。第二，人的道德能力，主要是对道德规范的认识和实践能力。第三，人的精神境界，它与"仁"一起构成人的修养。在孟子看来"仁且智"是一种很高的精神境界。董仲舒更明确地提出了"必仁且智"的观点。他认为，"仁而不智，则爱而不别也；智而不仁，则知而不为也"⑤。董仲舒主张，"仁"与"智"都是道德的重要组成部分，各具其用，都不可或缺。总之，在儒家看来，智慧与道德互为前提条件，没有智慧就谈不上道德，没有道德也不是真正的智慧，道德与智慧是合一的。

古希腊学者同样也认为道德与智慧是合一的。苏格拉底提出"智慧即德行"。普罗塔格拉则认为，智慧是德性的一部分，而且"是最重要的部分"。伯尼特认为，"德性无明智则盲，明智无德性则空"⑥。而亚里士多德对道德与智慧的关系作了更为详尽的探讨。其基本的观点是德性与智慧是合一的，二者相互依存、互为条件。一方面，亚里士多德认为智慧是一种德性，没有智慧，就没有德性。"如若一个人有了理智，在他的行为中就大不一样了，在先前只是相似的品质，如今就成为主要德性。……没

---

① 《论语·里仁》。
② 《论语·公冶长》。
③ 《孟子·离娄上》。
④ 《孟子·公孙丑上》。
⑤ 《春秋繁露·必仁且智》。
⑥ ［古希腊］亚里士多德：《尼各马可伦理学》，廖申白译注，商务印书馆2003年版，第189页注释。

有明智主要德性就不能生成。……只有合乎明智，这种品质才是德性。……这种品质不但要合乎正确原理，还要与它（指明智——引者注）相伴随才是德性。……没有明智就不存在主要的善。"① 另一方面，亚里士多德又认为，智慧也离不开德性、道德，"除非他是善的，否则不可能有实践理智"②。亚里士多德认为道德与智慧结合，才能使人作出道德的事情，取得预期的结果。"人们只能合乎明智以及伦理德性才能取得成果。德性确定一个正确的目标，明智则提出达到目标的手段。"③ 所以，道德与智慧相互依存，"没有明智就不存在主要的善，没有伦理德性也不存在明智"④。

古代学者所说的智慧与聪明不同，智慧包含着道德，而聪明则不包含道德。一个聪明的人可能是恶的，而有智慧的人不可能是恶的。所以，亚里士多德认为，"所谓明智，也就是善于考虑对自身的善以及有益之事"⑤，明智是对人的善，"是关于人的公正、高尚和善良，这些事情都是一个善良人的实践"⑥。

到了近代，资产阶级思想家开始高度重视、推崇智慧，强调智慧的工具价值和智慧的理智性，忘却了智慧的道德属性。"科技的、逻辑的智慧也随着机器大革命的发生而替代了道德智慧，成为智慧的代名词。特别是到了近现代，智慧狭义地被定义为仅限于认知范畴。"⑦ 道德与智慧开始分离，似乎道德与智慧是无涉的。

然而，在现当代的理论研究中，又开始出现了德智合一的观点和主张。日本教育家福泽谕吉非常强调道德与智慧的联系，认为两者相互依存才能发挥其功能。"德依智，智据德，无智的道德等于无德。"⑧ "智慧不

① ［古希腊］亚里士多德：《尼各马科伦理学》，苗力田译，中国人民大学出版社 2003 年版，第 134 页。

② 转引自［美］麦金太尔《德性之后》，龚群、戴扬毅等译，中国社会科学出版社 1995 年版，第 195 页。

③ ［古希腊］亚里士多德：《尼各马科伦理学》，苗力田译，中国人民大学出版社 2003 年版，第 132 页。

④ 同上书，第 134 页。

⑤ 同上书，第 122 页。

⑥ 同上书，第 131 页。

⑦ 张敏：《多元智能视野下的学校德育及管理》，上海教育出版社 2005 年版，第 6—7 页。

⑧ 转引自许建良《福泽谕吉的"智德"观》，《桂海论丛》2007 年第 5 期。

仅增加道德的光明，而且还能保护道德并免除罪恶。"① 所以，道德与智慧是相辅相成的，两者兼备，一个人的德性才是完美的。当代，著名哲学家、伦理学家麦金太尔主张恢复亚里士多德所主张的德智合一的观点，指出："核心的德性是智慧。……智慧是一种理智德性；没有这种理智德性，品格中的任何德性就难以践行"②，而"智慧本身需要有某种善在它的拥有者里"③，重新肯定了道德与智慧的一体性。以邓恩（Dunne, J.）为代表的研究者也强调实践智慧的道德性，认为实践智慧是一种走向"善"的行动倾向，实践智慧和道德品性是一种互惠关系。

　　道德智慧也引起了我国学者的关注。高兆明教授认为，道德是"一种生活的智慧"和"智慧生活方式"，④ 道出了道德与智慧的关联。葛晨虹教授则认为，道德"作为人类社会的一种理性"，"是一种关于人类应当怎样的智慧"，"在道德的'应当'要求中，蕴含着一种智慧"。⑤ 目前，在我国越来越多的学者认为道德与智慧不可分离。所以，"道德智慧"这一合成词被越来越多的人所认可和接受，并开展了对道德智慧的深入研究，在德育理论与实践领域更是如此。鲁洁教授从人学范畴认识智慧、创造性与德性的关系，认为作为一种智慧表现形式的"'创造性'是人的基本德性"⑥，"创造在伦理上是向善的，道德就内在于创造生活之中"⑦。

　　可见，道德与智慧的关系走过了一条否定之否定之路，道德与智慧合一而生成的道德智慧是道德与智慧关系历史发展的必然结果。以培养学生德性为目标的德育，也必须适应这一趋势，改变将其割裂开来的倾向，实行德智培养合一，以培养学生的道德智慧为己任，这是德育的必然选择。

　　当前，在我国的德育理论研究中越来越多的学者主张培养学生的道

---

① 转引自许建良《福泽谕吉的"智德"观》，《桂海论丛》2007 年第 5 期。

② ［美］麦金太尔：《德性之后》，龚群、戴扬毅等译，中国社会科学出版社 1995 年版，第 194 页。

③ 同上书，第 195 页。

④ 高兆明：《伦理学理论与方法》（修订版），人民出版社 2013 年版，第 48 页。

⑤ 葛晨虹：《道德是一种理性智慧》，人民日报 2002 年 5 月 11 日。

⑥ 鲁洁：《创造性是人的一种基本德性》，《教育研究与实验》2007 年第 5 期。

⑦ 同上。

德智慧。黄富峰教授认为，"德育的根本目的应是道德智慧的培养……在德育中，德育目标应定位于主体道德智慧的培养，而不是具有统一道德标准的'道德成品'，也不是掌握大量道德原则和道德规范的'美德袋'；是能够解决各种实际道德问题的、具有丰富道德人格、拥有高度道德智慧、依靠高度的道德智慧获得最大人生幸福的主体"①。袁本新也提出："德育应以对人的深刻理解和研究为出发点，在德育过程中贯彻人本理念和人文关怀，最终目的或者主要价值是促进人的德性发展，培养具有现代道德智慧的人。"② 因此，当代德育必须突出对学生道德智慧的培养。

(二) 超越国外德育理论的需要

在外国教育史上，存在着两种极端化的德育理论，这就是片面强调具体道德规范传授的实质教育理论和片面强调道德能力培养的形式主义教育理论。这两种理论各执一端，但是它们有一个共同点，就是割裂了道德与智慧的联系。

形式教育产生于18世纪，但其思想源远流长，古希腊著名教育家苏格拉底的"产婆术"强调对学生思维能力的训练，而非具体知识的传授，这一教育思想中就蕴含着形式教育的理念。古罗马时期的昆体良也主张教学要着力培育学生的能力，而非仅仅对知识的掌握。到了18世纪，形式教育理论形成。形式主义教育理论主张教育的目的在于培养和发展学生的各种能力，能力的培养与发展远比学生掌握具体的知识内容更重要。它认为学生受教育的时间有限，不可能将所有知识都传授给他们。而教育中如果学生的能力由于培养而得到发展，他们就可以随时用以掌握知识。因此，培养能力比掌握具体知识内容更重要。所以，它主张教育必须通过练习或训练来发展学生的各种能力。形式主义教育后来受到批判，一度消沉，但20世纪60年代后在国外再度兴起，在德育理论界其影响也很大。国外在20世纪60年代以后涌现出的许多德育理论都坚持形式主义的主张。迈克尔·斯克里文的"认知的道德教育"主张，道德教育的任务是教会学生如何进行道德分析，而不是具体的认

---

① 黄富峰：《德育思维论》，人民出版社2006年版，第237页。

② 袁本新、王丽荣等：《人本德育论——大学生思想政治教育的人文关怀与人才资源开发研究》，人民出版社2007年版，第9页。

识结果，必须将发展道德推理能力和认识技能作为课程的重要内容。创立了"理性功利主义道德教育理论"的威尔逊认为，一个有道德的人至少应该具备以下品质：具有平等待人和对待他人利益的能力，意识到他人和自己情感的能力，掌握与特殊情境有关的事实知识的能力，对社会规则的认识和理解的能力，在社会情境中行动的能力，根据原则和理由作出道德判断的能力，觉知行为的正确过程或把原则应用于情境的能力，分辨是非的能力，完成正当行动的能力。可见，威尔逊是根据形式而非内容来界定道德的，在这里他将道德等同于能力。在威尔逊看来，德育的主要任务就是培养学生的一系列道德能力。他试图勾画出一种不包括具体道德准则而只包括道德推理形式教学的德育方法。价值澄清学派也将学生道德能力的培养作为主要的教学目标。价值澄清学派指出，他们关心的是价值的形式而非内容。在价值澄清学派看来，教给学生如何获得价值远比他们获得什么价值更重要。因为如果学生的能力得到发展，掌握了获得价值的方法，他们会终生受用，独立地解决面临的各种价值问题。科尔伯格的道德认知发展理论虽然没有否认道德的内容维度，但是，他反复强调他是从道德的形式而非内容特征来理解道德的，主张将学生道德判断或认知能力的发展作为德育的根本目的。

实质教育也产生于18世纪，它主张教育的主要任务在于以观念充实心灵的内容，使学生获得丰富的知识，一般智力、能力的发展则是次要的。因为学生获得的有用的知识本身就包含着能力训练的价值。19世纪以后很长的一段时期里，实质教育对欧美中小学教育曾有过很大的影响。如在19世纪末20世纪初，欧美的中小学的德育乃是一种强制、灌输的教育，认为学校德育的任务就是将诸如诚实、勇敢、忠诚等规范和准则传授给学生，让学生掌握这些规范和准则，并按这些规则行事。这种德育是一种"机械服从的模式"。

实质教育对我国也有很大的影响，直到今天，在我国的德育中，实质教育的影响仍然较严重地存在着，其表现形式就是知性德育。尽管在我国现今的德育课程标准中都非常重视道德能力的培养，但是受应试教育的影响，在实际的德育中，许多教师将内容与形式、道德和智慧割裂开来，他们关注的仍是学生对具体德育内容的掌握，忽视学生道德智慧的培养。

在德育中，无论实质教育，还是形式教育，都割裂了内容与形式、道德与智慧的关系，或者片面强调对具体的道德规范的掌握，或者脱离具体的道德规范的掌握，片面强调道德能力的培养，犯了形而上学的错误，没有认识到道德与智慧的对立统一关系。其结果，或者是使学生掌握了大量的道德规范而不愿意或不善于灵活运用，或者是道德能力虽得到了某种程度的发展，但是由于没有很好地掌握具体道德规范，而自以为是，各行其是；抑或形成了为不合理的行为进行诡辩的能力。这些都背离了德育的宗旨。因此，扬弃实质教育与形式教育，将道德传授和智慧培养有机结合的道德智慧培养论应运而生。

道德智慧培养的观点是对实质教育和形式教育反思与批判的基础上提出的，它主张既要借鉴形式教育和实质教育的合理因素，又要扬弃其错误观点，但又不是二者的简单的相加。它主张要将道德规范的传授和智慧的培养有机地融合起来，合二为一，在传授道德规范的基础上培养、发展学生的智慧，在培养学生智慧的过程中，重视学生对道德规范的掌握，让学生在掌握道德规范的过程中形成和发展智慧，即道德智慧。

近年来，美国教育家法赞姆·阿尔鲍勃博士提出了"道德赋能"（moral empowerment）的理论，"道德赋能"关注学生个人内在的理智、道德和精神潜力的发展，利用青少年内在的力量、智慧、关爱等美德教育学生，帮助学生发展自己的精神和智力成长需要的各种能力。这一主张与道德智慧培养的观点不谋而合。

总之，德育以学生道德智慧的发展为价值追求，可以克服以往德育理论的弊端，使德育成为真正的德育，使学生德性健康发展。

（三）多元化社会的呼唤

我们所处的社会是一个多元化社会，多元、多样、多变成为时代的突出特征。随着科学技术和社会经济的发展及价值观念的分化，人们遇到的既有道德规范未明确阐明的道德问题（难题）、道德关系、道德情境日益增多，如环境保护与生态平衡中的道德问题（人类中心主义与生态中心主义等）、医疗制度改革中的伦理问题（功利价值与道德价值、效率与公平之间的矛盾和冲突）、基因技术引发的道德问题、人工智能技术应用中的道德问题、网络道德问题、教育改革中的公平与正义问题、生命道德问题（安乐死等问题）、救人（助人）与自我保护问题、见义勇为之后遭被救助者纠缠，或在见义勇为过程中伤及被救助者或他人后引起的法律纠纷问题、爱岗敬业与"跳槽"问题、会聚技术①应用中的道德问题，等等。这些问题，有的学生会遇到，有的可能暂时遇不到，但是，学生往往经常思考这些问题。在这样的时代，学生面临的道德情境越来越复杂，仅凭他们掌握的现成的道德规范是难以认识和解决的，既有的道德规范已难以满足学生社会生活的需要。在这种情况下，迫切需要通过培养学生的道德智慧使他们能应对复杂多变的社会生活。"拥有了道德智慧的人，就能对复杂多变的道德情境作出敏锐的判断，作出恰当的价值选择，确定正确的行为方向。如此看来，道德智慧就成了一个人在道德多元社会中所必需的最基本素质，是个人道德素质的集中体现。"②

多样化时代，各种社会思潮的流行，特别是后现代主义的流行，使得道德相对主义也有了一定的市场。道德相对主义有不同的表现形式，如文化相对主义、个人相对主义。文化相对主义认为，世界不存在放之四海而皆准的道德标准，不同的文化有不同的道德价值标准，人们可以从不同的文化背景对特定的道德现象作出不同的解释，道德上的善恶标准只能到现实的社会政治、经济、文化中去寻找。个人相对主义认为，每个人的道德标准都是不同的，不存在适用于所有人的道德标准，人们完全可以对同一道德现象作出不同的解释。因此，不能将别人的或社会的道德标准强加给个人。相对主义道德观使一些青少年对道德的认识产生了困惑，道德判断失去了标准，对是与非、善与恶的界限越来越模糊，自以为是、各行其是，走向道德相对主义。这时，亟须培养他们的道德智慧，使其能够正确认识道德现象，明确道德标准，对道德现象作出合理的道德判断，具有同情心，对于处于困境中的人伸出援手，选择合理的道德行为方式，形成社会所期望的品德。

(四) 社会转型的诉求

我国的社会转型是在保持我国社会性质不变前提下的社会的方方面面

---

① "会聚技术" 即纳米科学与技术—生物技术与生物医学（包括基因工程）—信息技术（包括高级计算机与通信）—认知科学（包括认知神经科学）这四大发展迅速、潜力巨大的前沿技术的融合，简称 NBIC。参见卢风《当代道德难题与伦理学发展愿景》，《学习论坛》2012 年第 9 期。

② 唐汉卫、戚万学：《现代学校道德教育的问题与思索》，山东教育出版社 2008 年版，第 183 页。

的根本的变革，涉及社会的政治、经济、文化等各个领域。道德转型是社会转型的一个重要维度、领域，是指"道德从内容特质到结构特质的社会主义转变与现代化转变"①，是与社会主义计划经济相适应的道德向与社会主义市场经济相适应的道德的转变。道德转型期是新旧道德交替的时期，一些原来的、与新的时代要求不适应的道德规范失去或部分失去了合理性和作用，而新时代要求的道德规范尚未完全确立或被人们普遍认可和接受；原来的道德规范发挥作用的机制难以继续存在并发挥作用，而新的运行机制尚未建立。这时，新旧道德交织在一起，失去了明确的道德标准，往往使得学生无所适从，陷入道德困惑。例如，在如何处理个人与群体（社会、集体）的关系上，计划经济时期，群体价值具有绝对的至上性，强调群体重于个体，集体高于个人，个人的价值、利益、主体性被漠视甚至扼杀。而在社会主义市场经济条件下，个体的价值、个体主体性得到承认，传统的集体利益绝对至上，个人利益无条件服从整体利益的关系在很大程度上被改变。但是，社会为了和谐发展和增强凝聚力，又大力倡导集体意识和团队精神，倡导集体主义原则，这样个人与社会、集体、整体就形成了一定的张力，在具体情境中，如何处理这种关系，仅靠抽象的道德规范要求是无济于事的，需要学生以基本的道德原则、规范为依据，对具体的道德问题、道德情境进行判断、选择善的行为方式，并付诸行动。

社会转型引发的新旧道德交织、更替，使学生面临更多的道德冲突。道德冲突又称为道德两难处境或道德两难选择，有不同的表现形式：个体心理的道德冲突（个体意识中存在的不同道德规范之间的冲突），社会群体内部个体之间的道德冲突，个体与社会群体之间的道德冲突，不同社会群体之间的道德冲突，不同道德体系内的原则、规范之间的冲突，同一道德体系中的不同道德规范之间产生的冲突，个体掌握的道德规范、道德知识与其所遇到的道德问题之间的冲突，不同个体之间在处理道德关系时产生的冲突等。这些道德冲突表现为道德认知冲突、道德情感冲突和道德行为冲突。本文所说的道德冲突是指个体心理内部的道德冲突，它是个体在进行道德选择时可能面临的一种情形。个体心理的道德冲突实际上是外部

---

① 龙兴海：《从传统道德到现代道德——道德转型论》，《湖南师范大学社会科学学报》1996年第4期。

客观的道德冲突的反映，"是指道德主体在进行道德选择时所遇到的矛盾状态，即道德主体在特定情况下必须作出某种选择，而这种选择一方面符合某一道德准则，但同时又违背了另一道德准则；一方面实现了某种道德价值，但同时又牺牲了另一道德价值，从而使主体陷入举棋不定、左右为难的境地"①。在社会转型期，新旧道德的交织、更替，使得同一道德体系不同道德原则和规范之间、不同道德体系的道德原则和规范之间、社会群体内部个体之间、个体与社会群体之间、不同社会群体之间、一个人扮演的不同角色的道德要求之间的道德冲突越发频繁、多样，这种道德冲突反映在个体的意识中，就形成了个体心理的道德冲突。在当前，随着道德观念的分化，道德观念和道德评价标准的多元化，道德规范和道德标准大一统的局面不复存在，道德冲突在人们包括学生进行道德选择时表现得比较突出。当然，在学生中这种道德冲突表现得更加多样，如道德认知冲突、道德情感冲突、道德行为方式选择冲突等。"在一个具有宰制性主导道德价值观社会中，不同道德价值之间具有比较清晰的排序，并且往往具有一个绝对性的终极价值。在这种情况下，道德冲突相对来说往往容易得到解决。"② 但在道德多元化的社会，由于统一的道德规范和道德标准多元化了，仅凭传授现成的、具体的道德规范已不够用了，它需要着力培育学生的道德智慧，使学生能够对他们面临的道德冲突进行分析、判断，创造性地运用已有的道德原则、道德规范，解决这些道德冲突和道德困惑。

（五）道德自身特性的要求

对于道德的特性、道德规范的特性，伦理学有不少研究，如认为道德的特性有主体性、规范性、价值性、实践性、自律性与他律性等。这些认识无疑是正确的，但未必是全面的。除了这些最基本的特性外，道德还有其他一些特性，如概括性、模糊性等。

一般认为，道德、道德规范是对人们行为的具体要求，然而，实际上，任何道德、道德规范本身都具有概括性。因为道德、道德规范都是以概念的形式表达的，而概念都是舍弃了事物的不同点而将其共同点归结在一起而成的，具有概括性。它告诉人们在一般情况下应该如何做。这是必

① 何建华：《道德选择论》，浙江人民出版社 2000 年版，第 239 页。

② 余维武：《冲突与和谐：价值多元背景下的西方德育改革》，江苏教育出版社 2009 年版，第 21 页。

须的，否则，它就不是一个具有一定普遍性或普适性的要求。但是，"当一种道德义务、规范要求被作为一般要求表达时，它就蜕去了具体时空场景境遇条件之规定，而仅仅成为一种缺少内容的抽象要求。这就是道德义务的形式化过程。道德本身在这个形式化过程中获得自身的普适性与可公度性"①。实际的生活是丰富多彩、千差万别、千变万化的，"任何一种道德信念，任何一种道德法则与规范，任何一种道德理论，都无法教给人们在具体场景下的具体道德行为方式，它们所能做的只是教给人们一种生活的原则与态度，只能给人们提供一种对人类、社会、生命、存在的负责任精神。具体境遇中的道德行为究竟该如何选择，须当事人根据这种生活信念、态度与原则，出于高度负责任精神，仔细分析权衡具体时空对象，相宜而行"②，也就是运用自己的道德智慧，善于创造性地运用道德原则和规范于具体的生活场景。否则，教条地按照道德原则、规范办事可能会取得事与愿违的结果，善的动机取得恶的结果。例如，"不说谎"是一项基本的道德要求，看似很具体，然而它也是较抽象的、基本的道德要求，是人的一种基本的生活态度、道德态度、道德精神，并非要求人们在任何场景下都实话实说，如果将其作为一项永恒不变的道德要求，机械地执行，在任何场合都不说谎，这种善的动机带来的可能就是恶的后果。究竟在何种情况下"说谎"才是道德的，这就需要运用道德智慧作出判断与选择，并选取相应的行为。

道德、道德规范还具有模糊性。道德、道德规范看似具体、明确，然而，实际上，它们具有某种程度的模糊性。有的学者根据模糊论提出，模糊现象是普遍的，精确只是模糊的特例。"在道德规范中同样大量存在模糊性判断。"③ 还有人从个性心理特征论证道德、道德规范的模糊性，认为伦理这一具有很强的个性心理特征的道德选择和行为判断似乎更能表现自身的模糊性。这种模糊性是不可根除的，即使人类发展到更高阶段，人们对道德规范、道德原则、道德本质、道德感、正义感、义务感的认识也会因其具有很强的心理特征和复杂性而无法克服其不可确定性，所以道德必然是模糊的。还有的学者运用调查问卷方法研究道德含义的多样性和模糊性，根据调查问卷，该学者将学生对道德含义的理解分为七类：政治爱

---

① 高兆明：《存在与自由：伦理学引论》，南京师范大学出版社 2004 年版，第 369 页。

② 高兆明：《伦理学理论与方法》（修订版），人民出版社 2013 年版，第 468 页。

③ 李萍：《论道德规范的模糊性》，《现代哲学》1995 年第 3 期。

国论、传统美德论、法律论、精神论、底线论、自爱论、环境论，认为学生的这些理解表明了道德含义的多样性和模糊性。①

道德、道德原则、道德规范的概括性、模糊性，使得它们成为并非照搬来即可运用于任何生活情境、解决任何道德问题的灵丹妙药，而是需要道德主体根据具体的道德问题、道德情境灵活地、创造性地加以运用，只有这样，道德行为才能取得善的效果。这就要求德育中要摒弃通过硬性灌输的方法让学生掌握道德规范，然后机械地按照道德规范的要求行事的做法，采用科学、合理的方法，培养学生的道德智慧，使学生具有根据具体的道德问题、生活情境创造性地运用道德规范的能力。

三　化道德为智慧，化智慧为道德

将道德智慧作为德育的价值追求，对于德育理论研究与实践，对于启迪德育思维，纠正德育中的误区，提高德育实效具有多方面的价值。它要求德育必须在以下方面作出努力。

（一）坚持德育与智育的一体化

"完整的德育应该是智德统一的，而不能分离，智德分离的德育，责权利就无法统一。智德分离的德育，是一种被动的、盲从的德育，是一种弱者的德育。这种德育导致行善的人，不能保护自己，不敢创造，也不能承担责任。智慧的德育是追求智德统一的德育，它有丰富而独特的学校文化，是尊重和张扬师生个性人格的德育。这是一种充满创造性的德育，是生机勃勃的德育，是使学生成为生活主人的德育。它既注重培养学生的认知能力，清醒的理性能力，对公正、正义的判断能力，也注重对内心情感体验能力的培养。"② 传统的学校教育将德育与智育分开，德育以求善为目标，智育以求真为目标；德育旨在培育学生的德性，智育旨在培育学生的能力，德育与智育分属两个不同的领域，影响了学生的全面发展。以道德智慧的培养为德育的追求，可以使德育与智育有机整合，以智促德，以德促智，转识为智，化智为德，使智育不仅培育学生的理性智慧，还要发

---

① 周武军：《道德涵义多样性模糊性实证研究》，《大理学院学报》2013 年第 7 期。

② 朱小蔓：《中小学德育专题》，南京师范大学出版社 2003 年版，第 20 页。

展学生的道德智慧；同样，德育不仅要发展学生的德性，还要培育学生的智慧，从而实现道德与智慧的结合，生成学生的道德智慧。德育以道德智慧为追求，有助于纠正目前德育与智育分离的倾向。

道德认识能力培养与道德实践能力培养的一体化。道德智慧是人的道德认识能力，但更是人的道德实践能力。道德是一种实践理性，道德智慧也必然是一种实践理性、实践智慧。道德实践能力是道德智慧的本质特征。道德智慧既体现在理念上对道德关系、道德问题的理解和把握，更体现在实践上对道德关系和道德问题的处理与解决，是知与行的辩证统一。只有道德认识能力而无道德实践能力的人是谈不上有道德智慧的。因此，道德智慧培养就不仅仅是道德认识能力的培养，而且更应该是道德实践能力的培养。德育以道德智慧为追求，有助于克服知性德育的误区。同时，道德智慧所讲的道德实践是道德认识指导下的实践、理性的道德实践，因此，德育以道德智慧为追求，也有助于克服行为主义德育理论忽视道德智慧培养和道德理性指导作用的"驯兽式"德育的误区。

道德内容与道德形式的一体化。道德智慧不是仅仅包含着道德规范的纯粹的内容，也不是无任何道德内容的纯粹的道德能力形式，"道德智慧内涵于道德之中，而不是分离于道德而单独存在"①，它是道德内容与道德形式的有机统一，是社会性内容与心理形式的统一。德育以道德智慧为追求，有助于克服传统德育只灌输德育内容，而忽视道德能力培养的缺陷，也有助于走出当代形式主义德育理论脱离德育内容，单纯培养学生道德能力的误区。要形成和发展学生的道德智慧，德育就要将道德智慧的社会内容与心理形式、将道德规范的掌握与道德能力的发展有机整合。

道德理性培养与道德非理性培养的一体化。道德智慧是理性智慧、价值智慧和实践智慧的统一，是逻辑判断能力与价值判断能力的统一，是道德思辨理性与道德情感体验的统一。如果说传统德育有时也培养学生的道德能力的话，那么，它重视的主要是理性能力的培养，而且这种理性能力的培养也是不全面的。而我们所说的道德智慧的培养不只是道德理性能力的培养，更强调道德情感能力与道德实践能力的培养。因此，德育以道德智慧为追求，有助于克服理性主义德育理论与实践的弊端，将道德理性培养与道德非理性培养相结合，特别是通过道德情感体验等方法培养学生的

---

① 刘惊铎：《道德体验论》，人民教育出版社 2003 年版，第 119 页。

道德直觉能力、道德情感能力。

引导学生实现道德行为的善的目的与手段的统一。善是目的与手段的统一，道德智慧要求人采取道德的手段实现善的目的。道德智慧虽然强调智慧，但它要求的智慧必须是道德的，否则就是"小聪明"，算不上人生大智慧。所以，道德智慧为学生提供了建构自身德性的途径，有助于改善学生的道德实践，使学生道德实践具有道德性，克服道德实践的形式主义、功利主义。

在一般知识的学习中实现道德智慧的发展。"不是只有道德知识才与道德相关，而是所有的真的知识都具有道德与价值意义这一内在结构，对人的行为具有指导与规范的作用。"[①] 这说明，在智育中一般知识的学习可以导向学生道德、道德智慧的发展。然而，它又不是必然地、自然而然地实现的，需要教师有意识地、自觉地采用科学的方式方法才能实现。这就要求教师在一般知识的教学中，要摒弃注入式的方法，进行"深度教学"[②]，将知识与学生的生活世界相联系，挖掘（而不仅仅是渗透）知识的道德与价值意义，引导学生通过自己的各种自主活动理解和掌握知识及其形成过程、认识世界的方式，理解和掌握知识中蕴含的道德与价值意义，从而使学生既理解一般知识，同时还获得道德智慧的发展，实现德与智的有机融合。

总之，学生道德智慧的培养应既有利于学生对道德规范的理解和把握，同时也有利于学生智慧的生成和发展；既有利于形成学生的理性道德能力，也有助于形成学生的非理性道德能力，实现理性智慧、价值智慧和实践智慧的协调发展。

（二）道德与智慧的相互转化：化智为德，转德成智

要实现道德与智慧的相互转化，需要从理论上正确认识和处理知识、道德、道德智慧之间的复杂关系，正确认识掌握知识的方式方法与道德、道德智慧发展的关系。知识（包括道德知识）是学生道德、道德智慧发展的基础，一般而言，知识（包括道德知识）的掌握有助于学生道德、

---

① 孙彩平：《知识·道德·生活——道德教育的知识论基础》，《教育研究与实验》2012 年第 3 期。

② 深度教学是指教学要超越知识表层的符号教学，由符号教学走向逻辑教学和意义教学。参见郭元祥《知识的性质、结构与深度教学》，《课程·教材·教法》2009 年第 11 期。

道德智慧的发展。但实际的情况是，在知性德育下，一些学生掌握了大量的知识（包括道德知识），但是他们的道德、道德智慧并未随着知识（包括道德知识）的增长而获得发展。为什么会出现这种情况？我们认为，关键是教育者传授知识（包括道德知识）和学生掌握知识（包括道德知识）的方式方法出现了问题。

对道德、知识，人们有不同的理解，而这种理解又会导致德育采用不同的指导理念和方式方法，进而导致不同的德育效果。

对于知识，郭元祥教授认为，它是由符号表征、逻辑形式和意义构成的结构。知识作为人类认识的结果是由符号来表达的，这就是所谓的符号表征。"知识的逻辑形式是指人认知世界的方式，具体包括知识构成的逻辑过程和逻辑思维形式"，"知识的意义是其内具的促进人的思想、精神和能力发展的力量，是知识与人的发展之间的一种价值关系"[①]。如果教学仅仅停留于知识符号这种表层的教学，很少涉及甚至根本不涉及知识的逻辑形式和意义的深层次，那么，学生虽可获得大量的知识，但是他们的道德及道德智慧的发展会是极其有限的。

对道德，传统上采取认识论的理解，认为道德就是对象化、客观化、体系化的知识，这种知识存在于物化的书本中，个体道德形成于对道德知识的研究和掌握，道德知识是判断一个人有无道德及道德水平高低的标准。然而，对道德仅仅从认识论维度来理解是远远不够的，还需要从价值论和存在论的维度来理解。在价值论的视域中，道德不仅是知识，更是一种价值，它关涉人的需要、情感，是人的价值追求，是人变得更有价值的一种途径。在存在论视域中，道德还是人的存在方式、生活方式，是人与动物、人与人相区别的一个重要标志。道德存在于生活、实现于生活，只有在生活中才能真正获得，是为了人并引导人建构更好的生活。在心理学视域中，道德"是一种表达关于'应当'的理性智慧"，"一种为人类社会进行价值选择提供合理性论证的理性智慧"[②]。如果道德教学停留于认识论的维度，不与学生的生活世界相联系，不与学生的生存、发展相联系，那么学生掌握的也只能是关于道德的知识，而很难形成道德，更难形成道德智慧。

① 郭元祥：《知识的性质、结构与深度教学》，《课程·教材·教法》2009 年第 11 期。
② 葛晨虹：《道德是一种理性智慧》，人民日报 2002 年 5 月 11 日。

　　传统的智育、传统的德育，乃至今天许多教师进行的智育和德育，恰恰是忽视了知识的结构和道德的不同维度，主要进行的是知识表层的符号教学，将道德作为纯客观的知识（而且是符号表征的表层的知识），忽视了知识的形成过程、方式与知识的精神、道德意义的教学，忽视了道德与学生生活世界、与学生发展的联系，所以，学生掌握的一般知识、道德知识并未导向学生道德、道德智慧的发展。

　　可见，一般知识的教学、道德知识的教学并不会自然而然地导向学生道德、道德智慧的发展。要想使学生在掌握知识的同时，形成良好的道德，形成道德智慧，实现道德与智慧的相互转化，化智为德，转德成智，教学就应是一种全面的教学、深度的教学，即同时进行一般知识的各个层次的教学，同时进行道德的不同维度的教学。另外，还必须转变教学方式方法，科学的教学方式方法是知识、道德、道德智慧转化的桥梁。

　　第一，在学生的自主学习中形成和发展学生的道德智慧。"博学不足以使人智慧，如果个人习得的知识仍然是静止的、僵化的公共知识，教育就永远不会使人有智慧"①，更不会使学生形成道德智慧。要使一般的知识、道德知识转化为个体的道德、智慧，进而转化为道德智慧，必须摒弃传统的知性德育的教师硬性灌输和学生死记硬背的方法，引导学生通过自主活动，即通过在范例分析中归纳，在价值冲突中选择，在探究中发现，在比较鉴别中辨识，在与自我经验的对照中理解，在反思与内省中感悟，在生活中体认，才能将其转化、升华为个体的智慧，达成化道德为智慧的目标。

　　第二，化智慧为道德，必须摒弃形式主义德育理论脱离具体的道德规范，单纯培养学生的道德判断、道德推理、道德选择能力的做法，寓道德能力培养于学生对具体的道德规范的理解和掌握中，通过学生运用具体的道德规范进行道德判断、道德推理和道德选择，既使学生理解和掌握道德规范，形成道德品质，同时又使智慧得到相应发展，进而形成和发展道德智慧。

　　第三，深入挖掘科学知识形成过程中所体现的道德意蕴。要把科学的"真"转化为学生的"善"，就要深入挖掘科学知识形成过程中所体现的道德意蕴。知识的教学不应当仅让学生掌握真理，"不应当只赋予学生理

---

① 蔡春：《个人知识：教育实现"转识成智"的关键》，《教育研究》2006 年第 1 期。

性智慧、实践智慧，还应赋予学生道德智慧、赋予他们大智大慧"①。让学生学会自觉运用科学的真理认识和解决道德问题，处理道德关系，并在这一过程中化智慧为德性。

（三）在现实的道德情境中培养学生的道德智慧

道德智慧培养贵在"真"，要在现实的道德情境中培养学生的道德智慧。用以培养学生道德智慧的道德情境有两类，一类是虚拟的道德情境。"这类情境中的道德教育内容和道德冲突，不管多么复杂或者多么逼真，都具有'游戏的'或'戏剧的'性质，不与受教育者的切身利益相关联。我国主流的道德教育基本上属于这一类型。"② 这类道德情境对培养学生的道德智慧有很大的局限性。美国的科尔伯格倡导运用虚构的道德两难情境培养学生的道德判断能力，遭到了人们的诟病。美国学者威尔森认为，这些道德选择困境与人们日常经验相去甚远，实践中经常降低为"知识竞赛游戏"。此种演练给学生的印象是道德准则很复杂，要辨别对与错不是轻易办得到的。当学生在内心还缺乏坚定的道德原则时，让他们面对这类道德困境，"经常是提高了他们的纯诡辩能力，提高他们为明显不道德立场辩护的争论技巧"③。另一类是真实的道德情境。真实的道德情境是真实发生（曾发生过和正在发生）的道德情境。它又分为两大类：第一类，曾经发生的真实道德情境。用这类道德情境培养学生的道德智慧要好于虚拟的道德情境。因为这类道德情境与现实生活密切相关，有的曾与学生的利益相关，引起过学生切身的情感体验，他们曾经解决了情境中的问题，或者没有很好地解决，对他们的今天仍有影响。用它来培养学生的道德智慧能激起学生参与该情境活动的兴趣。第二类是现实的道德情境，即正在真实发生的道德情境，它是一种正在发生的真实的道德事件。用这类现实的道德情境培养学生的道德智慧应是大力倡导的。因为"这类道德教育的主要特征是：受教育者参与到真实的道德活动中来，构成道德情境的不可分割的组成部分，他们所面临的是关乎其切身利益的道德问题。道

---

① 张楚廷：《论道德智慧》，《当代教育论坛》2004 年第 11 期。

② 傅维利：《真实的道德冲突与学生的道德成长》，《教育研究》2005 年第 3 期。在此引文中，原文"不管多么复杂或得多么逼真"中的"或得"疑为打字错误，根据上下文的意思，本文引用时将"或得"改为"或者"（引者注）。

③ ［美］威尔森：《美国道德教育危机的教训》，湘学译，《国外社会科学》2000 年第 2 期。

德教育中的主体性和实效性也只能在这类教育中才能真正体现出来"①。解决这类道德情境的问题，需要学生多种道德智慧（理性的、非理性的、实践的）的参与，因此有助于学生道德智慧的形成和发展。

1. 在真实的道德事件中培养学生的道德智慧

道德智慧是妥善地处理道德关系的能力。道德事件是一个个需要人们处理的道德关系，它体现了主体与客体之间、主体与主体之间的道德关系（人与自身、人与人、人与社会、人与自然的关系）。德育要利用道德事件这一德育资源，让学生认识和处理这些关系，从中生成道德智慧。

道德智慧体现在对具体道德境遇中的问题的解决。道德事件就是一个个具体的、有着特殊性的道德境遇。解决这些特殊的道德境遇中的问题有利于培养学生依据既有的道德规范，按照具体的道德境遇，因时、因地、因事作出道德判断和道德行为选择，恰当地解决道德问题的道德创新能力，使学生既遵循道德规范，又不墨守成规。

涉及学生切身利益的道德事件，与学生有关的道德事件，学生亲身经历、有过切身体验的道德事件的解决过程需要学生道德情感的投入，也必然会引起学生道德情感的变化。解决这些道德事件的过程就是培养学生的情感能力的过程。

道德事件是一个个真实的需要学生解决的道德难题、道德矛盾，它可以激起学生的道德思维，使学生作出道德判断和推理，从而有利于学生道德思维能力的形成和发展。

道德事件运用于德育过程中就是一个个案例，是没有现成解决办法的事件。它可促使学生对案例中涉及的问题进行深入分析、交流和讨论，并考虑采取什么行动，提出解决的办法。这一过程就是学生多种道德智慧运用并发展的过程。

2. 在解决道德冲突中生成学生的道德智慧

学生在日常的生活、学习、交往中会遇到大量的道德冲突，这些道德冲突的解决需要学生的道德智慧，也可培养学生的道德智慧。道德冲突的解决过程具有培养学生的道德认识能力、道德移情能力等道德智慧的价值。道德冲突解决的过程是学生运用已有的道德知识对道德冲突进行思考的过程，这一过程会使学生改变已有的道德认知结构，形成新的道德认知

---

① 傅维利：《真实的道德冲突与学生的道德成长》，《教育研究》2005 年第 3 期。

结构，使道德思维向更高的阶段发展。道德冲突必然引起"利益冲突"，从而引起学生强烈的情感体验，这一过程会完善学生的道德体验形式，发展学生的道德移情能力等。

3. 在现实的道德体验中培养学生的道德智慧

在现实的道德情境中培养学生的道德智慧，离不开学生的道德体验。道德体验有拟境道德体验与实境道德体验。拟境道德体验就是在教师设置的虚拟的道德情境中进行的体验，如课堂教学中的角色扮演。实境道德体验是在真实的、现实的道德情境中进行的体验。虽然拟境道德体验也具有发展学生道德智慧的价值，但是，实境道德体验比拟境道德体验更能激发学生的道德情感，更有助于学生道德智慧特别是学生道德直觉能力和道德移情能力的发展。因为拟境道德体验是学生以他人角色进行的体验，在这种体验中，学生有时会觉得事不关己，难以产生真实的情感；而实境体验是学生以自身角色（自己在生活中实际扮演的角色）进行的体验，与学生自己的切身利益相关，会激发他们的真情实感。

（四）引导学生在探究性道德学习中生成道德智慧

道德智慧不是教师直接传授给学生的，而是学生在各种自主性道德学习活动中形成和发展的。学生的道德学习有三种样态，即接受性道德学习、体验性道德学习和探究性道德学习。接受性道德学习是一种间接的道德学习，它有助于学生道德认识能力的发展，而对其他道德能力发展的促进作用是有限的。体验性道德学习和探究性道德学习则是一种直接的道德学习，有助于学生道德智慧的形成和发展。体验性道德学习，在其他部分已有探讨，不再赘述，在此主要研究探究性道德学习。探究性道德学习是在教师的引导下，学生以各种自主活动的方式，对道德现象进行研究，发现问题和解决问题，从而获得道德智慧发展的学习活动。

探究性道德学习具有以下几个鲜明的特征：第一，自主性。探究性道德学习是学生自己的学习，在这种学习中，学生真正处于主体地位，他们自主发现问题、自主收集资料、自主判断、自主选择、自主提出解决问题的方法，教师只对学生进行必要的指导和帮助。第二，研究性。探究性道德学习是学生进行研究的过程，学生自己发现问题，分析问题，运用多种研究方法（如实验法、观察法、问卷法、访谈法等）提出解决问题的方法，并自己验证结果，体现了道德学习的研究性。第三，开放性与创造性。在探究性道德学习中，学生独立自主地去解决问题，因为没有现成的答案和结论，学生需要开动脑筋、突破常规束缚，采用新的思路和思维方式，因此，提出的解决问题的方案往往具有开放性和创新性。第四，实践性。探究性道德学习与接受性道德学习不同，它富有实践性。在探究性道德学习中，学生往往要走出教室、走出学校，进行调查、访问、观察、验证，要直接经验、直接处理各种问题与关系，亲自行动，因此，实践性非常明显。

探究性道德学习是一种完整的学习过程与发展过程，它涉及学生的道德认识、道德判断、道德选择、道德直觉、道德移情、道德行为、道德创新等，所以，对于道德智慧各构成要素的形成和发展都具有重要的价值。在探究性道德学习中，学生要运用自己的道德思维去认识各种道德问题、道德关系、道德情境，进行分析、综合、推理、抽象、概括等思维活动，这无疑会促进道德认识能力的发展。在探究性道德学习中，学生要对他们面对的人们的道德活动或行为的是非善恶进行判断和评价，这一过程有助于学生道德判断能力的发展。在探究性道德学习中，学生要运用道德选择的标准、原则与方法在各种道德冲突中作出选择，确定自己的道德行为方式，道德选择能力会在这一过程中得到锻炼和发展。探究性道德学习是一种直接的、体验性的道德学习，它与学生的道德生活直接相联系，它面对的是真实的道德情境，解决这种道德问题，往往需要瞬间的、直觉的反应，它会有助于学生道德直觉能力的发展。探究性道德学习的过程也是学生道德实践的过程，是将道德认识转化为道德行为的过程，学生的道德行为能力会伴随学生的道德实践的进行而发展。与接受现成的道德规范的接受性道德学习不同，探究性道德学习中知识的获得、认识的形成、解决方案的确定都非现成的，需要学生自己通过探究才能达成，需要学生提出自己的看法和解决的办法，这样，有利于学生道德创新能力的发展。

（五）在现实的生活与实践中养成学生的道德智慧

道德智慧来自生活，"是深深根植于生活之中，并在现实生活中表达出来的。道德智慧不是抽象的概念或名词，而是活生生的生活智慧，是与具体的生活事件，特别是人所经历的重大的社会、家庭或个人的生活经验密切相关，甚至是相融相生的"①。"脱离了生活世界的智慧只能变成一种简单的技术理性。"② 道德智慧是一种生活智慧，是一种生活需要，在生活中得到发展并且使生活更美好的智慧。在生活中学生要安身立命、生存和发展，就必须恰当地处理人与人、人与社会、人与自然、人与自我的关系，保证各种关系的和谐，这就需要道德智慧。在生活中生成道德智慧，就要引导学生切身体验接纳、宽容、尊重、合作、谦让、协商、同情、分享、利他、感恩、适中等具体的道德智慧，并运用这些道德智慧的具体表现形式去处理各种关系，还要引导学生通过生活体验利己、自私、苛求、自我中心等消极的道德品质特征的危害。这种"在世俗生活中升华起来的道德生命和智慧生命的意识和能力，一般地说，就是道德智慧"③。

在现实的生活中，学生会遇到许多课堂与教材中遇不到的、需要他们解决的道德现象，而且这些道德现象往往比较复杂，涉及多种道德关系，需要学生运用多种道德知识和道德能力才能认识、解决和处理，因此有助于学生多种道德能力的发展。

道德智慧虽具有理性智慧的属性，但它本质上是实践智慧。"道德智慧不是以单纯的文字符号的逻辑转换为主的思维活动，而是跨越时空的、积极自觉的、整体性的、直觉意识的道德实践与创造活动。"④ "智慧是'做'出来的，而不是'想'出来的"⑤，道德智慧无法直接传授给学生。学生的道德智慧是在践履道德规范、外化道德认识的实践中形成和发展起来的，道德实践是培养学生道德智慧的主要途径。离开实践，培养的仅仅是学生的"小聪明"，而不是真正的道德智慧。道德实践是一种综合培养学生各种道德智慧的途径。在各种各样的道德实践中，学生要扮演多种角色，面临不同的道德境遇和多种需要解决的道德问题，他们会想出很多表现其道德智慧的办法，通过道德判断、道德选择、道德移情、实施道德行

---

① 吴安春：《回归道德智慧：转型期的道德教育与教师》，教育科学出版社 2004 年版，第73 页。

② 黄晓珊：《培养生活智慧——生活德育的新功能》，载高德胜主编《道德教育评论 2012：生活德育论的反思与展望》，教育科学出版社 2013 年版，第 161 页。

③ 吴安春：《回归道德智慧：转型期的道德教育与教师》，教育科学出版社 2004 年版，第39 页。

④ 张茂聪：《道德智慧：生命的激扬与飞跃》，《教育研究》2005 年第 11 期。

⑤ 蔡春：《个人知识：教育实现"转识成智"的关键》，《教育研究》2006 年第 1 期。

为来处理道德关系，学会理解、接纳、宽容、尊重、合作、谦让、协商、同情、分享等，解决道德问题。所以，道德实践可以检验道德智慧，激发道德智慧，锻炼道德智慧，提升道德智慧，使学生生成新的道德智慧。

生活中的道德问题的解决，道德关系的处理，道德行为方式的选择，既需要道德，也需要智慧，即道德智慧。因此，在生活与实践中生成学生的道德智慧有助于克服学校德育中容易出现的将智慧的培养与道德培养相分离、相割裂的做法，将道德养成与智慧生成自然地、有机地融合在一起，使智慧的生成与道德的养成成为同一过程，既使智慧生成的过程同时成为道德养成的过程，道德养成的过程同时也成为智慧生成的过程，让学生的道德与智慧同步发展。

当然，在生活与实践中生成学生的道德智慧，学生是主体，但教师不能放弃教师的责任，放任自流，让学生自发地去形成道德智慧，要让学生自主，但不能自流。学生在生活与实践中生成道德智慧，教师应是引导者、指导者、帮助者，特别是要引导学生进行自我反思。"道德智慧是一种内省性思维或品质。个体对自己的道德言行能进行反思、监控、调节和矫正，是有无道德智慧的重要标志。道德智慧是指向个体内心道德世界、对自我道德性的觉解。"① 而"道德生活是一种主体自觉的理性生活。道德生活渗透于日常生活中，但不是日常生活，它属于非日常的精神生活。道德生活不是日常生活中的非反思状态，而是对日常生活的反思，是一种理性的、自觉的、创造的生活"②。道德智慧与生活德育的反思性，都要求我们在培养学生道德智慧时，在学生通过生活与实践生成道德智慧时，必须关注学生的反思，引导学生进行反思。反思可以使学生将解决道德问题、处理道德关系、选择道德行为方式的过程和结果进行重新思考，从中汲取经验教训，实现从识到悟的飞跃，达到更高的境界，实现道德智慧的提升。

（六）各种道德能力的协同培养

虽然我们在理论研究中可以将各种道德能力从整个道德智慧中分离出

---

① 吴安春：《回归道德智慧——转型期的道德教育与教师》，教育科学出版社 2004 年版，第 81 页。

② 冯建军：《"德育与生活"关系之再思考——兼论"德育就是生活德育"》，载高德胜主编《道德教育评论 2012：生活德育论的反思与展望》，教育科学出版社 2013 年版，第 114 页。

来进行单独研究，分别提出培养各种道德能力的策略与方法，但实际上，各种道德能力是一个有机的整体，它们相互联系，相互渗透，相互作用，构成了人的整体道德智慧。所以，我们对学生道德能力培养，根据具体内容及德育目标的需要，可以有所侧重，但是，绝不可能撇开其他能力的培养而单独培养某种单一的道德能力，而应该在有所侧重的基础上，将各种道德能力的培养有机整合起来，力求在同一德育活动中培养多种道德能力，使学生的道德智慧得到整体发展。

第一章

道德认识能力培养

　　道德认识能力既是一种道德能力，又是一种认识能力，是其他道德能力形成的基础，是个体道德发展的重要前提。当前，我国社会正处于不断变革与飞速发展的全面转型中，经济、政治、社会、文化等领域的深刻变革，深深影响着人们的道德。道德价值及其评价标准多元化、道德相对主义，使一些学生陷入道德困惑与道德冲突。因此，我们需要引导学生在道德知识学习过程中，在道德生活中，培养自己运用道德知识进行认知、理解、推理、构想、评价、反思等的能力，也就是道德认识能力，从而使他们有能力过更好的道德生活。

一　道德认识能力的一般理论探析

（一）道德认识能力的含义

　　"能力"通常被理解为人进行某种活动、完成某种任务、实现某种目的的一种主体条件或素质，"它是人的综合素质在现实行动中表现出来的、正确驾驭某种活动的实际本领、能量和熟练水平"①。道德认识能力的核心词汇是能力，关键词是道德认识，它既从属于道德能力，又从属于认识能力，它是指道德主体通过体认、学习、探究、实践、反思等途径形成道德观念，获得道德知识，继而运用已有道德知识进行道德分析、推理、构想、评价、反思等的能力。道德认识能力是道德智慧的重要构成要素。

---

　　① 韩庆祥：《能力本位》，中国发展出版社1999年版，第81页。

正确理解道德认识能力的含义，首先需要辨别道德认识能力与道德认识、道德知识的关系。道德知识、道德认识、道德认识能力虽然相近，但却不能等同，三者有所区别又相互联系。道德认识是道德主体以道德现象为认识对象的一种思维活动，道德知识是道德主体进行道德认识的主要成果，道德认识能力是道德主体在具体的道德认识活动中逐渐形成的一种素质，是一种内化于主体的道德能力。由于道德认识能力已经发展到主体的内在能力或者素质，因此，它是道德认识的最高体现形式。其次，道德认识能力与道德认知能力也有所区别。道德认识与道德认知在英文中虽然都叫 moral cognition，没有明显区分，但在中文语境中，道德认知更注重智力发展与道德认识的关系，以及知觉、记忆等心理因素的作用，而道德认识的含义相对广泛，不仅涉及道德认知，还涉及道德评价、道德推理等。因此道德认识能力较道德认知能力含义要广。再次，道德认识能力作为道德主体所具有的一种素质或本领，是一个复合结构体系。道德认识能力在形式上主要表现为道德思维发展水平，在内容上主要表现为道德观念掌握及应用程度；道德认识能力在水平上分为感性的道德认识能力和理性的道德认识能力。

(二) 道德认识能力的特征

1. 思维性与实践性相统一

道德认识能力作为一种认识能力，它与思维、思维发展水平有关，作为一种道德能力，更与道德实践有关。因此道德认识能力，是思维性与实践性的统一。

道德认识能力是一种认识能力，而认识是"人脑反映客观事物的特性与联系，并揭露事物对人的意义与作用的心理活动"[①]。道德认识能力首先涉及思维活动，需要运用神经生理结构摄取、加工、综合以及改造各种复杂的道德信息形成认识图式，而这种神经生理结构是以大脑为中心，并由感觉器官为门户。这样的过程也就是思维对感知到的道德材料进行加工整理、分析综合、归纳演绎所形成的对对象以及不同对象之间关系及其变化的认识。在此过程中，道德主体不断认识更新、更丰富、更复杂的道德材料，并伴随着实践的发展，道德认识图式不断成熟、丰富和提高，由

---

① 朱智贤：《心理学大词典》，北京师范大学出版社 1989 年版，第 536 页。

此人的道德认识能力也就不断发展。人的道德认识能力形成的过程首先是思维活动的过程。

但是,道德认识能力作为一种特殊的认识能力,又必须在道德实践中产生、表现并得以发展,具有实践性。"辩证唯物主义认为,认识是客观世界及其规律在人的头脑中的反映。人们的认识是在实践活动中,在与外界事物相互作用的过程中产生并发展的。"① 道德认识是一种特殊的价值性认识,是主体将自己置身于社会道德生活,在自己切身的道德实践活动中形成和发展的。道德认识的动机源于人们在面对道德现象、处理道德关系过程中道德认识图式受到刺激出现不平衡时产生的需要;伴随道德能力形成与发展的道德观念的内化与外化过程也需要实践作为中介与桥梁,只有通过实践获得的道德知识才会被道德主体真正认同与理解;也只有经过实践,感性的道德认识才能逐步发展为理性的道德认识,从而实现道德认识能力的不断发展。

2. 普遍性与特殊性相统一

道德认识能力的普遍性又称共同性,是指它同一般认识能力相同的地方,或者表现在绝大多数人身上相似的地方。具体来讲,首先,道德认识能力同一般认识能力一样,都要经过由低级到高级不断发展的阶段性过程。道德认知理论的主要代表人物皮亚杰通过实验发现,儿童的道德判断发展阶段需要经历四个不同的年龄阶段,遵循由他律到自律的规律。科尔伯格在研究儿童个体道德发展时,经过广泛的实证研究建立了"三水平六阶段"模型,由此模型可以看出个体道德认识由低级阶段向高级阶段不断发展。可见,道德认识能力同一般认识能力一样,遵循由低级到高级的阶段顺序。其次,道德认识能力的普遍性还表现为人们往往会产生普遍一致的道德心理、道德观念。不同社会时代的人们道德生活背景有很多相似之处,同一时代的人们更是经历着共同的道德生活,因此,很多传统美德流传至今并被大力弘扬,人们面对一般的道德关系与道德问题往往能达成一致的道德意见,作出相似或一致的道德判断和道德选择。

道德认识能力的特殊性表现在两个方面。首先,与一般认识能力相比较,道德思维具有"纳我性"。在道德认识能力不断发展过程中,道德思维"始终是从'我'出发,形成的是关于'人我'之间关系的、'为我'

---

① 章士嵘等:《认识论辞典》,吉林人民出版社1984年版,第38页。

的思维"①，它是一种价值性认识，认识对象充分反映了价值观念与利益关系。其次，道德认识能力体现在不同的个体身上，受不同的生活背景、道德体验、认知结构、心理品质等因素影响，具有不同的个体特征。所以普遍性并不意味着完全一致，不同个体的道德认识能力发展水平会存在差异，因此，也往往表现出不同的人们对同一道德事件认识不同、评价不同，具有一定的个人主观性。

由此可见，道德认识能力具有普遍性与特殊性相统一的特点。

3. 稳定性与可变性相统一

从道德认识能力的存在和发展状态来讲，道德认识能力具有稳定性与可变性相统一的特点。

道德认识能力本质上是一种能力，这种能力深深植根于人的道德意识与道德实践之中，作为一种内在的、反映人们道德认识水平的综合素质而具有相对稳定性。一方面，与这种能力直接相关的道德知识结构、心理特征一旦形成便具有很大程度的稳定性，不易改变；另一方面，人在具体的道德实践中，在面对不同场合、不同情境时，依据自身道德认识所表现出来的道德态度、道德评价具有一贯性或一致性，一般情况下，不会出现态度的截然不同和行为的前后矛盾，具有稳定性。但这种稳定性又是相对的，道德认识能力总是不断发展的，因此，又是可变的。一方面，人所处的经济、政治、文化以及社会环境的变化导致道德环境、道德关系、道德观念变迁，新的道德问题不断涌现，人的道德认识能力在解决新的道德问题的过程中不断得到发展；另一方面，人通过不断学习、积极思维、广泛体验与实践，不断加强自我反思与省察等途径，促使其道德知识结构不断丰富，道德理解、评价、推理、构想、反思等能力不断增强，也会促进其道德认识能力不断变化，向着更高水平发展。道德认识能力的可变性为德育培养学生的道德认识能力提供了可能性。

（三）道德认识能力的构成要素

认识作为一种获得某方面知识，形成某些观念，作出某项决定，制订某项方案或计划而进行的系列心理活动，通常包括感知活动和思维活动，

---

① 吴瑾菁：《道德认识论》，社会科学文献出版社 2011 年版，第 90 页。

而思维活动又包括 "认知、理解、评价、推理、选择、决策、构想、反思等" [1]。以此为参照，我们认为，道德认识能力是一个由道德感知能力、道德认知能力、道德理解能力、道德评价能力（道德判断能力）、道德推理能力、道德构想能力、道德反思能力等构成的复合结构。

道德感知能力。道德感知能力是道德主体的感官受到道德现象的刺激而形成的对道德现象直接、零散、个别性认识的能力。一个人道德感知能力的形成与发展通常通过感觉和知觉两个重要途径来完成。道德感知能力发挥所获得的材料正是道德认知及其后续各种道德认识能力发展的基础与源泉。

道德认知能力。道德认知能力是道德主体对感知到的道德材料进行加工整理、分析综合、归纳演绎而形成的对道德现象进行整体认识的能力。第一，道德认知能力的发展需要道德主体的感知活动提供直接材料作为认识对象。第二，道德认知能力需要道德思维的全面参与，使得道德主体通过对感知到的材料进行加工整理、分析综合、归纳演绎等活动，透过纷繁复杂的道德表层结构和松散的外部联系，初步发现和掌握道德现象的一般本质和规律。第三，运用道德认知能力获得的是关于道德现象初步本质和规律的认识，此时尚属事实判断，还不涉及对道德现象的价值性判断。

道德理解能力。道德理解能力是道德主体在对道德现象进行认知的基础上掌握其意义的能力。人们运用道德认知能力形成的是关于道德现象的整体性认识，是对道德本质与规律的认识，而运用道德理解能力人们会进一步挖掘本质中的细节与深层次意义，以更深刻地认识这些道德现象，进一步把握它们之间的关系。道德理解能力虽然使人作出的还是一种事实判断，但是它可以使人把握道德对象的本来意义，具有一定的价值判断的性质。

道德评价能力。道德评价能力是道德主体在认知与理解基础上形成的对道德现象作出善恶性质的断定的能力。道德评价能力运用的结果形成的是一种价值性判断，"它进一步揭示道德概念所包含的伦理关系的本质内容" [2]，通常用来反映一个道德现象对特定道德主体的好或坏、利或害，

---

①　江畅：《德性论》，人民出版社 2011 年版，第 357 页。

②　廖小平：《道德认识发展过程论》，《长沙水电师院学报》（社会科学学报）1993 年第 3 期。

还在很多时候用于不同道德现象的比较，从而为道德主体进行道德选择提供依据。

道德推理能力。道德推理能力是指道德主体对已作出的价值性判断进行归纳或演绎，从而扩大认识范围，对不同道德现象进行理解与评价的能力。它一方面表现为道德主体对具体的、个别的道德评价进行归纳，发现一般的、抽象的普遍适用的道德评价规则，从而能够认识更多的道德现象；另一方面表现为道德主体对一般的道德评价规则进行演绎，解析为更具体的道德知识，从而能够在各种特殊条件与情境下认识道德现象。

道德构想能力。道德构想能力是道德主体利用已有的道德认识成果进行更为复杂的思维的建构或重组，针对现在不存在但是以后可能会出现的道德现象而提出对策方案的能力。道德构想能力是道德认识能力较为高级的发展阶段，道德构想能力发挥的结果通常表现为针对即将出现或可能出现的道德现象制定系统实施预案。道德构想能力具有创新性，它并不是对原有道德现象的简单再现，而是建立在认知、理解、评价、推理基础上对尚未出现的道德现象进行把握的能力，体现的是一种"超前性""预测性"认识。

道德反思能力。道德反思能力是道德主体对上述各种道德认识能力及其成果进行反思与批判，以使认识活动更有效、更准确的一种再认识能力。道德反思并不是为了认识某些具体的道德现象，而是认识道德认识本身，是一种再认识。道德反思是为了检验已有的道德认识是否正确、完善，从而对它进行矫正。道德反思能力是道德认识能力发展的最高阶段。

道德认识能力的各个构成要素并不是彼此孤立的，而是密切联系、相互渗透、相互影响的。道德感知能力属于感性的道德认识能力，不涉及或较少涉及思维活动，处于道德认识能力的较低级阶段；道德认知、道德理解、道德评价、道德推理、道德构想、道德反思等能力处于道德认识能力的高级阶段，属于理性的道德认识能力，需要思维的全程参与。需要指出的是，感性的道德认识能力与理性的道德认识能力处于道德认识能力发展过程相互衔接的两个阶段，其区别与界限并不是特别明显。一方面，感性道德认识能力发展过程中会有思维的参与，表现出些许理性的因素；另一方面，理性道德认识能力也会掺杂某些具有感性特征的因素。道德感知能力发挥的结果构成道德认识能力不断发展的基础与源泉，道德认识能力不断向高级发展也促使道德主体更好地进行道德感知。正是在道德认识能力各要素相互影响、相互促进过程中实现道德认识能力由低级到高级的不断发展，从而使道德主体能认识更广泛、更复杂的道德现象，指导道德行为。

（四）道德认识能力的形成过程

1. 道德认识能力发展过程分析

关于道德认识与道德能力、道德发展的研究，以认知心理学派的皮亚杰和科尔伯格最具代表性。皮亚杰运用对偶故事对儿童进行临床谈话的方法来研究儿童的道德判断，从而研究儿童的道德发展。他认为儿童的道德发展是建立在认识发展基础之上的，并根据儿童对游戏规则认识发展的顺序，将儿童的道德发展分为四个阶段：第一阶段是 2 岁以前"具有纯粹运动性质和个人性质的阶段"，儿童游戏的动力主要来自机体的机能；第二阶段是 2—5 岁的"自我中心阶段"，儿童以自我为中心来接受并执行外界规则；第三阶段是 7—8 岁的"协作阶段"，儿童开始考虑互相控制和统一规则的问题，但这种意识尚模糊；第四阶段是 11—12 岁的"规则编集成典阶段"，儿童完全掌握了规则并表现出自律的性质。① 由此皮亚杰认为，儿童道德都是按阶段发展的，每个阶段就是一个结构，后一阶段较前一阶段的结构具有更好的平衡性。科尔伯格继承与发展了皮亚杰道德认知理论，建立了自己的道德认知发展理论。科尔伯格通过广泛的实证研究建立了著名的道德发展"三水平六阶段"模型，认为儿童的道德是沿着"前因循水平—因循水平—后因循水平"的阶段顺序不断发展的。在前因循水平，儿童的道德观念是纯然外在的，以避免惩罚或是满足自己需要而绝对服从权威；在因循水平，儿童已经了解、认识社会规则并将其内化，认识到它的正确性，"能顺从现行社会秩序，且有维护秩序的内在愿望"②；在后因循水平，达到普遍的伦理原则阶段，儿童以良心和普遍的道德准则作为行为的基本依据。在此基础上，科尔伯格认为儿童的道德沿着垂直与水平两个方向发展，垂直方向意即由低级阶段向高级阶段发展，水平方向表现为从认知发展经社会认知发展向道德认知发展和道德行为成

---

① 参见［美］皮亚杰《儿童的道德判断》，傅统先、陆有铨译，山东教育出版社 1984 年版，第 18—20 页。

② 郭本禹：《道德认知发展与道德教育：科尔伯格的理论与实践》，福建教育出版社 1999 年版，第 102 页。

熟的推移。科尔伯格认为，"儿童的认知或智力发展和社会认知或角色承担发展是制约其道德发展的两个最重要的条件"①，也就是说，个体逻辑思维的发展和社会道德实践构成了道德认识能力发展的必备生理条件和社会条件。

皮亚杰和科尔伯格的理论通常被译作"道德认知理论"，但是他们的研究不只关注狭义的认知，更涵盖了道德判断、道德评价、道德推理等内容，因此，他们的理论并不只是狭义上的道德"认知"理论，而是充分研究了个体认知与道德发展的关系、道德认识的发生发展过程、道德认识在道德发展中的重要地位，已经包含了道德认识能力的相关内容，揭示了道德认识能力的发展过程。

道德认识能力的发展始于道德感知。人在道德体验和实践中、在与其他道德主体的相互作用中，通过对道德对象的感知获得了分散的、零碎的感觉。这种感知得来的道德印象虽然是初步的、感性的，甚至与道德对象的本质有一些偏差，但它却构成了道德认知及其后续发展的重要基础。在这一过程中人的道德感知能力得到发展。

在此阶段以后，人对感知得来的道德信息进行由此及彼、由表及里的加工，抽象、概括出其本质，得到理性认识，将其纳入已有的道德图式，或改变原有的道德图式，形成新的道德图式，道德认知能力不断发展。图式是"一种经过抽象和概括了的背景知识或认知结构"②，道德图式也就是个体的道德认识结构，它是道德观念、道德信念等道德意识单元以网络状态相互作用而存在的，深深影响道德主体如何看待及评价道德现象，选择什么样的道德行为。当人得来的新理性认识与原有道德图式联系时，会发生两种情况：当新认识与原有道德图式有某种适当关系或者能找到与之联系的固定点，那么，新的道德知识被纳入原有道德图式，发生同化；当新认识与原有道德图式结构不吻合，旧图式无法处理新情况，就需要调节原有道德图式以适应新认识，发生顺应。无论同化还是顺应，都会使旧有道德图式不断更新和丰富，与此同时，道德知识、道德观念不断建构，道德认识体系更加完善。在此过程中道德认知能力不断得到发展。

道德图式具有多重功能。首先，理解功能。人总是"以自己的道德

---

①　郭本禹：《道德认知发展与道德教育：科尔伯格的理论与实践》，福建教育出版社1999年版，第89页。

②　邵志芳、高旭辰：《社会认知》，上海人民出版社2009年版，第132页。

图式为范型去审视、把握对象"①，不同的道德图式影响着人所能理解的外界刺激的范围，影响着人对同一道德对象理解的角度，以及理解的广度和深度。其次，评价功能。人依据自己的道德图式去解释、说明道德现象，在此基础上依据道德图式的价值标准形成对道德现象的不同评价。再次，整合与计划功能。人运用道德图式对各种信息进行加工整理，无论是将外界信息整合到自己原有认识结构，还是调整自己认识结构以接受新信息，都包含着对信息进行比较、分析、综合、迁移等活动，在此基础上形成他们关于道德实践的具体计划。在人的道德图式发挥上述功能的过程中，道德理解、评价、推理、构想能力得到不断发展。

上述所有阶段完成后，逐渐接近一个认识单元的尾声。在最后，人作为道德主体还会对以上各阶段的认识及其成果进行审视、反思与检讨，以进行改进和完善，在此过程中，道德反思能力不断发展，也使道德认识能力进一步升华和提高。

以上各阶段只是构成道德认识能力发展的一个建构单元，这一过程完结以后又会开始一个新的循环，但后一单元又比前一单元更加深化和丰富。这样，道德认识能力不断得到发展。

2. 道德认识能力影响要素分析

从道德认识能力发展过程可以看出，道德认识能力的发展既是人作为道德主体积极思维、努力探索和自主建构的过程，又是广泛体验与实践、不断解决道德问题的过程。在道德图式对外在信息的同化和顺应过程中，道德主体的思维发挥了最为主要和活跃的自主建构作用，但外在信息的获得需要道德主体在生活实践、道德体验中进行感知，道德主体的原有道德图式虽然先存于人的意识但也是源于道德实践，道德认识能力发展的最终目的也是为了指导道德主体在真实生活中进行更有效的道德实践，所以思维、体验、实践等都是影响学生道德认识能力的重要因素。

基于一定道德认识的情感在道德认识能力形成与发展过程中发挥着重要作用。现代心理学表明，在认识发展过程中交织伴有情感的作用，人的心理过程是认知与情感相互交融的过程。"没有认识前的情感激化和渲染，就说不上认识活动的展开和达到认识目的。"② 诸如义务感、羞耻感、

---

① 曾钊新、李建华：《道德心理学》（上卷），商务印书馆 2017 年版，第 121 页。
② 同上书，第 132 页。

荣誉感、幸福感等道德情感的存在，促使人们自觉进行道德认识，并随着情感的需要而将认识不断深化，并经由道德情感的催化作用使道德认识最终转化为道德行为。

另外，在学校德育实践中，师生关系对学生道德认识能力的发展也产生着重要影响。在由教师占主导地位的"教师专制"型师生关系中，教师采用注入式将道德知识传授给学生，学生被动接受而不允许有所质疑，久而久之学生积极思维、独立思考、批判创新能力弱化，从而不利于道德认识能力的发展。而平等、民主、开放、交流的师生关系会为学生道德认识能力发展提供有益的环境与条件。

（五）道德认识能力的价值

苏格拉底认为，"知识即美德"，这一论断虽然具有很大片面性，但却指出了知识对美德的形成具有重要意义，构成美德形成的基础。这里的"知识"除了指系统的道德知识，还指明确的道德认识，更蕴含着运用道德认识进行是非善恶辨别的一种能力。在中国历史上，王阳明说，"知善知恶是良知"①，这里的"良知"就是一种道德认识与辨别能力，不仅能知道"善恶是非"，还能在复杂的道德现象中辨识出"善恶是非"，甚至能从个别的"善恶是非"中推导出一般的"善恶是非"准则来指导个人行为。古今中外，人们已经认识到道德认识能力对于道德能力和个体道德发展的基础性意义。

1. 道德能力诸要素形成的基础

道德认识能力只是道德能力系统的一个构成要素，除此之外道德能力还包括道德判断、道德选择、道德直觉、道德移情、道德实践、道德创新等能力要素。这些要素共同构成道德能力的有机整体，它们之间紧密联系、相辅相成。道德认识能力为整个道德能力这个有机系统提供了理性认知基础：道德判断能力是在道德认识基础上对道德对象实质的把握能力，是道德认识能力的进一步深化；道德选择能力也是建立在道德认识和道德判断基础上道德主体的一种道德态度体现；道德实践能力是对在道德认识、道德判断基础上的道德选择的结果贯彻执行的能力；道德直觉能力是以道德认识为基础的一种道德顿悟能力；道德移情能力既涉及道德情感能

---

① （明）王阳明：《传习录》。

力，也涉及道德认知能力，是一种角色获得和道德认知能力，道德移情能力与角色获得和道德认知能力有着极为显著的正相关；道德创新能力更是上述几种道德能力的综合体现，同时又使上述几种道德能力在创新过程中得以巩固和提高。由此可见，道德认识不仅为整个道德活动的开展提供认识基础，而且道德认识活动还伴随、渗透到道德能力各个阶段发展过程的始终。每一道德能力的展开都有道德认识能力的参与，离不开道德认识能力的发挥。由此可见，道德认识能力构成道德能力诸要素形成的基础，是道德主体形成道德能力的前提。

2. 个体道德发展的前提

首先，道德认识能力是道德主体地位得以确立的必备素质。一个人要想成为真正的现实的道德主体，必须在道德客体面前具有能动性，表现出主体性。道德主体性作为道德主体得以确立的性质，突出表现为自觉性、自主性、主动性和创造性。人总是在认识道德现象，理解道德规范，处理道德关系，解决道德问题的过程中体现出自觉性、自主性、主动性以及创造性，从而塑造主体地位。无论是个体认识道德现象，还是根据已有的道德认识理解道德规范，从而依据内心的道德准则处理道德关系，解决道德问题，主体性的每一方面的表现都离不开道德认识能力。况且道德认识能力本身所包含的道德感知、认知、理解、评价、推理、构想、反思等能力的发挥及运用在很大程度上体现了主体的自觉性、自主性、主动性以及创造性。道德认识能力作为主体内在的一种能力或素质，是个体道德主体地位得以确立的必备素质。

其次，道德认识能力在个体品德结构中发挥着重要作用。个体道德发展的过程也就是将社会道德内化为个人自身品德的过程。关于个体品德结构的构成要素，目前大致存在着道德认识、道德情感、道德行为的"三因素说"，道德认识、道德情感、道德意志、道德行为的"四因素说"，道德认识、道德情感、道德信仰、道德意志、道德行为的"五因素说"，或道德认识、道德情感、道德动机、道德意志、道德行为、道德评价的"六因素说"，等等。无论认为个体品德结构包括几个要素，道德认识在个体整个品德结构中发挥着基础而先导的作用却是大家的共识。道德认识构成了个体道德内化和个体品德发展的基础，没有认识也就无所谓情感，道德情感是在道德认识基础上产生的，并随着认识的深入而更加强烈，"知之深"才能"爱之切"；道德信念是道德认识与道德情感的"合金"，没有对道德现象的深刻认识，人难以形成自觉的、理性的道德信仰；道德意志、道德行为也是以道德认识为基础的，具有了正确的道德认识，人才有自觉克服困难的毅力和道德行动的自觉性；道德评价更是以道德认识获得的准则、观念为依据的。因此，道德认识在个体的品德结构中发挥着基础而先导的作用，也因此，道德认识能力作为个体进行道德认识所必须具备的素质或条件，在个体的品德结构中，发挥着极其重要的作用。

二　加强道德认识能力培养的现实必要性

（一）德育现状——德育现实呼唤培养学生道德认识能力

1. 纠偏对知性德育的认识

我国的传统德育主要还是一种知性德育。知性德育的"智育化"倾向已经受到了越来越多学者的批判："知性德育就是知识德育"① "知性德育就是思维德育"②。批评者认为，知性德育的内容脱离学生生活实际，缺乏活力和吸引力；知性德育的方法只关注学生是否接收到道德知识，却并未真正关心他们是否也从内心接受了道德知识，能不能指导自己的道德行为，导致出现学生只知不做、知多做少的现象；师生关系上，由于忽略学生的情感需要，没有把学生作为真正的学习主体来看待，造成师生关系冷漠；在效果上，当学生在学校学习到的道德知识与其接触到的道德现象相抵触甚至相冲突时，教师不能引导其对这些现象进行分析、比较、辨别，久而久之学生就会更加困惑，失去自己的道德信仰。

学者对知性德育的批判确实有合理之处。不少学者从不同角度出发提出了许多新的德育理论，其中尤以生活德育最为突出，得到了广泛的认可，甚至有人主张用生活德育完全取代知性德育。这些主张是值得商榷的。我们批判知性德育，只是批判它片面强调道德知识的硬性灌输，脱离生活实际培养学生道德思维能力，但不是完全摒弃它。倘若用一种理论完全取代另一种理论，恐怕就又走向了另一个极端。个体的道德发展是经由道德认识、道德情感到道德行为的完整链条，倘若忽视道德认识的根基，

---

① 高德胜：《知性德育及其超越：现代德育困境研究》，教育科学出版社 2003 年版，第21页。

② 同上书，第 26 页。

从何而来高尚的道德情感与道德行为呢？对知性德育的批判只是对它不合理性的一种修正，对学生进行德育不应当排斥道德知识的学习，只是道德知识的学习只构成德育过程的一个方面，而不是最终目的，德育的目的在于引导学生在掌握道德知识过程中发展道德认识能力，形成和发展思想品德。只有培养道德认识能力，才能使学生不仅学会道德知识，而且具备运用这些道德知识的能力，学会认识复杂的道德现象，实现由知善向行善的转化，过有意义的道德生活。

2. 纠正生活德育实施的偏差

人们在反思传统德育弊端的同时，提出了许多新的观点，其中比较有代表性的是生活德育。生活德育重新审视了德育与生活的关系，强调德育要突出生活性：首先，生活德育的目的是为了指引学生当下的道德生活，提升学生生活的质量，让学生会过道德生活；其次，学校德育要从学生的生活实际出发，将学生在生活中的体验和经历作为德育重要内容；再次，德育过程也要在学生的生活中进行，要渗透到家庭、学校、社会等学生生活的各个机构和场所。生活德育强调德育必须以生活为中心，从生活出发，在生活中进行，并回到生活。

生活德育被视作是对知性德育的超越，弥补了知性德育的不足，改变了传统德育道德知识与道德生活、德育与学生需要相脱节的局面，增强了德育的生机和活力，受到越来越多教育者的欢迎。但是，生活德育在实施过程中也存在一些问题：首先，过于强调生活，以致德育被消解。生活德育在操作中容易对生活界定过于宽泛，无论是否具有道德价值，只要是涉及学生生活，都被教育者不分重点地纳入德育中，将生活等同于德育，也就是将德育消解在生活之中。其次，满足于表面生活，忽视引导学生进行深层次思考。一些教师错误地理解了情境设置、体验、实践、模拟、探究等方法在德育中的作用，从而出现为了设置情境而设置情境，为了活动而活动，为了体验而体验等流于形式的现象，学生经常一会儿忙着活动体验，一会儿忙着合作探究，只注重表面的生活，缺少对生活进行深层次思考，有形式无实质，到头来一身疲惫，效果不佳。

生活德育的目的是为了引导学生过更好的道德生活，这就要求德育不仅要回归生活、贴近生活，更要有意识地引导学生建构可能的生活。现实生活多种多样、良莠不齐，既有有利于德育及学生德性成长的方面，也有对德育及学生德性生长造成不利影响的方面。"道德教育的要旨不在于使受教者了解现实生活中人们的行为是怎样的，而在使他们掌握：人们的行为可能是怎样的？应该是怎样的？道德的理想是什么？人们何以接近这种理想？"① 教育者要引导学生实现对生活的不断超越，从而过更好的道德生活。而引导学生过有意义的生活、超越现实生活，更好地实现生活德育的目的，需要引导学生在道德知识学习过程中对道德生活进行认知、理解、评价、推理、构想、反思等活动，提高道德认识能力。所以，我们不是全盘否定生活德育，正如不能全盘否定知性德育一样，而是要纠正生活德育实施中的偏差；不是不要道德生活，生活在德育中十分重要，是实现知行转化的重要途径，但是，在这一过程中，要教会学生运用道德知识进行认知、理解、评价、推理、构想、反思，也就是要提高学生的道德认识能力，从而指导学生过更好的道德生活。

（二）社会背景——社会现实吁求培养学生道德认识能力

当前我国社会正处于不断变迁与飞速发展的全面转型中，经济、政治、社会、文化等领域都发生着深刻变革，转型期的社会现实深刻影响着人们的道德。在社会转型过程中，伴随经济全球化、现代化，还有一个突出表现就是多元化，包括经济利益多元化、生活方式多元化、价值多元化等。其中价值多元化突出表现就是多元价值并存。在社会转型期，不同思想、观点不断涌现，在日益开放、多元、宽容、主体性凸显的社会，越来越多的人开始按照自己的标准来进行道德价值判断，按照自己对于事物意义的理解来定位以及追求道德价值目标，这就构成了我国社会的道德多元化。道德多元化虽然为学生提供了更多的道德选择，有助于丰富学生道德生活、活跃学生道德思维，但也给学校德育提出新要求，带来新挑战：多元价值并存弱化了德育主流价值观的一元化导向，一部分学生认为既然要尊重差异，包容多样，那么，多样化的价值观念都应该被允许和认可，不能只坚持一种指导思想。受这种观念的影响，加上学生生活空间逐步开放、获得信息渠道日益多元、道德体验更加丰富，他们不再无条件地接受学校教授的道德原则和道德规范，不愿无条件地遵循教师要求的道德选择，而是按照自己的喜好、知识、能力、经验去尝试认识与选择价值理念与道德规范。但是在传统与现代、中国和西方各种思想和价值观不断碰

---

① 鲁洁：《道德教育：一种超越》，《中国教育学刊》1994 年第 6 期。

撞、交融的复杂现象面前，部分学生不能以理性应对多元价值的冲击，在道德认识方面陷入困境。一部分学生不能正确认识复杂道德现象的本质，自己原有的价值目标被淹没在多元化的价值取向当中，对原有的道德观念与价值判断标准产生怀疑与动摇，从而产生道德困惑；一部分学生坚持多元化价值取向，价值判断标准亦呈现多元化，在面临道德选择时没有明确的价值标准，产生价值观冲突与混乱。因此，培养与发展学生的道德认识能力，让学生拥有能力自主认知、理解、判断纷繁复杂的道德现象，得出正确的道德认识，显得尤为重要且日益紧迫。

多元、多变的道德现实，加之道德相对主义潜移默化的影响，使学生的道德价值观发生变化。道德相对主义否认道德判断具有共同的价值标准，认为道德是适应环境需要而产生，也必然随着社会现实及个人情况的变化而变化，其本质是只承认道德的相对性和易变性，反对道德的绝对性和稳定性。它没有看到其实在具体的、个别的、道德现象和道德规范中蕴含着抽象的、一般的道德，这些道德是每个社会和个人都必须承认的道德，道德是相对性与绝对性的统一。在社会转型、开放程度不断提高，个体主体性不断弘扬的大背景下，青少年容易受新鲜事物吸引，思想活跃、心理叛逆、崇尚自由、不爱受束缚，道德相对主义在一些学生当中逐渐盛行，并且视之为理所应当。一些学生厌恶甚至反对道德权威，抵触教师的道德教诲，往往依据自身的喜好随意地进行道德判断与选择。在他们看来，每个人都有理由为自己的道德行为辩护，即使是错误的、为社会所不鼓励的，只要符合自身需要，他们就认为是对的，因此，逐渐失去道德辨识能力。因此，要使学生知是非、辨善恶，成为真正的道德主体，过有意义的道德生活，就必须注重培养学生的道德认识能力，提高学生的道德感知、认知、理解、评价、推理、构想、反思等能力。

人类进入21世纪，科技进步、社会转型、多元化现象交织在一起，衍生出许多新的道德领域，如科技道德、经济道德、环境道德、生命道德、网络道德等，人类开始面临更多、更新的道德现象。这些都需要培养学生的道德认识能力，以便于他们能够正确认识这些道德现象。以对学生影响颇深的网络道德为例，青少年好奇心强，渴望自由交流以及彰显个性的表达，而网络的便捷性、无限性以及身份的隐蔽性，恰恰迎合了这种心理。随着网络的普及与发展，青少年群体在享用虚拟世界丰富信息的同时，也面临着一些新的问题：网络空间自由度很大，不同国家、民族、职业、文化背景、价值观念的人们都可以在网络上制造、发布、传播信息，导致信息膨胀、良莠不齐，正义与邪恶、真实与虚假、美善与丑陋、诚信与欺骗等充斥网络，深深影响学生的德性生长，对传统的只注重知识传授的德育提出严峻挑战，对学生道德认识能力的发展提出迫切要求。只有培养学生的道德认识能力，使他们学会认识、理解、评价、选择，方能在自由灵活的网络社会走出道德迷惘与困惑。因此，面临诸如网络伦理等新的道德领域与道德现象，需要以培养学生道德认识能力来应对。

（三）国际视野——西方德育理论的启迪

古希腊哲学家苏格拉底以"知识即美德"的命题揭开了探寻道德之理性基础的序幕。历史上道德理性主义认为人是理性的动物，人的道德也必然以理性为依据，包括道德在内的客观世界可以为人的理性所认识，人可以通过理性获得对道德的真理性认识，利用智慧获得一种合乎理性的道德，从而达到道德的不断完善。从苏格拉底的"知识即美德"，到柏拉图的"善的理念"乃是一切事物的共同本质，亚里士多德的"德性伴随着理性"[1]，17世纪培根的"知识就是力量"，再到18—19世纪康德的"意志行为唯合乎理性才具有道德意义"，黑格尔的"有道德的人一定是认识到善并选择愿意行善的人"，都强调知识、理性之于道德的功能，以及人的认识、思维的道德意义。这一点也得到了当代心理学研究的支持。认知心理学断言，除非我们考虑人类行为的认知因素，否则，我们就无法理解道德行为。在他们看来，合乎道德或者规则的行为必须要依靠道德主体对具体的社会、道德情境的理解和把这些规则运用到具体情境的能力。

在理性主义氛围和土壤中滋生并发展起来的西方德育，在不同时期、不同阶段、不同派别那里都承认道德思维、道德认识能力因素在德育、在个体道德发展中的作用，只不过强调的维度和程度不同而已。

19世纪末到20世纪初，在西方占主导地位的是强制向学生传授特定社会所要求的固定的道德原则和道德规范的传统德育。以灌输为特征的传统德育受到了欧洲新教育运动和美国进步主义教育运动的冲击，其中尤以

---

[1] ［古希腊］亚里士多德：《尼各马科伦理学》，苗力田译，中国人民大学出版社2003年版，第134页。

杜威的生活德育理论最引人关注。杜威认为，"教育并不是强制儿童静坐听讲和闭门读书，教育就是生活、生长和经验改造"①。他认为学校本身就是一种社会生活，德育的目的就是通过经验的改造来促进学生生长及发展。在德育和个体道德发展过程中，关于理智和行为的关系问题上，杜威认为知识或者理智确有积极的道德意义，但他更强调"智慧的方法"，也就是一种运用道德思维指导人们的行动，使之更有预见性，能够料想到不同行为方式所致的结果，从而作出理智选择的能力，也就是我们所讲的道德认识能力。他认为德育的过程就是鼓励学生进行批判性探究的过程。可见，杜威批判传统德育的道德灌输并没有否定道德知识尤其是道德认识能力在个体道德发展、在德育过程中的作用。

20世纪七八十年代以后，西方德育理论流派纷呈。虽然针对传统德育的弊端，各个流派都从各自角度提出了独特理论，但这些流派并没有否定道德认识能力等因素的作用，反而在自己的理论中肯定并鼓励学生独立思考，主张培养学生在处理现实道德问题中增加对道德规范的认识和理解能力。正如有的学者所指出的那样，"无论对德育的理论还是实践来说，20世纪都是一个主知主义的时代。这主要表现在，在这一时期，知识和认知能力在个体道德和道德发展中的作用得到进一步确证，道德认知能力包括道德理解能力、推理能力以及道德判断和选择能力的培养作为道德教育的重要任务，得到教育理论家的普遍赞同和教育实际工作者的广泛接受"②。以科尔伯格为代表的道德认知理论从儿童道德认知出发研究道德和德育，将道德认知因素作为道德发展的核心因素，认为儿童的思维特别是逻辑思维是道德发展的必要条件，儿童道德成熟的标志应当是他具有成熟的道德认识能力。所以，他认为德育的主要任务不是教授儿童某些具体的道德准则，而是要促进其道德认知能力的发展。斯克里文的"认知的道德教育"（cognitive moral education）认为，德育不是向学生呈现道德结果，德育要以增进对道德知识的理解、发展道德认知能力为主要内容。贝克反复强调，其"价值教育的反省方法"中既包括认知因素，也包括情感因素，但他强调的是认知因素。道德符号理论的代表威尔逊主张德育的主要任务在于培养学生的一系列道

---

①　[美]杜威：《民主主义与教育》，王承绪译，人民教育出版社2001年版，前言第14页。

②　戚万学：《冲突与整合——20世纪西方道德教育理论》，山东教育出版社1995年版，第29页。

德能力，他特别强调道德思维能力的培养，认为德育的目的之一是培养学生的道德思维能力。其他一些反对视道德认知为道德发展唯一因素，更加强调学生道德情感能力和道德行为能力培养的理论学派，也都在自己的理论中提到把道德分析、道德推理、道德选择等道德认识能力作为重要的德育任务。价值澄清学派主张学生通过"选择""珍视""行动"三个过程获得价值，其中"选择"，也就是学生在对可供选择的情境进行审慎的思考以后作出决定，这也就突出了人的认识能力在价值获得过程中的地位。麦克菲尔的体谅德育理论虽然反对德育中那些过于理性的方法，强调培养学生道德情感和利他主义精神，将教会学生如何关心人、体谅人为德育的目的，但是，也提出德育要以学生的思考和自主活动为基本手段，通过角色扮演和讨论激起学生强烈的情感和深刻反思，促进学生道德判断能力的发展，提高学生预测行为结果的能力。纽曼的社会行动理论主张德育的关键在于培养和提高学生的公民行动能力。但是，该理论亦提出要培养学生的道德推理能力。自20世纪80年代末，在美国再度复兴的品格教育理论也没有否认学生道德认识能力的培养。品格教育理论的著名代表人物里克纳认为，品格由道德认知、道德情感（"道德体会"）和道德行为构成，道德认知包括道德意识、道德推理和道德决断等。里克纳提出，品格教育中要鼓励学生进行道德思考，进行道德哲学思考，要培养学生的道德认知能力，使学生学会理性判断，能够进行道德推理，具备自我认知的能力。

可见，在当代西方德育理论中，各派别德育理论尽管对道德认识能力、道德情感能力和道德行为能力的关系，以及这些道德能力要素在个体道德发展中的作用认识有别，但都主张要培养学生的道德认识能力，将学生道德认识能力的发展作为德育的阶段性目标或工具性目标、最终目标。因此，在德育中加强学生道德认识能力的培养，已成为西方德育的共识。当代西方关于学生道德认识能力培养的理论对我们有重要的启迪，尽管我们并不赞同一些理论家片面强调道德认识能力的培养，而忽视其他道德能力培养的观点，但是，他们提出的道德认识能力培养的一些观点和做法对我们的德育还是有很多启迪价值的。我们现在虽然强调培养学生的道德移情、道德实践等能力，但是，道德认识能力的发展是这些能力发展的基础，因此，德育应重视学生道德认识能力的培养。

三 道德认识能力的培养途径

（一）在积极思维和探究中形成和发展学生的道德认识能力

积极思维和探究是指在具体的道德学习过程中，学生在教师引导下，运用分析、综合、比较、归纳、演绎、抽象、具体等逻辑思维方法，经过同化和顺应过程，自主探索和建构道德图式，丰富道德知识，发展道德认识能力的过程。道德认识作为一种认识活动，首先与学生的思维发展水平有关。逻辑思维发展是道德认识能力发展的必要前提。发展学生的道德认识能力，并不意味着否定道德概念、道德规范等具体道德知识内容的掌握，相反，道德认识能力的发展一定是以学生逻辑思维发展和丰富的道德知识储备为前提。所以发展学生道德认识能力，离不开科学的道德知识的传授，更离不开学生积极的道德知识学习，要将科学传授与探究性学习相结合，重在引导学生积极思维、自主探究、有效建构，为道德认识能力发展提供知识基础和心理条件。

1. 合理安排德育内容，激发学生道德认识动机

正确发挥积极思维和探究的作用，首先要合理安排德育内容，刺激学生产生道德认识动机。

德育内容的深度和难度要略高于学生现阶段道德思维发展水平，不能过高，使学生望尘莫及；也不能过低，无法激发学生认识需要，应控制在大致高于学生现有水平的一个阶段上，以诱发学生认知冲突，促使学生积极思考。德育内容要准确、科学、鲜活，尤其不能忽略学生可能感兴趣或者存在道德困惑的内容，要与时俱进、联系实际、贴近学生生活，增强可信性、现实性和感染力，以避免使学生抵触甚至排斥。德育内容还要考虑学生的不同需要，"切忌'一刀切'，免得造成'胃口'大的学生吃不饱、'胃口'小的学生吃不了"①，只有安排符合上述要求的德育内容，才有利于激发学生道德认识动机，使学生变被动学习为主动探究，从而使学生积极思维，丰富道德知识，为道德认识能力发展打下良好基础。

2. 引导学生积极思维，为道德认识能力发展提供心理支持

正确发挥积极思维和探究的作用，要求教师以学生为主体，引导学生

---

① 唐智松：《探究式教学的基本原则》，《中国教育学刊》2001 年第 5 期。

积极思维。在德育中，教师要摒弃注入式的方法，真正将学生视为道德学习与发展的主体，精心设计德育内容，允许学生对所学知识质疑，关注学生的思想动态与思维状态，引导学生积极进行道德思维，通过自主探究得出结论。

　　教师通过仔细观察学生的学习状况，认真倾听学生的道德困惑，适时适当向学生发问等方法，引导学生对道德知识内容进行分析，或者将道德知识作为整体，分别对其各部分加以考察并发现各部分的联系；引导学生对道德知识内容进行比较与分类，将经过思维分析的道德知识内容进行比较，有所区分，再根据比较之后确定的相同点与不同点将道德知识内容划分为不同的类别；引导学生对道德知识内容进行归纳与演绎，从个别的、具体的道德知识内容中推导出一般的、具有普遍性的道德结论，或者从普遍的、一般的道德结论中推导出一系列个别的、具体的道德观念；引导学生对道德知识内容进行抽象与具体，从经验思维获得的具体感性的道德认识中抽取出必然的本质因素，形成关于事物的抽象的思维规定，然后把对事物各方面本质的认识联系起来形成一个统一整体性的认识，在思维中实现对认识对象的理性的具体。经过一系列的思维活动过程，学生会逐渐认识道德现象与问题的本质，道德知识不断丰富，同时，在这一过程中学生的道德理解、评价、推理、构想、反思等道德认识能力会得到发展。

　　在这个过程中，教师要始终发挥引导者、指导者、辅导者的角色，从"带着知识走向学生"转变为"带着学生学会知识"，重点不是让学生背会多少道德知识，而是教会学生如何学习、如何思考、如何认知，从而促进学生道德认识能力的发展。

　　3. 转变学习方式，引导学生在探究中发展道德认识能力

　　学生的学习方式大概分为接受式与探究式两种。我国传统德育采用的是接受式学习。在这种学习方式中，学生处于被动的客体地位，坐在课堂上倾听教师讲授知识内容。这种学习方式对学生道德认识能力的发展作用有限，甚至会阻碍学生道德认识能力发展。要发展学生道德认识能力，就要转变学生的学习方式，开展探究式学习，让学生在探究过程中发展道德认识能力。在德育中，教师要有意识地指导学生充分发挥能动性，由一名现成知识的"接受者"转变为知识的"发现者""建构者"。教师要引导学生善于发现生活中存在的道德问题，鼓励学生在发现问题后主动提出问题、积极思考并努力解决问题，通过收集资料、观察体验、推理验证等途径，探究可能的道德结论，建构新的道德图式。在探究式学习中，教师的任务是创设一种有利于探究与交流的问题情境，尤其要注意引导学生积极思维，充分利用学生原有的道德经验，引导他们主动探索新的道德知识与原有道德知识、经验之间的联系，通过积极思维发现一致或者冲突的地方，从而对原有道德知识进行整合、加以利用，发展新的道德知识。在探究式学习中，教师要指导学生进行自主式探究或合作式探究，鼓励学生或自由结伴，或分组进行，按照"发现问题—分析问题—解决问题"的步骤，加强合作交流与讨论分享，共同寻找解决问题的方法。在学生积极探究和自主建构的过程中，他们的道德认识能力也就会不断提升。

（二）在对话与讨论中形成和发展学生的道德认识能力

对话与讨论是指在德育过程中，教师和学生在平等民主的基础上，在互动开放的氛围中，围绕特定的道德现象，进行沟通、交谈、讨论、分享等，从而使学生消除疑惑、加深理解、达成共识，以促进学生道德认识能力不断发展的方法。早在古希腊，哲学家苏格拉底的"产婆术"，本质就是通过对话与讨论提高学生能力的一种方法。苏格拉底不赞成直接将现成的知识教给学生，主张通过教师和学生之间的问答、争辩、讨论来启发学生自己得出结论，理解新的知识。当代道德认知学派代表人物科尔伯格在德育的实践策略中提出道德讨论策略，认为道德认知冲突引发的道德思考，有利于提高学生的道德判断水平。如何引发学生的道德认知冲突？科尔伯格主张教师要引导学生围绕道德两难问题展开讨论。这些都对我们培养学生道德认识能力具有一定启示意义。在德育过程中进行对话与讨论，师生之间通过坦诚交流、质疑问难、辨明真理，从而达到视界融合，有利于提升学生的道德认识能力。

1. 通过民主对话提高学生道德认识能力

传统德育教师垄断话语权，进行独白式教学，将结论强加给学生，无暇顾及学生对道德知识是否理解，也很少给予学生表达自己观点和阐述困惑的机会。所以，学生对所学的道德知识知道了、记住了，但却不一定理解，自然也不能运用它进行价值判断，作出正确的道德评价。因此，改变师生的沟通方式，师生之间围绕道德问题展开民主对话，对于发展学生的道德认识能力显得尤为必要。教师和学生进行民主对话，双方是一种超越主客体关系，同时作为主体的存在，在此基础上彼此敞开心扉，真诚地表达自己的思想观点，在民主开放的氛围中进行交流互动。这种对话、交流不是表面的交谈或问答，而是师生双方都全身心投入、尊重差异、畅所欲言，每个人都从自己的经验、感受出发，坦诚地表达自己的观点和困惑，保持一种开放、宽容的态度，学会站在对方的角度看待问题。在师生对话中，既有知识经验的分享，也有情感态度的交流，更有价值观层面的碰撞。在对话、交流中，对方的观点和见解被自己接纳和吸收，最终，对话的过程成为"对话主体双方从各自理解的认知结构出所发达成的一种视界融合，结果是一种主体双方认知结构的不断改组与重建"①。如果说在道德认知阶段所形成的道德认知结构还是初步的、松散的、缺少稳定性的，那么经过对话所改组与重建的道德认知结构则更加深刻，因而也能更好地掌握道德对象的意义，增进道德理解。也只有被深刻理解了的东西，才会被主体自觉运用来进行道德价值判断。因此，通过师生民主对话，学生的道德认识能力得到发展。

2. 通过道德讨论提高学生道德认识能力

在德育过程中，教师要引导学生围绕重点与难点进行道德讨论，在讨论中激发学生积极思维，化解认知冲突，达成共识，促进学生道德认识能力提高。

在道德讨论中，教师要精选讨论内容。讨论内容的选择，一是要具有道德意义。二是要能引起学生的道德认知冲突，以促使学生积极思考、参与讨论。三是要有一定的难度。学生能轻松理解和掌握的，便没有兴趣讨论，只有当所学内容超出学生原有认知水平，为学生原有的道德认知结构所不能包容，才会引发他们产生道德认知冲突。四是学生对讨论的内容有不同的认识，这样才容易激发学生讨论的热情。道德讨论中要遵循科学的方法。在进行讨论以前，教师要对每个学生的道德基础及道德思维发展水平有一定了解，处于不同道德发展阶段的同学彼此之间观点不一致容易引发讨论。在道德讨论过程中，教师要尊重学生的主体性，引导学生充分表达自己的观点，允许不同观点之间交流碰撞，才会激发学生积极思考。在讨论中，教师不能急于给出答案或作出结论，而是要鼓励学生在讨论中分辨善恶是非；教师要有意识地用高于学生现有思维水平一个阶段的问题来

---

① 吴加强：《学校德育的对话理念及实施策略》，《浙江师范大学学报》（社会科学版）2003 年第 S1 期。

引导学生思考问题、参与讨论。只有这样，才会提升学生的道德思维水平。在道德讨论即将结束的时候，教师不能仅仅满足于使学生理解道德知识内容，而要在此基础上有意识地进一步培养学生的道德评价能力，要指导学生在经过讨论对道德现象的本质、规律有更深入的理解之后，有意识地运用其进行价值判断，学会正确评价他人及自己的道德认识与行为，形成正确的道德态度，从而提升道德认识能力。

3. 民主对话与道德讨论的原则

无论是民主对话，还是道德讨论，都不是孤立进行的，往往是结合在一起的。在对话中进行讨论，在讨论中不断对话。对话与讨论既包括师生间的对话、讨论，也包括学生和学生之间的对话讨论。无论讨论还是对话，都必须遵循以下原则：第一，平等性原则。教师和学生双方都是对话与讨论的主体，都有权利阐述自己的观点，表达自己的意见并得到尊重，也都有义务尊重别人的观点与思想。第二，开放性原则。通过对话与讨论以达成道德共识，是道德对话与讨论最明显、最直接的成果，但是，道德对话与讨论还要兼容并包、求同存异。在对话与讨论中，教师要认识到激发学生的求知欲，培养学生的探索精神。锻炼学生的发散性思维要比使学生得到标准答案更重要。要有开放性，允许差异存在。第三，指导性原则。教师由于在知识和经验上优于学生，所以要在对话与讨论过程中充分发挥指导作用，把控方向、适时引导、善于总结，提高对话与讨论的有效性。

（三）在解决道德问题中形成和发展学生的道德认识能力

在德育过程中，教师要注重向学生呈现虚拟的或真实的道德问题，指导学生运用已有的道德知识经验来分析具体的道德问题，通过解决道德问题来锻炼运用道德知识的能力，不断实现道德认识的概括化、深刻化、全面化，从而促进道德认识能力不断发展。西方道德认知学派强调以提高学生认知能力为目标，主张设置一定的道德问题，以有意识地促使学生个体认知失调，使其在解决具体道德问题的过程中通过达到新的平衡和协调，使道德认知能力得以提高。学生面对与处理各种各样道德问题的过程，就是对不同情境下的具体道德问题、道德现象进行认知、判断、评价的过程。学生只有利用已有的道德知识进行更为复杂的思维，才有可能对教师呈现的道德问题找到解决办法，有效应对。在学生处理各种道德问题的过程中，其道德推理与构想能力会不断发展，道德认识能力也会进入一个更高的发展阶段。

1. 设置虚拟情境，发展学生的道德认识能力

教师要善于设置虚拟问题情境，引导学生通过解决虚拟道德问题来提高道德推理与构想能力。虚拟问题情境通常分为"话语虚拟"和"戏剧虚拟"两种，前者是由教师通过语言描绘出道德问题情境，后者是由学生通过角色扮演诠释出道德问题情境，二者都必须呈现出特定的道德问题。虚拟问题情境与真实的道德事件和道德问题相比，更具针对性和可控性，是教师在道德现实的基础上，为有针对性解决特定道德问题而设计的，无论情境的设置、问题的设计，还是发展方向，都在教师的控制范围内。通过虚拟道德问题培养学生道德认识能力，通常要遵循以下步骤：第一，科学创设虚拟问题情境。虚拟问题情境的创设不仅要遵循学生认知发展规律与品德形成规律，也要丰富、形象、引人入胜，更重要的是一定要以特定的道德问题为中心，目标明确；要与学生的道德生活实际相联系，否则便不足以使学生入情入境；要具有适度的难度，使学生利用原有的道德知识经验不足以轻松解决，以激发学生积极进行道德思维。第二，启发学生发现道德问题，引起认知冲突，鼓励学生在情境中进行体验式学习。在设置好虚拟问题情境后，接下来教师要引导学生尽快进入情境，发现蕴含在其中的道德问题。此时的道德问题应该经过教师精心设计，足以引起学生认知冲突、调动学生道德情感，促使学生在情境中进行体验式学习，积极思考，寻找解决策略。第三，指导学生解决道德问题，总结提升。学生发现道德问题之后，教师要引导学生"设身处地"地进入情境，然后运用已获得或者已确认的道德价值标准来认识和处理面对的道德问题。教师要鼓励学生尽量尝试所有可能的解决办法，帮助学生对不同解决办法及其结果进行分析、甄别、比较，然后选择出最合适的解决策略。在对不同方法及结果的分析过程中，教师不仅要指导学生更好地解决问题，还要引导学生在各种具体的道德问题解决中概括出抽象的、一般的、普遍适用的道德原则，以能够处理其他更为复杂和具体的道德问题。这样，才有助于学生道德认识能力的发展。

2. 解决真实问题，提升学生道德认识能力

虽然引导学生解决虚拟道德问题有助于培养学生的道德认识能力，但是，无论虚拟问题情境设置得多么复杂或者逼真，都与学生的切身利益没

有直接关联，只是停留在学生头脑与思维层面，没有对学生提出明确的行为要求，很难形成从道德认识到道德行为的完整链条，解决的只是一般理念上的道德认识问题，所以还是初步的、不稳定的、远远不够的。因此，需要教师指导学生通过解决真实的道德问题来提升道德认识能力。相对于虚拟问题情境的假想性和人为性，真实道德问题，尤其是关涉个人利益的真实道德问题，能引起学生更真实的道德认知冲突与更强烈的道德情感体验，而这正是学生道德认识能力发展的"促进剂"。真实道德问题的解决过程同虚拟道德问题类似，都要遵循"设置问题—引导发现问题—分析讨论问题—解决问题"的步骤。只是针对真实道德问题的特点，在具体实施过程中，大概要注意以下两点：第一，道德问题的选择既要真实又要关乎学生切身利益，虽然真实但与学生毫不相干的道德问题不易引发学生的深入思考和激发他们的真实情感；既要贴近学生的生活和实际，又不能过于随意、不具代表性。因此，教师要在平时多关注学生的学习生活和日常生活，善于攫取学生在生活中遇到的具有代表性的、能引起学生认知冲突、亟待解决的道德困惑和道德问题，艺术性地呈现在课堂上，吸引学生们去解决。第二，积极调动学生的道德情感来促进道德认识能力发展。真实的道德问题由于发生在学生身边、关乎学生利益，因此往往更能引起学生的道德情感。此时，教师要以学生道德认知冲突为突破口，以学生道德情感为纽带，充分发挥道德情感对道德认识的激化和鼓舞作用，引导学生在道德情感的强烈促使下，积极思考，自主探索，尝试道德问题的解决策略。在道德情感的驱动下，在解决不同道德问题的过程中，学生的道德认识能力会得到不断发展。

　　无论是虚拟的还是真实的道德问题，都有各自的特点和功能，在德育过程中，教育者要善于将二者交叉实施、综合运用。在解决各种道德问题的过程中，学生对道德现象进行分析判断，对道德规范、道德原则进行逻辑论证，对道德行为方式进行选择以及对行为结果进行推理，从而促进学生的发散性思维、创造性思维、综合性思维不断发展，由此学生的认识会更具深刻性、批判性，进而促进整个道德认识能力不断发展。

（四）在生活与实践中形成和发展学生的道德认识能力

　　在德育过程中，教师要引导学生全身心投入丰富多彩的道德生活、道德实践中，运用初步形成的道德认识能力进行道德体验、感悟、认识、行动，在此过程中实现对道德认识能力的运用与检验，促进道德认识能力进一步发展。苏联心理学家维果茨基十分重视活动和社会交往在个体认知结构建构当中的重要作用，认为"人的心理过程的变化与其实践活动过程的变化是同样的"①。正是在人们之间的交往互动中，通过将外部社会共享活动向内部个体思维活动转化，个体得以建构对知识新的理解，个体认知结构不断发展。另一位苏联心理学家列昂节夫将"实践"概念引入心理学，更加重视"活动"的作用，认为活动，尤其是外部的实践活动，是人与客观世界发生作用的中介，人是在活动过程中通过积极主动地将外部的实践活动内化为内部的心理活动，个体的逻辑思维不断发展、认识水平不断提高。可见，活动、实践、生活在学生的道德认知结构建构、道德认识能力发展过程中，无疑起着十分重要的作用。道德认识能力本身具有思维性与实践性并存的特征，单纯的道德思维活动是道德认识能力发展的必要条件，但不是充分条件。道德认知能力的充分发展是在生活中、实践中实现的。生活与实践，是道德认识能力发展的必经途径。

1. 立足真实生活，积极进行道德体验

在生活和实践中发展学生道德认识能力，要立足学生真实生活，引导学生积极进行道德体验。道德体验是指学生作为实践主体亲身参与或经历道德事件，以获得相应的道德认识和情感的活动。体验是为一种特殊的认识形式，"虽然深切体验了的东西往往以潜意识的形态储存在头脑中，但也内含着一定程度的理性梳理，并成为人们认识的重要方面和基础"②。体验作为一种特殊的认知方式，主要是一种含有价值判断的"趋善性"认知，它所指向的对象是主体与客体的关系、客体对主体的意义，是主体融合于客体之中对客体的认知，具有整体性与具体性的特点：体验是一种整体认知，"这种认知是把整个世界知觉为一个统一体"③，主体在有机联系中对对象进行完全而充分的注意，知觉对象越完整、越统一，人们所获得的道德认知也就越整合、越完整；体验是一种具体认知，体验直接面对事物本身，可以按照事物的独特性具体而充分地感知它，从而获得对认知对象更具细节、更丰富、更充分的认知。所以引导学生积极进行道德体

---

① 转引自王光荣《文化的诠释：维果茨基学派心理学》，山东教育出版社 2009 年版，第 20 页。

② 张澍军：《德育哲学引论》，中国社会科学出版社 2008 年版，第 256 页。

③ 范树成：《当代学校德育范式转换与走向研究》，人民出版社 2011 年版，第 172 页。

验，有助于学生的道德认知方式和水平朝着丰富化、整合化、统一化方向不断发展，学生的道德认识能力也借以不断提高。要引导学生在校园中，在家庭里，在社会上进行自我角色体验，承担自己在不同生活空间的实际社会角色，遵守角色规范，按角色规范行事；另一方面，要引导学生进行他人角色体验，通过角色扮演、移情体验、换位体验等形式，尝试按照他人角色所要求的角色规范行事，以增进对权利、义务与道德规范的理解。在这一过程中，学生充分发挥了自主性与能动性，直面生活中遇到的道德问题，通过自身体验与实践验证道德规范的正确性，不断完善道德知识结构，增强道德理解，明确道德评价的善恶是非原则，锻炼道德推理与构想能力，道德认识能力不断得到运用与发展。

2. 整合生活资源，充分运用学生经验

在生活和实践中发展学生道德认识能力，要整合生活德育资源，利用学生原有生活和实践经验。学生的生活，按内容可分为物质生活和精神生活，按时间可分为过去生活、现在生活和未来生活，按空间可分为家庭生活、学校生活和社会生活等。学生生活丰富多彩，生活中蕴含的德育资源也无处不在。但是，在生活和实践中对学生进行道德认识能力培养，是以生活为依托，加强德育同生活的联系，并不是要将德育淹没、消解在无边无形的生活当中，要注意将生活教育资源纳入德育当中并加以整合。在整合生活教育资源的同时，教师还要密切关注学生的生活体验与社会实践，善于从学生已有的道德经验出发，结合学生思想道德认识水平，选取那些能够引起学生认知冲突的，有提升学生道德认识能力价值的生活经验，引导学生进行分析、探究。教师要具有高度的敏感性，经常留心学生在生活中的道德表现，善于捕捉学生在生活中的道德事件，引导学生正确认识、处理这些问题，从而促进学生道德认识能力的提升。

（五）在道德反思与省察中形成和发展学生的道德认识能力

德育过程中，教师要引导学生对自己的道德认识进行自我反观与再认识，反省道德过失，并依此调整道德图式，使道德认知结构沿着"平衡—不平衡—新平衡"的过程逐步发展，在此过程中发展道德反思能力，实现道德认识能力的提升。道德反思与省察的过程，是学生对自我道德认识的再认识过程，通过自我反思、自我反省，加深道德理解，巩固道德信念，达到新的道德认同，从而促使道德认识能力不断提升。

1. 发挥学生自主性与能动性，发展道德反思能力

道德反思与省察主要是学生对自己进行批判性自我剖析、自我审视、自我反省，是别人无法替代的，具有极强的自我性。道德反思与省察过程中，学生必须以自身原有的道德知识为依据，对自己的道德认识进行反思。自我是道德反省的唯一主体，反思的"反"除了具有自外向内"反求诸己"的意思，还表现为"反复"，道德反思不是一蹴而就的，而是道德主体对道德自我的不断审视。在此过程中，更需要学生发挥自主性与能动性，做到持之以恒。

在德育过程中，教师要通过引导学生进行自我内省，使学生养成良好的反省习惯，使学生充分发挥作为道德主体的自主性与能动性，经常对自身的道德认识进行审视，以一定的道德准则为标准对自己的道德认识进行比照与衡量，找出在认识中存在的问题并加以解决，从而提升道德认识能力。学生道德反思的过程，是"现实的道德自我"与"理想的道德自我"进行对照的过程。道德反思与省察的过程就是"找出'现实我'与'道德我'之间的差距，从而不断修正'现实我'，使之趋向'道德我'的过程"①。在道德反省过程中，道德主体对道德感知、道德认知、道德理解、道德评价、道德推理、道德构想及其成果进行反思与批判，从而使道德反思这种道德认识能力不断发展，道德主体的德性不断生成，"现实的道德自我"不断完善。

2. 通过学生道德反思与省察，提升道德认识能力

道德认识发展的过程是一个"内化—外化—再内化"的循环往复过程，道德认识能力的形成与发展也是从思维层面的建构到实践层面的运用检验，再返回思维层面反省与重新建构的循环往复过程。道德反思与省察是学生在思维层面上，对自身的道德认识进行批判性自我剖析、审视与反省的过程，其本质是道德主体将外部的道德实践活动转化为内部道德意识或者思维活动的过程，而这个转化过程正是个体的道德认识能力发展的关键环节。在德育过程当中，教师要引导学生通过自省自讼、省察克治等方法开展经常性的道德反省。自省自讼是指学生经常性开展自我道德检讨，自觉将自我的言行与道德规范标准进行比照，自我审判，从而发现过失，

---

① 汪凤炎：《中国传统德育心理学思想及其现代意义》，黑龙江教育出版社 2002 年版，第277 页。

达到内心的觉醒；省察克治是指学生将道德反省上升到心性层面，不仅对已经形成的过失行为进行反省，而且对蒙蔽人心的杂念动机进行清查，根除过失行为的思想萌芽。

　　需要指出的是，虽然道德反思与省察更多的是学生自我或者内心的行为，但是学生的身心特点决定他们进行道德反省的自主意识、自律意识还有待引导与加强，且反省的质量、频率、效果、恒久性等方面特别需要教师加以引导和监督，从而帮助学生养成良好的道德反思与省察习惯，学会运用道德反思与省察方法，提高道德反思与省察的质量。学生在教师引导下经常开展道德反思与省察，一方面使学生对经由积极思维和探究、对话与讨论、解决道德问题、进行生活体验与社会实践所获得的道德知识升华为一种内在的、更深刻的理解与把握；另一方面，学生通过反省与反思还有可能实现对道德知识的创造性的理解与构想，使道德认识能力得到进一步发展。

第二章

道德判断能力培养

在当今这个多元、多样、多变的时代，在新媒体影响日益扩大、深入的时代，道德观念、道德价值判断标准变得多样化，使得部分学生思想陷入迷茫、混乱、冲突，在道德判断时感到无所适从，他们往往无法对各种各样的道德现象作出正确的道德判断。这就需要学校帮助学生正确认识各种道德现象，使其掌握正确的道德判断标准，提高他们的道德判断能力。

一 道德判断能力一般理论阐释

（一）道德判断能力的概念解读

欲理解道德判断能力，需要首先理解什么是道德判断。

1. 道德判断的诠释

判断是主体对思维对象是否存在、思维对象的性质和关系等进行的肯定或否定。这种肯定或否定一般表现为三种具体形态，即真或假、美或丑、善与恶。判断包括事实判断和价值判断。在道德判断的领域里，判断的对象主要指的是道德现象。道德判断是主体对道德现象认识的一种逻辑思维方式，是主体对道德现象进行分析、鉴别和评价的心理过程，是主体用自己所掌握的道德知识，依据一定的道德标准，运用道德思维对道德现象进行的是非善恶的判定。道德判断包含着事实判断和价值判断。首先，道德判断是一种事实判断，如判定哪些是真实的道德现象，哪些是虚假的道德现象；哪些是具有道德意义的道德行为，哪些是不具有道德意义的非道德行为，哪些是违背道德的不道德行为，道德行为表现是否与道德动机相一致等。其次，道德判断也是一种价值判断。当人们对道德现象作出善恶性质的判定时，就已经明确了它们的道德价值。道德上的善恶性质的划分就是判断它们是否符合主体或社会的需要，凡是不符合主体或社会需要的就是恶的，就是不应该的，就没有价值。所以，道德判断是带有明确价值倾向性的价值判断。道德事实判断与道德价值判断是相辅相成、相互依存、不可分离的。道德价值判断要以道德事实判断为前提。对道德事实进行价值判断，必须保证判断的对象及所包含的事实信息是正确的、真实的，道德价值判断才有意义。道德价值判断是道德事实判断的升华与提升。

道德判断有三种类型，即道德指令判断、道德规范判断、道德评价判断。① 道德指令判断是主体在道德规范判断的基础上以命令、要求、号召、劝告的形式进行的判断，体现了对即将发生的道德行为的期待，所以，往往在具体的道德情境中才能进行判断。道德指令判断的对象有两个：一是对道德主体自身的判断，通过对主体自身的要求，使主体明白该如何正确行动；二是对他人的判断，通过对他人的指令判断，使其明白应该履行的道德义务，并积极实施道德的行为。例如应该尊敬长辈，帮助弱者，敢于与不道德的行为作斗争等。道德规范判断是判断道德主体的行为与社会道德规则是否相符合。道德规范指明了人们实施道德行为的方向，对人们的道德行为起着约束、导向的作用。道德规范主要是通过一定的道德要求来规约人们的道德行为。因此，在道德判断中，人们便可以根据道德规范对人的道德行为作出判定。道德评价判断是在行为发生后，对行为及其结果进行肯定或否定的评价。对符合社会道德规范的行为给予积极的赞许和鼓励，对不符合社会道德规范的行为进行批评和否定。道德评价判断以扬善抑恶的形式促进个人良好道德品质的养成，社会良好的道德风尚形成。以上三种道德判断形式，层层递进，紧密相连。道德规范判断是基础，是行为还没发生时对主体行为的约束；道德指令判断是对规范判断的具体化、期盼、引导人的行为发展；道德评价判断是结果。三种判断共同承担起对社会关系、人与人之间关系的协调与维护。

2. 道德判断能力的含义解读

"道德判断能力是在科学的道德认识的基础上，运用道德知识，对面

---

① 黄富峰：《道德思维论》，中国社会科学出版社 2003 年版，第 151 页。

临的道德问题加以充分辨析，作出正确的是非善恶判断和评价的能力"①，是主体对道德现象进行分析，鉴别出是非、善恶、美丑，并作出肯定与否定的能力。道德判断能力是道德智慧的重要构成要素。道德判断能力与道德判断密切相关，道德判断能力是以道德判断为基础的，道德判断是道德判断能力形成和发展的基础，道德判断的反复训练和实践可以促进道德判断能力的形成与发展，同样，道德判断能力的提升也会使道德判断更顺利进行。

（二）道德判断能力的构成要素

以对判断主体的道德判断发生的过程为视角作线性分析，可以发现，道德判断能力是由道德鉴别能力、道德评价能力、道德批判能力三个要素构成。

1. 道德鉴别能力

在道德判断能力的构成要素中，道德鉴别能力居于首要地位。鉴别，就是分辨、识别，辨别真假好坏。道德鉴别能力是指主体运用自己所掌握的道德知识对道德现象的背景、过程、真伪、善恶等进行分析、辨别的能力。

对道德鉴别能力的认识应注意以下两点：首先，道德鉴别能力是建立在道德知识基础之上的，以道德知识的掌握为前提。从某种意义上讲，它是运用道德知识分析、鉴别道德现象的一种能力。其次，由于受主客观条件的影响，人们掌握的道德知识的性质、质量与数量不同，因而道德鉴别能力也会有差异。但这并不是说一个人掌握的道德知识越多，道德鉴别能力就越强。一个人道德判断能力水平的高低，不仅与其掌握道德知识的数量有关，而且与其掌握的道德知识的性质、质量及运用道德知识的能力有关。

2. 道德评价能力

道德评价能力是主体根据一定的道德标准对道德现象作出是非善恶性质的判定的能力。道德评价能力在道德判断能力构成中起着承上启下的作用，它是道德鉴别能力向道德批判能力转化的桥梁。根据评价的对象不同，道德评价能力可分为外在道德评价能力与内在道德评价能力。前者是

---

① 蔡志良、蔡应妹：《道德能力论》，中国社会科学出版社 2008 年版，第 116 页。

道德评价主体对自身之外的其他个人或社会组织、团体进行道德评价的能力，后者是对自身进行道德评价的能力。

外在道德评价能力是指主体依据一定的道德原则和规范，对自身以外的社会、集体或他人的道德观念、道德行为进行是非善恶判断的能力。它是道德评价能力的重要组成部分。通常而言，外在道德评价能力与个人掌握的道德规范的质量、数量息息相关，社会经验越丰富，掌握的道德规范越多、越全面且能灵活运用的人，对道德现象的是非善恶辨别能力就越强，外在道德评价能力也就越高。但是，由于社会、集体、他人表现出的道德现象具有复杂性，这就需要人掌握一定的道德规范和拥有一定的道德经验的同时，在面对复杂的道德现象时能够进行认真的观察、仔细的分析，不被表面的现象所迷惑。对突然产生的道德现象，人有时来不及思考，这就需要凭借自己的直觉、情感等非理性因素迅速作出评价。一个人的外在道德评价能力是他的综合素质的体现，所以，人要想对道德现象作出正确的是非善恶的判断，就必须使各种相关因素相互配合，从而使外在道德评价能力得到充分的发挥。

内在道德评价能力即自我道德评价能力，是主体根据道德评价的原则和标准对自我道德进行判断的能力。内在道德评价能力是在自我道德评价中形成和发展的。与外在道德评价不同，在自我道德评价中，评价者既是评价的主体，又是评价的客体。在这种评价中，评价者作为主体将自己的道德观念、道德行为等作为评价的客体并对其作出道德评价。人贵有自知之明，人往往容易做到按照道德原则和规范对他人、集体或社会作出道德评价，较难做到对自己作出实事求是的道德评价。因此，内在道德评价能力是一种更为重要的道德评价能力，在德育中更应注重这种能力的培养。

3. 道德批判能力

道德批判能力是主体在对道德现象的性质作出判定的基础上，明确地表明倾向性态度的能力。此处的"批判"不是在纯否定的意义上运用的。道德批判能力是道德判断能力的构成要素，具有较高道德批判能力的人，在作出道德评价之后，能够明确地表明自己的倾向性态度，即对符合道德的现象予以赞赏、褒扬，对不符合道德的社会现象进行否定、谴责，亦即褒善贬恶、扬善抑恶。道德批判对于弘扬社会正气，净化社会环境，纠正人们错误的道德观念和行为，引导人们的行为具有重要作用。因此，培养学生的道德批判能力对建设社会主义和谐社会、对学生自身思想品德的形成和发展都具有重要作用。

道德鉴别能力、道德评价能力和道德批判能力相互依赖、相互作用，共同构成道德判断能力的整体。道德鉴别能力是道德评价能力和道德批判能力的基础，道德评价能力和道德批判能力是道德鉴别能力的进一步发展。这三种能力紧密相连，层层递进，缺一不可。

(三) 道德判断能力的影响因素

1. 道德认识

认识是能力形成与发展的基础，因此，道德认识也是道德判断能力形成与发展的基础。道德认识是个体品德的重要构成要素之一。按认识的程度不同，可分为感性的道德认识和理性的道德认识。感性的道德认识是对道德现象的外部联系的认识，而理性的道德认识则是对道德现象本质的反映。任何一种道德判断能力都是从道德认识中产生的，也就是说道德判断能力必须在一定的道德认识基础上才能形成与发展。如果对道德现象没有基本的认识，就不能作出道德判断，道德判断能力也无从形成与发展。因此，道德认识是道德判断能力形成的基础。

2. 道德情感

作为社会关系中的人，在与外界接触过程当中会很自然地产生和表现出喜、怒、哀、惧等情绪。情感是人们对客观事物是否能满足主体需要所产生的一种态度倾向。道德情感是人们的情感在道德领域内的表现，是人们根据自己的道德观念，评价某种道德现象时所表现的态度倾向。它作为一种动力对人们道德判断能力的形成和发展起着促进和阻碍作用。人的情感具有很强的敏感性，它是对外界事物刺激的评价性反应，是人们最直接真实的内心体验，当人们面对比较复杂的现象不能立即作出道德判断时，人们内心深处直接产生的喜、怒、哀、惧等情绪反应，可以为人们的道德判断提供重要的依据。尤其是当人们迫于某种压力而不能通过道德评价的方式表达自己的态度时，道德情感对外界事物的评价就会发挥强有力的作用。当道德现象符合道德主体需要时，主体就会产生积极的道德情感，激励道德主体作出肯定的道德判断，反之，对不符合主体需要的，主体在道德情感上就会表现出厌恶等情感，就会使人作出否定的道德判断。所以，道德情感影响着人的道德判断，影响着人的道德判断能力。

3. 道德意志

道德意志"是人们按照道德原则和要求进行道德抉择和行动时调节

行为克服困难的能力，是在履行道德义务过程中所表现出来的决心和毅力"①。主体的道德判断能力的形成不是一蹴而就的，而是需要在一定的道德意志支持下长期进行道德判断的结果。所以道德意志是道德判断能力形成的强大精神力量，为道德判断能力的形成提供强大的动力。具备道德判断能力的人，在遇到道德问题时，能够根据所掌握的道德知识，自觉克服内外因素的干扰作出道德判断。在道德实践过程当中，具有顽强意志的人无论在多么困难的条件下，都能自觉抵制各种困难、诱惑的干扰，作出正确的道德判断与选择。反之，一个意志薄弱、自控力差，没有坚持精神的人，面对形形色色的诱惑时，坚持不住自己的道德原则，会产生道德困惑与迷茫，甚至作出错误的道德判断。因此，提高学生的道德判断能力必须以坚强的道德意志作保障。

（四）道德判断能力的价值

道德判断能力是道德智慧的重要组成部分，在主体的道德智慧形成过程中起着承上启下的作用。它是道德主体进行道德选择的前提，引导着主体道德行为的实施，是主体思想品德形成的有力保障。

1. 道德判断能力是其他道德能力发展的基础

在理论研究中，我们可以将道德判断能力从道德能力整体中独立出来进行研究，但实际上，道德判断能力与其他道德能力是不可分割的，其他道德能力的形成与发展是不可能离开道德判断能力的。道德判断是道德认识的中间环节，其能力水平影响后续的认识，影响整个认识过程，进而影响道德认识能力的发展。道德判断能力影响道德选择能力和道德行为能力。道德选择能力是主体在对道德现象判断之后，作出善恶取舍的能力。因此，一般而言，当某种观念和行为被判断成是道德的时，就会促使主体选择这一观念和行为；相反，若这一观念或行为被判断成是恶的，主体就会放弃这一观念或行为。因此，道德判断能力的高低直接影响人的道德选择和道德行为，进而影响道德选择能力和道德行为能力。"道德直觉能力是在一种道德情景中凭直感对道德现象、道德行为作出快速判断和选择的能力。"② 因此，道德直觉能力中包含着道德判断能力，道德判断能力水

---

① 曾钊新、李建华：《道德心理学》（上卷），商务印书馆2017年版，第199页。
② 蔡志良、蔡应妹：《道德能力论》，中国社会科学出版社2008年版，第124—125页。

平的高低会直接影响道德直觉能力的形成与发展。道德创新离不开道德判断，只有对某种道德原则或规范作出已不适应社会发展需要的判断，人才会提出新的道德原则和规范，才能有道德创新。因此，道德判断能力也直接影响道德创新能力的形成与发展。

所以，道德判断能力是其他能力得以形成与发展的基础，道德判断能力的提高也必然会促进其他能力的提高。

2. 道德判断能力是进行道德选择的前提

具备一定道德判断能力的人在面对多种道德选择时能够作出符合道德的抉择。选择是人的生存方式，人总是在选择中生存和发展的。人是一种道德的存在，因此，道德选择是人生选择中面临的最基本的选择。在现实生活中，每个人的生存境况千差万别，但都面临着无法回避的课题，即进行道德选择。尤其是在社会转型期，在当今这样一个多元、多变的时代，人们面临的道德问题、道德冲突更加突出，更加复杂多样，需要人们作出道德选择。"选择都是在判断的基础上发生的，道德选择也是这样。正确的道德选择，其基础应是价值判断与事实判断的统一。"[①] 而人们要作出正确的道德判断，必须首先具备较高的道德判断能力。这种道德判断能力能够使人们对面临的道德现象作出明确的是非与善恶判断，从而，使人们以此为依据作出道德选择。

3. 道德判断能力对人们的道德行为起调节作用

"'伦理行为者'、善恶价值判断所加之行为也。"[②] 在现实生活中，人们在实施道德行为时，总是先依据一定的道德原则和规范去判断这种行为是否符合一定的道德标准，如果该行为与一定的道德标准相符合就属于道德的行为，人们就会鼓励、支持、实施该行为。反之，如果人们判断某种行为与一定的道德标准不相符合，那就属于不道德的行为，人们就会批评、反对甚至阻止该行为。正是通过道德判断的这种扬善抑恶的功能，才使道德的行为得到充分发扬，不道德的行为及时得到制止。而要作出正确的道德判断，必须首先具备一定的道德判断能力。因此，增强人们的道德判断能力，提高人们识别善恶的能力，有助于人们实施正确的道德行为。道德判断能力具有调节人们道德行为的作用。

---

① 王敬华：《道德选择研究：以价值论为视角》，中国社会科学出版社2008年版，第117页。

② 黄建中：《比较伦理学》，人民出版社2011年版，第73页。

　　道德判断能力的调节作用主要表现在以下三个方面。首先，倡导善行。一个社会的道德原则和道德规范发挥作用程度是和人们对这些道德原则和道德规范的接受程度密切相关的。道德判断的过程也是正确社会的道德规范和道德准则得以传播和被人们接受的过程。如果每个社会成员都具有很高的道德判断能力，那么，社会主流的道德原则与规范就会得到传播并被人们接受。这样，道德的行为就会得到支持和发扬，整个社会就会形成良好的道德风尚。其次，排除障碍。道德判断的过程也是一个不断排除障碍的过程。社会生活是复杂多样的，道德现象也是错综复杂的。在社会道德现象中，既有符合社会主流的道德原则和规范的现象，也有不符合甚至违背主流的社会道德原则和规范的现象，要从诸多复杂的道德现象中判断出正确的符合道德标准的现象，就要先排除构成干扰的现象。对这些道德现象进行判断，有助于区分出不道德现象，这样，有助于排除这些现象对人们道德行为的干扰。只有具有道德判断能力的人才容易做到这一点。最后，制止恶行。道德判断中的道德批判会对恶的、不道德的行为给予批评、谴责。一旦某种行为受到批评与谴责，该行为主体就会陷入社会的舆论当中，迫于舆论的压力，行为主体就不得不重新审视自己的行为，改掉自己之前的行为，使之向符合社会主流道德原则和规范的要求。就这样，道德判断及道德判断能力调节着人们的道德行为。

　　4. 道德判断能力是学生形成良好思想品德的关键

　　当代学生正面临着道德多元化的冲击。一方面，随着经济全球化和多元化的发展，造成道德判断标准呈现多元化，这些道德判断标准有些甚至与我国的主流价值观发生冲突。道德判断标准的多元化，使一些道德判断能力弱的学生出现道德困惑，不知如何进行道德判断，甚至作出错误的道德判断。另一方面，在各种新媒体中鱼龙混杂、良莠不齐、各种各样的道德观念和道德评价标准流行、传播，对学生产生了许多不良影响，一些道德判断能力较低的学生对这些复杂多样的道德观念和道德评价标准不能作出正确的判断，进而作出错误的道德选择和道德行为，影响了思想品德的发展。因此，加强学生道德判断能力的培养，有助于使学生对复杂多样的道德现象自主作出正确的判断，进而作出正确的道德选择和道德行为，逐步形成良好的思想品德。

二　德育要强化学生道德判断能力培养

（一）培养学生道德判断能力是德育的一个重要目标

培养学生的道德能力包括道德判断能力是德育的重要使命之一。教育部制定的 2011 年版《义务教育品德与社会课程标准》指出，小学中高年级是学生形成道德认识和道德判断能力的重要阶段，品德与社会课程要注重提高学生道德判断能力。2011 年版《义务教育思想品德课程标准》提出要培养学生的道德判断能力，让学生"学会面对复杂的社会生活和多样的价值观念，以正确的价值观为标准，作出正确的道德判断和选择"①。2017 年版《普通高中思想政治课程标准》提出，学生要能够"对经济、政治、文化、社会和生态文明建设的实践，作出科学的解释、正确的判断和合理的选择"②，将培养学生的道德判断能力作为课程目标之一。教育部在小学、初中、高中的专门的德育课课程标准中都将培养学生的道德判断能力作为课程目标之一，因此，作为道德智慧重要组成部分的道德判断能力的培养必须引起我们的高度重视。

（二）培养学生道德判断能力是改变德育现状的需要

当前，我国德育经过改革取得了长足的进步，但是，不可否认的是，就道德判断能力培养而言，在德育中仍不同程度地存在一些问题。这些问题的存在影响了学生道德判断能力的发展。要发展学生的道德判断能力，必须改变这种现状。

1. 注重现成道德规范的传授，忽视道德判断能力的培养

传授主要是指向他人讲解、教授知识和技术等。在今天德育课堂里，一些教师依然主要是以口耳相传的形式，按照教材规定的道德知识，直接向学生讲解、传授，学生学习的任务就是把这些教师传授的道德知识直接装进自己的大脑里，形成一个关于道德的知识系统。这样的教育过程忽视

---

① 中华人民共和国教育部：《义务教育思想品德课程标准》（2011 年版），北京师范大学出版社 2012 年版，第 6 页。

② 中华人民共和国教育部：《普通高中思想政治课程标准》（2017 年版），人民教育出版社 2018 年版，第 6 页。

了对学生道德能力尤其是道德判断能力的培养。要想提升学生道德判断能力，让他们在当今多元化社会背景下能够分清善恶，作出正确的道德判断，仅靠传授现成的道德知识是很难实现的。因为，一方面，教师采用填鸭式的教学方法将现成的道德规范传授给学生，忽视或无视学生的道德判断，会使学生对书本和老师形成一种依赖，只会听从书本上写的和老师讲的，没有了自己的观点和想法。遇到道德现象时，就不想甚至不会自己去分析、判断。另一方面，这种方式传授的知识只能是道德的外在命令，难以成为学生自己的内心信念。只是在课堂上单纯将道德规范告诉学生，学生无法亲身体会到道德规范的真实含义，当面临真实的道德情境，尤其和老师传授的道德知识不一样的情境时，就会产生迷茫，很难作出正确的道德判断，履行自己的道德义务。所以，这种只注重传授现成的道德知识的德育，忽视了对学生道德判断能力的培养，是很难提高学生的道德判断能力，取得良好的德育效果的。

2. 采用填鸭的方式，阻碍了学生道德判断能力的形成和提高

在目前的德育课堂上，填鸭式依然占据一定的地位。在德育中一些教师采用强制、机械的方式对学生进行教育，将现成的道德原则与道德规范注入等待装载的学生的头脑中，在这个过程中学生较少有甚至没有判断的机会对这些道德原则与道德规范进行分析、判断，只能被动接收，而不是真正的接受。因为这种强制的注入，没有考虑到学生实际的需要和是否认同，所以对学生而言，这些道德原则和道德规范只是一种外在的、异己的力量，而没有转化成内心信念。这样，他们就不能将这些道德原则和规范作为自己今后进行道德判断的依据，不会进行正确的道德判断。

毫无疑问，受教育者并不是一个消极被动的接收机器，他们不只是简单地将教育者传授的知识原封不动地装进自己的头脑，而是能够根据自己的生活经验、社会环境、内在需要对教师所传递的知识进行分析，作出判断。而这种强行注入对学生的思维能力发展，特别是对道德判断能力的发展产生严重的阻碍作用。主要体现在：第一，它是一种"封闭"的教育。在这种教育下，学生很少甚至没有道德判断的机会。在这样的教育方式下，学生就只懂那些一成不变的道德准则，面对多元化的社会，时常表现出道德迷茫，不知道该如何判断和取舍。第二，它是一种"静态"的教育。这种教育方式只适合学生应付静态的考试。但学生的生活是复杂多变的，需要学生进行分析、鉴别，从而独立作出判断，而注入式教育导致学

生面对复杂的现实生活不会分析、判断。

3. 忽视运用非理性因素培养学生道德判断能力

道德判断能力的运用、发展受到理性因素和非理性因素的制约。人们对理性因素对道德判断及道德判断能力的作用认识得比较清晰，但对非理性因素对道德判断和道德判断能力的作用缺乏认识。实际上，非理性因素对道德判断和道德判断能力具有重要的作用。第一，动力作用。人们总是在一定的情感、意志支配下从事判断活动的，主体在进行道德判断的过程当中，轻松、欢快的情感会使主体头脑保持清醒，从而迅速作出正确判断。坚强的意志也是主体进行道德判断的重要支撑和推动力量。第二，调节作用。主体在进行道德判断时，当遇到复杂的道德现象，按照固定的思维程序无法作出判断时，非理性因素会使主体调整思路，作出道德判断。第三，参照作用。事物具有多面性，人们在对其作出道德判断时不可能对每一个方面都作出理性的把握，这时人们会以直觉反应、喜怒哀乐的情绪反应等为参照作出道德判断。由于一些教师对非理性因素的作用认识不清，所以，在德育中，他们虽也注重学生道德判断能力的培养，但他们重视的是理性因素在学生道德判断能力运用和发展中的作用，忽视了情感、意志、直觉、需要等非理性因素的作用。这在一定程度上影响了学生道德判断能力的发展。

4. 忽视真实情境中学生道德判断能力的培养

道德总是与具体的生活情境相联系的。在日常生活中，人们进行道德判断也是在真实的道德情境中进行的。因此，要培养学生的道德判断能力必须注重在真实的道德情境中进行。然而，有的教师在德育中喜欢采用虚拟的道德情境。这种道德情境无论设计得多么复杂，都带有主观人为性、封闭性等特点。在这种情境中，学生的自身利益不被涉及，学生只是以局外人、旁观者的身份作出判断，这种判断不一定是学生真实的想法，有可能只是迎合书本和老师的意思而作出的虚假判断。但当涉及学生自身利益的真实的道德情境时，学生未必会作出与在虚拟道德情境中的判断相一致的判断。这种具有游戏性的道德情境中的道德判断，并不能真正发展学生的道德判断能力。因此，虚拟的道德情境对学生道德判断能力发展的作用是有限的。人的道德判断能力的提高是在不断解决真实道德冲突的过程中实现的。所以只有在真实道德情境之中，才能更加有利于学生道德判断能力的培养。

（三）培养学生道德判断能力是改变学生道德判断能力发展现状的呼唤

由于德育自身的问题，以及其他因素的影响，一些学生的道德判断能力仍存在一些不容忽视的问题，主要表现在：道德分析能力欠缺、道德鉴别能力低下、道德批判精神消解。

1. 道德分析能力欠缺

道德分析能力是人们道德判断能力的前提和基础，是人们进行道德判断的必备的思维能力，只有具备了一定道德分析能力的人才能进行道德判断。由于有的教师在德育中习惯于传授现成的道德原则和道德规范，很少引导学生对道德现象进行分析，所以在面对复杂多样的道德现象时，学生道德分析能力的不足就表现了出来。主要体现在：不善于灵活运用所学知识对道德现象进行分析；不能从多元的道德观念中分析出有价值的信息；不会对复杂的道德问题进行理性思维的梳理，使其变得简单化；面对新出现的道德现象，不能分析出产生的原因及可能产生的结果。

2. 道德鉴别能力低下

道德鉴别能力低下是指对道德现象不能或不会作出是非善恶的区分、真假的辨别，容易被表面虚假的现象所蒙蔽，从而作出错误的道德判断。在当今多元化的社会中，道德标准也变得多元，一些道德鉴别能力弱的学生，就会盲目跟风，不会自己去鉴别。对于一些消极的道德现象，一些学生不但没有能力鉴别，还一味地追捧。例如，把生活就是享乐、就是消费当作生活信条；以为不遵守课堂纪律、敢于顶撞老师、敢于逃课、敢于考试作弊就是张扬个性；等等。

3. 道德批判精神消解

一些学生只知道死记硬背道德规范，不善于灵活运用道德规范对不合理的道德现象进行批判。例如，对社会上流行的各种道德观念、道德评价标准，不能用所学知识对其进行批判，取其精华、去其糟粕。一些学生不愿对不道德现象进行道德批判，不能表明态度。例如，面对盗版书籍，不但不去批评检举还会去购买，尤其是关系到自己的切身利益，明知道是不对的做法，也不会去批判。道德批判精神的逐渐消解，影响着学生道德人格的发展，也不利于良好社会道德风尚的形成。

德育必须正视以上现实问题。为了解决这些问题，必须注重培养学生的道德判断能力，使学生学会按照社会主流道德价值观对道德现象进行是非善恶判断，做到能辨善恶、识美丑，褒善贬恶，扬善抑恶，健康成长。

（四）国外德育理论的启迪

当代国外一些德育理论与也非常重视学生道德判断能力的培养，其中影响最大的理论当属科尔伯格的道德认知发展理论。科尔伯格认为道德品质包括道德判断能力，德育的目的就是促进学生道德判断能力的发展。一方面，由于道德判断能力的发展对道德行为具有较高的预示作用，要使学生付诸行动，还需要求助于道德判断能力的发展，道德判断的结构决定人们的行为方式，道德判断通过道义判断和责任判断影响道德行为，所以，科尔伯格强调学生道德判断能力的发展；另一方面，科尔伯格将道德判断能力看作是道德及其发展的核心因素，所以，他将学生道德判断能力的发展作为德育的根本目的，主张运用道德讨论法和公正团体法培育学生的道德判断能力。科尔伯格道德认知理论强调学生道德判断能力及其培养的重要性，主张运用道德讨论法和公正团体法培养学生的道德判断能力，有值得我们借鉴的地方。但是，科尔伯格的理论"过于强调道德判断的认知成分，轻视道德判断的情感成分"[①]，因此，受到了一些学者的批判。科尔伯格的助手和合作者吉利根对科尔伯格的观点提出质疑，经过研究得出结论：第一，在道德判断中存在两种倾向——公正和关怀，不同的个体采用的思考方式可能不同，个体在作出道德判断时有选择某一取向的倾向，同时也可能改变道德倾向。第二，男女两性在道德判断上有所不同，男性重是非，多数据"理"进行判断，女性重善恶，多数从"情"作判断。男性的道德判断以公正取向为主，女性的道德判断以关怀取向为主。第三，假设故事易引起公正思想，真实两难故事易激发关怀思想。[②] 诺丁思将吉利根的理论运用于德育，提出"教育的另一种模式"——学会关心模式，强调德育要重在培养学生的道德情感，让学生在关心活动中学会关心。吉利根和诺丁思的理论启示我们，在培养学生道德判断能力的过程中，要纠正过于偏重理性的做法，必须注重情感的作用，让学生在真实的

---

① 郭本禹：《道德认知发展与道德教育：科尔伯格的理论与实践》，福建教育出版社 1999年版，第 227 页。

② 参见寇彧、张文新《思想品德教学心理学》，北京教育出版社 2001 年版，第 106—107 页。

道德情境中学会道德判断，提升学生的道德判断能力。

三　培养学生道德判断能力的策略

（一）转变教学方式，让学生在道德判断中提高道德判断能力

传统的以传授现成的道德知识为主的说教式教学，不利于学生道德判断能力的培养。要提升学生的道德判断能力，必须转变教学方式方法，让学生在实际的道德判断过程中形成和发展道德判断能力。

1. 注重由重教向重导的转换，引导学生进行道德判断

德育由重教向重导的转换，就是教育者由片面注重现成的道德知识的传授转变为引导学生自主进行道德判断。教，主要是教师在课堂上向学生传授知识和技能。但学生的道德判断能力是不能由教师以口头的方式直接传授给学生的，学生的道德判断能力是在其道德判断中逐步提高的。因此，教育者必须转变教学方式，激发学生道德判断动机，注重引导学生自主进行道德判断。教师要根据学生遇到的具体问题对其进行引导，让学生学会自己去分析、辨别、判断所遇到的问题，从而提高自己辨别是非的判断能力。教师要树立引导意识，唤醒学生道德判断意识。教师要坚持以学生为主体，为学生树立正确的道德判断标准，不要轻易告诉学生正确的方向，而是要引导学生自己去辨别方向，让学生积极、主动地进行判断。要转换教师角色，成为学生成长道路上的领航者、促进者和咨询者。当今社会是一个开放的社会、复杂的社会，各种思想文化发生着激烈的碰撞。虽然社会主流是好的，但仍有许多消极的现象滋生。学生社会阅历不足、缺乏经验，判断是非、善恶、美丑的能力较弱，面对复杂的社会现象，常感到迷茫、困惑，不知道该如何判断。此时，若教师像传授知识一样直接告诉他们答案，他们就只知道在这种情况下该怎么判断，当情况有变，则不知如何进行判断。所以教师不能直接告诉学生答案，而应该成为学生的咨询者，对学生进行引领。教师要激发学生思维，要让学生有自己的见解。要让学生用所学到的道德知识对所遇到的问题进行分析，要鼓励学生经常对自己的言行进行反思、总结，这样才能使学生学会自己去判断，从而使他们的道德判断能力得到不断提高。

2. 运用道德讨论法培养学生道德判断能力

道德讨论法是美国德育理论家科尔伯格倡导的一种德育方法。"这种

方法的实质是通过引导学生就道德两难问题进行讨论，诱发认知冲突，促进积极的道德思维从而促进道德判断的发展。"① 道德讨论法是围绕道德两难故事展开的，道德两难故事有三种：虚构的道德两难故事，以学科内容为基础的道德两难故事和真实的或实际发生的道德两难故事。在这些道德两难故事中，科尔伯格强调的主要是虚构的道德两难故事。尽管科尔伯格的实验表明，道德讨论可以有效地促进学生道德判断能力的发展，但是，仍有学者提出了批评。如美国的威尔森认为，这些道德两难问题都是些极寻常的情况，与人们日常经验相去甚远，实践中经常降低为知识竞赛游戏。此种演练给学生的印象是道德准则很复杂，要辨别对与错不是轻易办得到的。当学生在内心还缺乏坚定的道德原则时，让他们面对这类选择困境，"经常是提高了他们的纯诡辩能力，提高他们为明显不道德立场辩护的争论技巧"②。另外，科尔伯格的道德讨论法割裂了内容与形式的关系，虽然科尔伯格并未否认道德知识内容对学生道德判断能力发展的重要性，但是，他确实忽视了道德知识内容在学生道德判断能力发展中的作用。因此，我们要批判地借鉴科尔伯格的道德讨论法。我国学者的研究表明，"使用突出道德两难问题的讨论，可以引起被试认知不协调，促使其为解除紧张状态而寻求新的认知。此方法可以作为提高学生道德判断水平的有效方法之一"③。在运用道德讨论法时，教师要注意特别注重"议题"的设置，议题要有"辨析性"和"两难性"，议题要紧扣社会热点和学生实际，既要包含具体知识内容，又要展示价值判断的基本观点，要有开放性、引领性。就一般原则而言，讨论应既要注重结果，也要注重过程，当然，具体的道德讨论，有的可注重过程，有的可注重结果，可有所侧重。讨论要处理好意义性与技能性的关系，注意二者的统一，不可偏废。在道德讨论中，教师要发挥好引导作用，适时提出新的问题，将讨论引向深入，还要注意释疑解惑，点拨评价。

　　3. 运用叙事—辨析—反思方法培养学生道德判断能力

　　辨析是判断过程中的一个环节，道德辨析能力是道德判断能力的一个构成要素。因此，在德育中，我们可以采用道德叙事—辨析—反思的方法

---

　　① 戚万学：《冲突与整合——20 世纪西方道德教育理论》，山东教育出版社 1995 年版，第386 页。

　　② ［美］威尔森：《美国道德教育危机的教训》，湘学译，《国外社会科学》2000 年第 2 期。

　　③ 章志光：《学生品德形成新探》，北京师范大学出版社 1993 年版，第 193 页。

培养学生的道德判断能力。2017 年版《普通高中思想政治课程标准》将"强化辨析,选择积极价值引领"作为学习的路径,强调在比较、鉴别中提高学生认识。

道德叙事是指"教育者通过口头或书面的话语,借助对道德故事(包括寓言、神话、童话、歌谣、英雄人物、典故等)的叙述,促进受教育者思想品德成长、发展的一种活动过程"[①]。道德不是抽象的、写在书本中的教条,而是体现于生活中的。道德叙事中的道德故事是多种多样的,但要尽量贴近于学生生活、能引起学生认知冲突并深入思考;故事要适合学生的年龄和身心发展的特点,故事要有情境,情境可以有体谅情境、体验情境、结果情境、冲突情境、道德两难情境等。

道德叙事与传统教学中的"讲故事"不同,如果说传统教学中的"讲故事"强调结果,单向说教,侧重于让学生"学到什么道德知识""懂得什么道理"的话,那么此处的道德叙事强调学生与教师之间、学生与学生之间的对话、讨论,强调学生的辨析。此处的辨析指的是道德辨析,就是围绕表现道德现象的道德故事进行分析、鉴别,表达自己的观点,发表自己的见解。教师在道德叙事中要善于提出问题,造成学生认识上的冲突,激发学生进行分析、批判的愿望。教师提出的问题要有开放性,能将理论与实际联系起来,与学生自身联系起来,允许学生从不同的角度进行分析、判断。

在辨析的基础上,教师要引导学生进行反思。反思是学生对道德故事的辨析过程及结果的回顾与省察。反思能使学生发现自己道德判断过程中的得与失,从而改进自己的道德判断,促进道德判断能力的提升。

4. 在价值澄清中培养学生的道德判断能力

此处的价值澄清批判地借鉴了美国学者拉思斯价值澄清模式。拉思斯认为,在一个复杂、充满价值冲突的多样化社会,青年人面对判断和选择,他们会感到困惑、迷茫、不知所措,使自己陷入价值混乱之中。因此,教师要帮助学生提高对各种道德现象的判断、分析能力,使他们能树立正确的价值观。价值澄清模式反对向学生灌输已经被证明是正确的价值观,而是通过一系列价值澄清策略让学生进行审慎的分析、判断、评价,

---

① 丁锦宏:《道德叙事:当代学校道德教育方式的一种走向》,《中国教育学刊》2003 年第 11 期。

作出自己的选择，形成自己的价值观。价值澄清模式提出后，在美国被广泛采用。这种模式最大的特点是把学生放在主体的位置上，让学生自主进行道德分析、判断、选择，突出学生道德判断能力和道德选择能力的培养。但是这种模式过于强调能力的培养，忽视学生对价值观教育内容的掌握；倡导相对主义，容易导致学生自以为是、各行其是；主张教师价值中立，放弃教师的主导作用。因此，我们要批判地借鉴这种模式。第一，要关注学生生活。价值澄清强调关注生活，强调要注重解决与学生有关的生活问题，让学生就生活中遇到的问题进行分析、判断。这种观点和做法值得借鉴。因为道德源于人们的经验或生活，学生的道德判断能力也是个人在自由和审慎应对不断变换的生活环境的过程中逐渐形成的。所以要培养学生的道德判断能力，就必须关注学生的生活，就学生关心的、感兴趣的与道德有关的问题引导学生进行分析、判断。第二，要充分发挥学生的主体性。价值澄清过程的每一步都要以学生为主体展开，价值澄清的过程是学生的活动过程。因此，教师不要直接传授现成的结论，而是要让学生自己分析、判断，自己得出结论。第三，允许学生作出不同于他人的道德判断，要鼓励求异思维，坚持求同取向与求异取向相结合，"坚持有统一标准、无标准答案的评价"①。第四，要让学生树立批判意识。要引导学生分析社会的真实状况，让学生明白当前是一个多元化的社会，树立批判意识，敢于对新出现的道德规范和道德现象产生怀疑，敢于批判和否定，正确面对社会现实，培养对社会问题的灵敏性，从而逐步提高对复杂社会中道德现象的判断能力。比如，针对社会中刚出现的道德现象，老师不要直接告诉学生是否正确，可以组织学生进行讨论，尤其是持不同观点的学生，要让他们相互辩论，在这种紧张的辩论氛围中让学生进行积极思考，批判对方的观点。第五，充分发挥教师的引导作用。必须摒弃价值澄清模式倡导的教师价值中立的做法。教师要用正确的道德观念引导学生，将内容与过程、结论与方法有机结合，对学生的道德判断和结论要给予评价，帮助学生澄清他们内心的道德观念，促使他们获得明晰的道德观念。只有这样，才能既掌握正确的道德观念，道德判断能力又得到发展。

---

① 中华人民共和国教育部：《普通高中思想政治课程标准》（2017年版），人民教育出版社2018年版，第42页。

（二）立足真实的道德生活，引导学生开展道德判断活动

道德判断能力是在生活中逐步形成的，人的道德判断能力的真实水平也只有在真实、具体的道德情境、道德生活中才能体现出来。所以，要培养学生的道德判断能力必须立足于真实的道德情境和现实的道德生活。

1. 在真实的道德情境中提高学生辨别是非善恶能力

真实的道德情境是促进学生道德成长，提高学生道德判断能力的良好途径。一些教师在德育中采用的往往是虚构的道德情境，这种道德情境虽然在一定程度上能够激发学生积极思考，进行道德判断，但是，虚构的道德情境与学生的切身利益没有直接关系，学生有可能为迎合老师的期望而作出判断，这种判断不是学生道德判断能力水平的真实反映。当学生在现实生活中遇到类似问题时，受内部和外部各种因素的影响，他们可能不会作出同样的判断。因此，学生的道德判断能力必须在真实的道德情境中培养才会有更好的效果。这些道德情境必须与学生的真实生活息息相关，是生活中出现过的道德难题。真实道德情境的直接现实性迫使学生必须直接面对自己的切身利益，教师要抓住冲突的临界点，对其进行引导，提高学生明辨是非能力。第一，创设的情境既要与学生的道德判断发展阶段相符，也要考虑学生之间的差异。教师要给学生自主判断留下足够空间，教师要利用这些道德情境中所包含的道德价值取向，对受教育者道德判断进行引导。第二，道德冲突的创设要尽可能接近学生的真实生活经验，这样容易引起学生的判断欲望，使其真正地融入真实情境中，作出正确的道德判断。第三，要善于捕捉教育契机，提高学生辨别是非善恶能力。要对真实生活中典型事例的道德冲突做一定的加工处理，转化为学生易于接受和喜欢的德育素材。教师不要急于否定学生的判断，要鼓励学生深入地思考、辨别，周全地考虑各种判断会造成的结果，这样有利于学生在教师的引导下提高对道德问题的辨别能力。

2. 让学生在道德生活中发展道德判断能力

从建构主义的观点看，学生是通过与社会道德环境的交互作用即活动而获得道德判断能力发展的。学生在现实道德生活中的自主活动是其道德判断能力发展的途径。在现实的道德生活中，学生会遇到各种各样的道德现象需要他们去认识，遇到各种各样的道德冲突需要他们去分析，师生之间、学生之间在日常交往中也会出现各种各样的道德问题需要他们去解

决，这些都需要学生进行道德判断。在不断的道德判断过程中，学生的道德判断能力会逐步提高。

在现实生活中，学生有不同的角色。这些活动中的角色体验有助于提高学生道德判断能力。在不同的角色体验中，学生对所接触的道德规则理解更加透彻，从而明确道德判断的标准，同时通过角色体验，还可以提高学生的道德情感灵敏性，加强道德责任意识，从而作出正确的道德判断。伙伴群体式的角色扮演对提高学生的道德判断能力效果更加显著，老师与学生一起以合作，以伙伴的形式创建一个互助合作的氛围，自愿扮成各种角色，相互讨论、评析各种道德问题，这样可以加深学生对道德问题的理解，在活动中学会自己去分析、判断问题。当然，要想使学生的道德判断能力获得更好的发展，需要教师对学生在道德生活中的道德判断进行引导。教师要善于就学生在日常生活中遇到的道德现象提出问题，使学生明确意识到这些道德现象需要他们作出判断，从而激发学生道德判断的积极性，主动进行道德判断。在学生的道德判断中，教师要结合对具体的道德现象的判断，将道德判断所需要的知识与方法授予学生，既要授之以鱼，又要授之以渔，使学生既作出合理的道德判断、解决具体的道德问题，也同时发展了道德判断能力。

(三) 发挥非理性因素作用，提高学生道德判断能力

长期以来，在道德判断的研究中，占主导地位的理论是理性主义范式。这种理论认为道德判断主要或根本上是通过一系列的理性活动而实现的，该理论强调理性在道德判断中的作用。在这种理论的影响下，在德育中，人们强调的是通过培养学生的理性而发展其道德判断能力。实际上，人在进行道德判断时既依赖于理性因素，也离不开非理性因素。非理性因素在很大程度上制约着道德判断的进行，人在许多情况下是直接依靠非理性因素作出道德判断的。因此，要使学生作出正确的道德判断，要培养学生的道德判断能力，必须重视非理性因素的作用，通过学生非理性因素的培养，提升学生的道德判断能力。

1. 以道德情感的培养推动学生道德判断能力发展

在近些年的关于道德情感对道德判断影响的研究中出现了两种理论，道德判断的双重加工理论和道德判断的 Moll 理论。"双重加工理论认为道德判断中情绪情感与认知是相互竞争的加工过程，在情绪情感与认知的竞

争过程中，情绪情感战胜认知作出道义判断，认知战胜情绪情感作出功利判断。情绪情感在道德判断过程中的作用大小因情境而定，即在关于个人的、道德的两难情境下，个体作出道德判断时，情绪情感起主导作用，而在关于非个人的、非道德的两难情境下，个体作出道德判断时，认知起主导作用。Moll 理论认为道德判断中情绪情感和认知是相互整合的加工过程，道义判断与功利判断中都受到情绪情感与认知的影响，情绪增多作出道义判断，情绪减少作出功利判断。不管在何种情境下，个体作出道德判断时，其情绪情感都在发挥着主导和决定性作用。"① 这两种道德判断的理论虽有差别，但都肯定了情感在道德判断中的作用。

道德情感是人类所特有的高级情感，对构成道德判断能力中的道德鉴别能力、道德评价能力和道德批判能力都起着调节作用。亚里士多德曾说："各种情感是能够促使人们改变其判断的那些情感，而且伴随有痛苦与快乐，例如愤怒、怜悯、恐惧和诸如此类的其他情感，以及与它们相反的情感。"② 因此，"当一个人对他所要判决的人怀有友爱之心时，就会认为此人无罪或者罪过很轻，怀有憎恨之心时他的看法就会截然相反"③。可见，道德情感影响着道德判断，影响着道德判断能力的形成与发展。因此，要培养学生的道德判断能力，需要注意激发学生的道德情感，引导学生丰富道德情感体验，加强对学生道德情感的培养。

在德育中，教师要利用情感与道德判断的关系来培养学生的道德判断能力。第一，让学生在真实的道德生活中体验道德情感。学生的情感根本上说来自对生活的感知。学生的道德生活是丰富多彩的，因此，教师要在现实生活中让学生体验真实的道德情感，增强其对道德的理解，提升其道德判断能力。第二，让学生在道德实践中，体验道德情感，学会调控自己的道德情感。教师要有计划、有组织地开展道德判断训练，让学生在不同的情境中体验自己的道德情感，丰富他们的道德情感，从而学会调控自己的道德情感，在遇到道德问题时能很好地控制自己的情感，作出理性的正确的道德判断，提高对是非、善恶、美丑的判断能力。

---

① 曹晓君：《道德判断加工机制理论对学校道德教育的启示》，《中国德育》2015 年第3 期。

② ［古希腊］亚里士多德：《修辞术·亚历山大修辞学·论诗》，颜一、崔延强译，中国人民大学出版社 2003 年版，第 78 页。

③ 同上。

2. 以道德直觉能力的培养促进学生道德判断能力的发展

"当代心理学研究认为，人类认知活动是意识过程和无意识过程的统一，在解决问题的过程中，有两个加工系统，即推理系统与直觉系统在同时发生作用。"① 人的道德判断亦是如此。乔纳森·海特的社会直觉模型理论认为，人的道德判断是一个由"直觉系统"与"推理系统"发挥作用的过程，其中"情感驱动的直觉"在整个道德判断中起着引导和决定作用。实际上，在现实生活中，人们有时需要经过一定的步骤和一定的时间，对一系列信息进行转换、加工处理后作出道德判断，即经过理性思维作出道德判断；有时，在遇到道德问题时，并非都有足够的时间去思考、推理，需要迅速作出判断，这时直觉对道德判断就起着重要作用；有时，在进行道德判断时理性和非理性的直觉都发挥作用。可见，直觉特别是道德直觉在道德判断中，在人的道德判断能力形成中发挥着重要作用。

所以，要提高学生的道德判断能力，就要加强对学生的道德直觉能力培养。有关直觉能力的培养策略见第四章，在此不再赘述。

（四）以隐性课程促进学生道德判断能力的发展

科尔伯格的德育的实践、实验表明隐性课程有助于学生道德判断能力的发展。隐性课程是除正规课程以外的对学生发生影响的一切教育因素，这种隐性课程实际上就是道德环境的影响。科尔伯格认为隐性课程是一种真正的德育课程，是一种比正规课程更有影响的课程。因此，科尔伯格主张将这种隐性课程变成显性的德育计划，为此，他将公正团体策略作为对隐性课程在形式和内容上的深化。所谓公正团体策略是指通过师生的民主参与活动，创设一个公正的团体，形成良好的教育环境，发挥集体的作用，使成员相互影响，从而提升团体成员的道德判断能力水平，促进学生道德发展的一种教育策略。公正团体策略强调民主精神、集体精神、参与意识、角色承担、伙伴间的相互影响。科尔伯格认为："民主不仅能起管理作用，而且也能促进道德的发展。"② 科尔伯格所说的"道德发展"也包含着学生道德判断能力的发展。科尔伯格的实验表明，运用此策略的学

---

① 蒋一之：《道德原型与道德教育：道德原型及其教育价值研究》，浙江大学出版社 2008 年版，第 138—139 页。

② ［美］柯尔伯格：《道德教育的哲学》，魏贤超、柯森等译，浙江教育出版社 2000 年版，第 12 页。

生的道德判断水平平均每年提高 1/4 阶段，① "广泛参与伙伴群体角色之中的儿童与孤独的儿童相比，前者可达较高程度的道德判断水平"②。

科尔伯格的公正团体策略告诉我们，学生道德判断能力的提高不仅有赖于正规课程、依赖于教师直接的培养，还需要良好的道德环境的影响。因为，道德判断能力是依据一定的道德原则和规范（道德知识）作出是非善恶评判的能力，道德判断能力离不开对道德原则与规范的理解和掌握。即道德判断能力不是可以完全脱离内容的纯形式的东西，它是由"形式和内容一起组成的。因此，结构的真义不在于排除一切内容，而在于排除一些不经理解的、即不是被建构成的内容"③。道德判断能力是由内容"积淀"为形式的一种能力。而公正团体策略的实施，公正、民主的道德环境有利于使学生更深入、准确、灵活地理解和掌握道德原则与规范，更能灵活运用这些道德原则和规范，因此，会促进道德判断能力的提高。

因此，在培养学生道德判断能力中，我们必须重视隐性课程的作用，重视道德环境建设。隐性课程通过间接、内隐的形式，在学生无意识的情况下，通过潜移默化的作用对学生的心理主要是思想品德产生作用，它不会使学生产生抵触心理。它虽不会像显性教育那样产生立竿见影的效果，但效果一旦产生就不容易改变，具有稳定性和持久性。应当指出，一切对德育产生影响的因素，都会对学生道德判断能力产生影响。在此，我们重点探讨如何通过隐性课程的构成要素之一——校园文化，培养学生道德判断能力。

"校园文化是以校园为空间，以学生、教师为参与主体，以精神文化为核心的物质文化、制度文化、行为文化相统一的具有时代特征的一种群体文化。"④ 校园文化会对学生的道德判断能力产生潜在的道德影响。刻板、专制、过分强调统一的校园文化，容易使学生被限制在各种各样的条条框框中，思想容易僵化，易产生依赖心理，在道德活动中没有自己的主

---

① 郭本禹：《道德认知发展与道德教育：科尔伯格的理论与实践》，福建教育出版社 1999年版，第 213 页。

② 袁桂林：《当代西方道德教育理论》，福建教育出版社 2005 年版，第 69 页。

③ 魏贤超：《道德心理学与道德教育学》，浙江大学出版社 1995 年版，第 30—31 页。

④ 史洁、冀伦文、朱先奇：《校园文化的内涵及其结构》，《中国高教研究》2005 年第5 期。

观判断，以别人的道德判断为自己的道德判断，从而不利于学生道德判断能力的发展。只有在一个民主、轻松、相互激励的校园文化之中，学生才能充分发挥自己的主观能动性，进行自主的道德判断。良好校园文化应该是在学校的宏观把握、有序引导下，让学生有一定的自主权。教师应鼓励学生对一些道德问题多发表自己的观点和看法，从而刺激他们积极地去思考、判断。必要时可以让学生参与学校制度的制定，让他们学会多角度地去分析问题。要多开展丰富的课外活动，并让学生学会自由选择一些道德活动，在活动中丰富道德情感体验、锻炼道德意志，在成功与失败中逐渐提高道德判断能力。在此过程当中教师要发挥好引导作用，引导学生作出合理的道德判断。

第三章

道德选择能力培养

随着社会多元化趋势的不断发展，道德问题层出不穷，尤其是由学生道德选择能力缺失所引发的道德问题日益突出，因此，在学校德育中加强对学生道德选择能力的培养就具有时代的紧迫性。

一　道德选择能力的理论探析

培养学生的道德选择能力，必须首先从理论上准确把握道德选择能力，理解道德选择能力的含义、类型、构成要素、影响道德选择能力发挥的因素及道德选择能力与其他道德能力的关系。

(一) 道德选择能力的含义与类型

1. 道德选择能力的含义

道德选择能力属于能力范畴。能力是人完成活动必需的、直接的心理特征。能力包括在不同种类的活动中表现出来的一般能力，如注意力、观察力、思维力、想象力、记忆力等，以及从事某种专业活动所必需的特殊能力，如音乐能力、绘画能力、教育能力等。那么，如何理解道德选择能力呢? 首先，道德选择能力是一种特殊能力。道德选择能力是人参与道德活动所需要的并在道德活动中表现出来的一种能力，它属于人的能力的一种，是人在道德选择活动中需要和表现出来的一种个性心理特征。其次，道德选择能力是与 "应然" 的价值理想相关联的一种能力。道德选择具有道德的特质，是具有善恶意义的选择，因此，道德选择能力是一种具有明显的价值性的能力。据此，我们认为，道德选择能力是人在一定的道德意识支配下，依据一定的道德标准，对不同的道德价值或善恶作出抉择的能力。"道德选择有广义和狭义之分。广义的道德选择渗透于道德生活的一切领域，是人们为达到某一道德目标主动作出的全部取舍，不仅包括内在的动机、意图、目的的选择，而且包括外在的行为方式、过程、结果的选择；不仅表现为行动、交往、调节等道德实践活动，而且表现为认识、情感、意志等道德精神活动。"① 狭义的道德选择仅指道德行为的选择。本文所说的道德选择指的是广义的道德选择。因此，道德选择能力不仅仅是道德行为选择能力，还包括道德意识的选择能力。

2. 道德选择能力相关概念辨析

（1）选择

选择主要具有两种含义：首先，选择的含义是指"哲学中指对自由意志命题的一种推论；即自动地采取几种可能行动中的一种的能力或完全避免行动的能力"②。此含义强调的是选择的自觉、自愿性质。其次，伦理学意义上的选择指的是道德选择，它是主体自觉、自愿在不同价值准则、善恶之间进行取舍的活动。

选择分为事实选择和价值选择。在人们的选择中，需要是选择的动力，价值是主体选择所追求的目标。从这个意义上分析，选择的实质就是价值选择，而道德选择正是这样一种重要的价值选择，即它隶属于选择范畴，只是道德选择更加体现了选择价值性的特征。另外，选择是道德的灵魂，没有选择就没有道德，排斥选择的道德是没有生命力、注定要灭亡的道德。因此，提升人的道德选择意识、提升人的道德选择能力，就必然被视为当代德育的重要使命，也就成为德育改革的一项主要内容。

在学校德育中，学生德性生成的过程其实是他们自我选择的过程。学生是自我德性生成的主体，作为一个有独立意识、有情感、有主观能动性的人，他们对德育内容总是有所选择、有所扬弃，不会全盘吸收与接受。德性生成过程中，学生"在获得新的认识基础上，将德育要求的思想、道德准则和原有的思想品德基础加以对照，进行判断和选择。对符合原来思想品德结构的特性同化、吸收，产生新的成分，形成新的结构体系；不符合原来思想品德结构特性的，则产生矛盾斗争，结果可能被吸收，可能

---

① 《伦理学》编写组：《伦理学》，高等教育出版社、人民出版社2012年版，第249页。

② 中国大百科全书出版社《简明不列颠百科全书》编辑部译编：《简明不列颠百科全书》第8册，中国大百科全书出版社1986年版，第724页。

被拒斥，也可能存疑"①。可见，德性形成过程中的选择是学生在与德育内容彼此作用中，依据客观环境提供的多种可能性，进行自主、自觉的选择。选择是学生德性发展的机制，因此，在德育过程中，教育者必须重视对受教育者道德选择能力的培养，教会学生选择。

（2）道德选择

首先，道德选择是一种属于人的选择。这里的人既"不是费尔巴哈式的感性实体，也不是脱离社会而孤立存在的单个'原子'，而是一个对象化、客体化了的哲学—伦理学的范畴，是对具体人的抽象把握，或者是对人的'一般'的理论概括，一句话，是一种在科学抽象意义上的'人'"②。实际上，人的道德选择完全区别于动物。动物彼此之间、动物与大自然之间是一种单纯的、近似于"自然"的关系，并不涉及"道德"关系。无论是动物之间，还是动物与自然界之间都不需要也不存在选择。为了协调人与人、人与社会、人与大自然之间的伦理关系，人类制定了道德规范，目的就是在当人类面临种种道德冲突的境遇时，能够在充分考虑自我、他人、社会发展需要的前提下，作出具体的、历史的道德选择。其次，道德选择会受到历史条件的制约。尽管道德选择是人的自觉、自愿的活动，是以人的意志自由为前提的。但是，人的道德选择又不可避免地受到社会客观条件的制约，社会发展的状况在一定程度上决定着人的道德选择的范围和可能。

因此，在学校德育中，学生道德选择能力的培养，一方面要特别注意激发、培养学生的道德需要，提升学生的道德需要水平。道德需要是学生作出正确的道德选择、形成和发展德性的必要条件，学生道德需要的激发更为其道德选择能力的生成创造了有利条件。另一方面，教育者要帮助学生澄清选择具有的社会制约性。道德选择虽属于学生的一种自主性的活动，具有自觉、自愿的性质，但是，他们的选择又被社会所制约。学生进行的任何道德选择都是在一定社会中进行的，是在当下社会提供的各种具体条件下进行的，不是没有任何限制的、绝对自由的选择。因此，他们的道德选择具有社会制约性，是一种社会性的选择。正是因为道德选择的这

---

① 鲁洁、王逢贤：《德育新论》，江苏教育出版社 2010 年版，第 286 页。

② 唐凯麟：《伦理大思路：当代中国道德和伦理学发展的理论审视》，湖南人民出版社 2000 年版，第 264 页。

种特性，使得学生在运用道德选择能力时必须以社会道德为标准，在此基础之上作出符合道德标准的选择。

（3）道德选择与道德选择能力

道德选择与道德选择能力的关系，主要体现为四方面：第一，道德选择能力是道德选择的必要心理条件。在道德选择过程中，主体是以其所具有的道德选择能力为先决心理条件进行道德选择的。如果主体没有道德选择能力的支撑，那么就不可能作出符合社会要求的、理性的道德选择。第二，道德选择能力在道德选择中表现出来。道德选择能力是主体所具有的一种内在的品质，而道德选择是一种具体的活动。在道德主体进行道德选择的过程中，主体的道德选择能力得以彰显。第三，道德选择能力是在道德选择中形成和发展的。能力必须在某种具体的活动中形成和发展。道德选择能力也是如此，道德主体在一次次的道德选择过程中，不仅逐渐形成了道德选择能力，而且经过不断的道德选择，其道德选择能力也得到不断提升。第四，道德选择具有动态的性质，是一种自由自觉的活动，它是道德主体在生活实践中基于一定的价值取向，自觉自愿对不同的道德价值或善恶进行选择的动态过程，道德选择能力则是道德选择主体内在的稳定心理特征。总而言之，道德选择是附属于选择的一种价值选择，而道德选择能力是主体进行道德选择的主观条件，没有道德选择能力的保障，道德选择将难以进行。

3. 道德选择能力的类型

根据不同的道德选择主体与不同的道德选择领域，可以将道德选择能力分为个体道德选择能力与群体道德选择能力，观念的道德选择能力与行为的道德选择能力。

（1）个体道德选择能力与群体道德选择能力

这是根据道德选择能力从属主体的不同所作的分类。个体道德选择能力是指个体依据道德原则和道德规范作出道德选择的能力。群体道德选择能力是指社会群体根据社会既定的各种道德标准作出道德选择的能力。个体道德选择能力和社会群体道德选择能力是不可分割的。个体道德选择能力是群体道德选择能力的基础，直接影响群体选择能力水平的高低；个体道德选择能力是社会群体道德选择能力在个体身上的内化和个性化，社会群体道德选择能力集中体现了每个个体道德选择能力的水平。个体道德能力水平的提高有利于促进社会群体的道德选择能力水平的提升；群体道德选择能力的提高，有助于个体排除道德冲突导致的道德抉择困扰，有助于个体作出正确合理的道德选择。

（2）观念的道德选择能力与行为的道德选择能力

这是根据道德选择能力运用的领域所作的分类。观念的道德选择能力是指在多种多样的甚至相互冲突、矛盾的道德规范、标准、取向中选择出某一或某些规范、标准作为自己的道德观念和标准，确立自己的价值取向的能力。行为的道德选择能力是指主体对即将实施的道德行为方式进行取舍的能力。观念的道德选择能力和行为的道德选择能力不可割裂。观念是行为的先导，因此，主体的观念的道德选择能力是行为的道德选择能力的基础、前提。同样，观念的道德选择能力也不能脱离行为的道德选择能力孤立存在。观念的道德选择能力使主体确立的道德价值取向，最终还是要落实到行为上。行为的道德选择能力使主体通过选择适当的行为方式表现主体的道德价值取向。道德主体只有在兼具观念的道德选择能力和行为的道德选择能力时，才能促使自我的道德价值取向更加明晰，道德行为更加合理。

（二）道德选择能力的结构

道德选择能力是由不同的要素构成的一种复合结构系统。

1. 道德价值判断能力

道德价值是道德现象对他人和社会所具有的道德上的意义。一般来说，符合社会道德原则和道德规范的即是对他人和社会有意义的，是善的；不符合社会道德原则和道德规范的即是恶的。由此显示出道德现象所具有的道德价值。道德价值不仅有质的差异（善与恶），而且有量的大小。① 道德价值判断就是对道德现象的善恶作出判定，明确其道德价值。道德价值判断能力是判定道德现象善恶价值的能力。道德价值判断与道德价值判断能力的属性不同，前者是一种动态的活动过程，后者是隶属于道德主体的一种静态的、内在的、稳定的心理特征。道德上的善恶判断能够对道德现象作出道德性质上的明显区分。首先判断出道德现象价值的属性，即有价值、无价值还是负价值，然后再区分道德现象的价值的大小。道德价值判断是人们对道德现象所具有的满足他人与社会需要的价值、意

---

① 何建华：《道德选择论》，浙江人民出版社 2000 年版，第 260 页。

义的认识和把握。道德主体只有在确切地判断出道德现象的价值时，才能进一步作出选择，可以说道德价值判断准确与否直接影响主体道德选择的对与错。道德价值判断表达的是道德主体的价值态度倾向，而道德选择以此为依据作出价值取舍。道德意识的选择和道德行为的选择都是在道德价值判断基础上进行的。从这个意义上讲，正确的道德选择的实现依赖于正确的道德价值判断，必须以它为前提条件。因此，道德价值判断能力是主体道德选择能力的基础。

2. 道德价值比较能力

道德价值比较是对道德现象所具有的价值进行的对比。道德价值比较能力是指道德主体对道德现象的价值的大小进行比较的能力。道德价值比较能力与道德价值判断能力密切相关。这是因为，道德价值判断是在对道德现象的价值比较的基础上进行的，没有道德价值比较，人的道德价值判断将无法进行。而道德价值比较必须在对道德现象性质判断的基础上进行，没有对道德现象性质的判断，就无法辨别道德现象的性质，就无法进行道德价值比较。在具体的道德实践活动中，道德价值比较能力一方面能够确保道德主体理性地比较各个道德现象的价值大小，明智地选择出最具有价值的道德，以免因小失大；另一方面，道德价值比较能力有助于道德主体克服道德选择的随意性，保证道德选择结果的合理性。

因此，在德育过程中，教师要注重对学生道德价值比较能力的培育。积极引导学生通过对各种道德现象价值的比较，理性地选择出具有最大价值的道德并予以践行。

3. 道德价值排序能力

道德价值排序主要是对道德现象的价值进行从小到大、从次到主，或者相反的排列。

道德价值排序能力是指道德主体通过对道德现象所具有的价值大小的比较，将它们的价值大小按照一定顺序排列的能力。道德价值排序与道德价值排序能力具有不同的属性，前者是道德价值排序的动态过程，后者则是对道德价值进行排序的内在能力。在价值一元的时代，社会虽然有主流道德与非主流道德的冲突，小善与大善的冲突，但是，在传统观念看来选择小善就是恶，而且主流道德是绝对排斥非主流道德的，因此道德价值排序的问题并不突出。但在当前多元化的社会，多种道德价值并存，用一种价值去压制、拒斥甚至取代另一种价值是做不到的。所以，只有正视各种道德价值的存在，并对各种道德的价值大小进行顺序排列，才能有效应对多种价值并存局面，才能通过排序选择出最具价值的道德。道德价值排序直接影响道德选择的结果，做好道德价值排序关键在于遵循道德价值排序原则。通常人们认为道德价值排序原则主要体现在三个方面：第一，内在价值优于外在价值。第二，主要价值优于次要价值。第三，经过理性选择的价值优于被动盲目接受的价值。

在德育过程中，教师要注重培养学生道德价值排序能力，积极引导学生在对多种道德价值进行理性分析与对比的基础上，合理地排列道德价值的顺序并且选择出最优的道德价值。

4. 道德选择干扰排除能力

道德选择干扰是指影响主体实施道德选择的各种因素，它可能是来自主体自身的内在因素，也可能是来自外界的影响。道德选择干扰排除能力是指在道德选择进行过程中，主体有意识地排除影响道德选择的各种干扰因素，保证道德选择顺利进行并取得最好选择结果的能力。当前的社会是多元化的，人们处在这个特殊的境遇中必然面对着多种价值观并存、多种道德观念共生的局面，难以摆脱它们对道德选择的影响，因此人们必须具备道德选择干扰排除能力，才能作出合理的道德选择。在多元化的道德生活中，学生的道德生活也深受各种内外因素的干扰，如果他们在道德选择中不具备排除各种影响道德选择干扰的能力，就会陷入道德选择的困境。因此，学生必须具备道德选择干扰排除能力，才能固守道德选择意愿，坚定道德选择的立场，从而保证道德选择的顺利进行。

在学校德育中，教师要帮助学生养成道德选择干扰排除的能力，学生具备了这种能力，才可能顺利进行有价值的道德选择。

5. 道德选择结果预测能力

道德选择结果预测是指主体对道德选择会产生什么样的结果的一种推断与预想。道德选择结果预测能力是指主体对自己的某种道德选择可能产生结果的预想与猜测能力。道德选择结果预测首先是在头脑中事先评估道德选择可能产生的结果，即有无结果、结果的好与坏。然后考虑道德选择结果是否符合预期的选择目的，当符合最初的道德选择目的时，主体才有可能作出道德选择，如果预测的结果与目的不相吻合，主体则需要思考是否重新进行道德选择。主体对道德选择结果的预测是调控选择行为的基础和前提，道德选择结果预测能力是主体在不断的实践中形成的。道德主体只有对道德选择结果进行猜想与预测，才能使道德选择满足自我的选择意愿，才能使选择的结果更为合理，才能使道德选择产生结果的预测能力不断提高。

在德育中，教师要加强学生道德选择结果预测能力的培养。在学生作出道德选择时，教师要引导学生有意识地预测这种选择会产生什么样的结果，并根据预测的结果对原来的道德选择进行强化或修改，使其最终满足自我最初的道德意愿。

（三）道德选择能力的影响因素

1. 主观因素

道德选择能力是在主体进行的一次次道德选择过程中生成的，它属于道德主体内在的心理特征。道德选择能力的形成和发展，以及发挥的程度受道德主体内在的道德情感、道德需要、道德图式的直接影响。

首先，道德情感。道德情感是"人们基于一定的道德认识，从某种人生观和道德理想出发，对现实道德关系和道德行为产生的一种爱憎或好恶的情绪态度"[1]。"情感是人类道德发生的直接心理基础，也是道德选择的重要心理依据。"[2] 既然道德选择的进行必须以主体的道德情感为心理基础，那么，道德主体的道德情感因素也是影响道德选择能力发挥的主观因素之一。在道德情感的左右下，道德主体倾向于选择情感上喜好、亲近的内容，拒斥那些情感上厌恶、反感的待选目标。其次，道德需要。道德需要是主体对道德选择的内在要求、心理意愿或者心理倾向。它是在道德情感的左右下产生的道德心理定式。主体为了满足自我的道德需要必然作出相应的道德选择，并且在整个道德选择过程中，道德主体自始至终都是按照自己的需要进行道德选择的。从这个意义上说，道德需要是主体道德选择能力养成的坚实沃土。最后，道德图式。"道德图式既是一种以存储的一般概念为基础的、代表着关于一个特定的道德概念的有组织的认知结构，又是一种以各种各样的具体形态存在于人的头脑中的心理组织。"[3] 道德图式具有正错之分，正确的道德图式能够帮助主体进行有价值的道德

①　罗国杰：《中国伦理学百科全书》（伦理学原理卷），吉林人民出版社1993年版，第92页。

②　罗国杰：《伦理学》（修订本），人民出版社2014年版，第349页。

③　彭柏林：《道德需要论》，上海三联书店2007年版，第122页。

选择；反之，错误的道德图式则会导致主体错误的道德选择。可见，道德图式作为主体的一种内在心理定式，是一种具有特殊功能的选择系统。它不仅作为一种简单的思维定式，可以使主体简捷、迅速地作出选择而无须冗长的过程，而且它被视为一种具有特殊功能的心理过滤器，能够控制和选择外界信息的流入，对那些可以被主体所运用或者是对主体而言有价值的信息，则会全盘吸收，否则会拒斥。正是凭借道德图式的甄别、过滤功能，道德主体才能够在特定的道德情境中快速作出恰当的选择，它为主体道德选择能力的生成奠定了良好的心理基础。

2. 客观因素

道德主体进行的任何一种道德选择都是在一定的道德环境中进行的。因此，道德选择环境对主体的道德选择具有深刻的影响。道德主体借助于道德情感、道德图式、道德需要等，通过在特定的选择境遇中的磨炼，不断促使自我的道德选择能力趋向成熟。因此，主体道德选择能力的生成不能脱离道德环境。道德环境从性质上可以分为良好的、积极的与恶劣的、消极的。不同性质的道德环境对主体道德选择能力具有不同影响。一般而言，良好的、积极的道德环境有助于提升主体道德选择能力水平，而恶劣的、消极的道德环境则会阻碍主体道德选择能力的生成与发展。所以，在学校德育中，教育者要注意创设道德选择的氛围或者营造道德选择的良好环境，引导学生作出正确的选择，提升学生道德选择能力。

二　道德选择能力培养的必要性

当前，培养学生的道德选择能力已引起了人们的重视，已成为德育的题中应有之意。

（一）思想品德及思想政治课程标准的要求

在中学，思想品德课与思想政治课是学校德育的主要途径。传统的思想品德课与思想政治课程标准（教学大纲）过分注重学生的接受式学习，强调的是教师将现成的道德规范以定论的形式直接传授给学生，让学生不加选择地照单全收。这种传统的思想品德与思想政治课教学忽视了学生学习中的选择性，忽视了学生道德选择能力的培养，不利于学生良好品德的发展。为了改变这种局面，2011 年版的《义务教育思想品德课程标准》

与 2004 年版及 2017 年版的《普通高中思想政治课程标准》强调坚持正确价值观指导的前提下，注重培养学生道德选择能力。

2011 年版的《义务教育思想品德课程标准》在课程目标中提出要引导和帮助学生"学会面对复杂的社会生活和多样的价值观念，以正确的价值观为标准，作出正确的道德判断和选择"①；在课程内容的"成长中的我"部分提出，"能够分辨是非善恶，学会在比较复杂的社会生活中作出正确选择"②。当前的社会是多元化的社会，学生直面多样化的道德观，容易陷入道德冲突、道德困惑。基于此，思想品德课程标准提出让学生学会正视社会生活的多元化，明确社会主流道德价值观，掌握正确的价值观并在此基础上作出正确的道德选择。从中我们可以看出，思想品德课程标准已开始强调学生道德选择能力的培养。

教育部 2004 年颁布的《普通高中思想政治课程标准》（实验）提出，"提高用马克思主义立场、观点和方法面对实际问题，作出正确的价值判断和行为选择的能力"③。教育部颁布的新的《普通高中思想政治课程标准》（2017 年版）在课程目标的能力目标中提出，要让学生能够"用马克思主义基本立场、观点和方法，观察事物、分析问题、解决矛盾；解放思想、实事求是，对经济、政治、文化、社会和生态文明建设的实践，作出科学的解释、正确的判断和合理的选择"④。

可见，培养学生的道德选择能力已成为思想品德和思想政治新课程标准的要求，德育必须体现这一要求。

（二）培养道德选择能力是学生的吁求

随着年龄的增长，学生一方面在思维和行动上的独立性愈加明显，他们开始明确表达自己的选择愿望，逐渐扮演起"选择者"的角色，不再甘愿被动地接收教师强加给他们的道德选择意愿。另一方面，扮演"选

---

① 中华人民共和国教育部：《义务教育思想品德课程标准》（2011 年版），北京师范大学出版社 2012 年版，第 6 页。

② 同上书，第 9 页。

③ 中华人民共和国教育部：《普通高中思想政治课程标准》（实验），人民教育出版社 2004 年版，第 5—6 页。

④ 中华人民共和国教育部：《普通高中思想政治课程标准》（2017 年版），人民教育出版社 2018 年版，第 6 页。

择者"角色的学生更加渴望通过选择完善自我德性。

　　培养道德选择能力是满足学生选择意愿、保障学生道德选择权利的需要。随着年龄的增长，学生自我选择意愿日益增强，当他们发现课堂中传授的道德规范取向不能帮助自己妥善解决道德生活中新出现的道德冲突或难题时，便对这些道德规范产生怀疑，这时，他们往往并不选择教师传授的道德规范作为自己认同的对象，而是愿意根据自己先存的道德图式，选择与其先前掌握的道德规范具有一致性的道德规范作为自己认同的对象。然而，他们愿意选择的道德规范未必就是社会倡导的主流的道德规范。要满足学生的道德选择意愿，并且保证学生作出正确的道德选择，就必须培养学生的道德选择能力。另外，随着学生年龄的增长，其权利意识日益提升，他们将自我道德选择看作是自己的道德权利，要求教师尊重他们的这种道德权利，希望教师能给予他们道德选择的自由，并对教师剥夺其道德选择权利的做法产生厌恶和反感。但是，他们往往又不能很好地运用这种选择的权利。因此，学校德育需要培养学生的道德选择能力，使他们能恰当地运用这种权利，作出合理的道德选择。

　　培养道德选择能力是学生完善自身德性的呼唤。每个学生都具有发展、完善自身德性的愿望。德性在伦理学上是指一种选择性品质，它的形成与发展都与道德选择活动紧密相连。亚里士多德认为，德性就意味着做选择或者以选择为条件。选择对于德性的获得，对于使活动完成得好至关重要。选择必定是出于自愿的。只有我们愿意去做的事情才成为我们的选择。出于意愿意味着一个行为是在我们能力范围之内的，并且我们了解那行为的性质、对象、目的、手段等等。"总之选择总是我们力所能及的事情。"① 学校德育中，学生德性的完善同样需要在道德选择活动中实现，学生期望通过自己的道德选择完善自己的德性，期望这种选择是出于他们自愿、自主而非教师的胁迫。学生的这种愿望符合德性形成的规律，学校必须满足学生的这种欲求，注重培养学生的道德选择能力。

（三）德育从"教会顺从"向"教会选择"转向的需要

　　传统德育以"教会顺从"为重要特征，"教会顺从"的德育实际是一

---

　　① ［古希腊］亚里士多德：《尼各马科伦理学》，苗力田译，中国人民大学出版社 2003 年版，第 47 页。

种奴化的德育，它强制学生遵循既定的道德原则与规范，抹杀了学生道德选择的权利，已不能适应社会的发展，欲要改变这种现象，必须实现德育由"教会顺从"向"教会选择"的转向。

"迄今为止，我国的学校道德教育基本上只是一种'教会顺从'的道德教育。这种'顺从'是全方位的，是绝对化了的。……在这种道德教育中，作为'受教育者'的学生可以说从未被真正视为具有独立人格的'主体'，从未被允许对各种道德取向进行自己的'选择'。"① 在德育目标上，"教会顺从"的德育培养的是失去主体性的、被动地遵守社会道德规范的奴性道德人格；在德育内容上，它视学生大脑为"道德之洞"，教师将道德知识像往洞里注水一样灌注给学生，限制了学生的选择性；在德育方法上，它提倡的填鸭式的教育方法，禁锢了学生头脑，扼杀了学生的选择权利，极大地限制了学生道德选择能力的发展。这种德育显然已不能适应现实社会的需要，降低了德育的实效性。

在德育中，"教会选择"实际上就是培养学生的道德选择能力。"教会选择"是提高德育实效性的必由之路，是学校开展德育的一种根本期待。21世纪是一个带有浓重选择色彩的世纪，"教会选择"的德育日益受到关注与推崇。在德育目标上，"教会选择"的德育培养的是具有主体性的道德人格，重视的是对学生道德选择能力的培养；在德育方法上，它给学生提供自主选择的机会和权利，让学生在教师价值的引导下自主选择，并促使学生在自主选择的过程中形成和发展道德选择能力。"教会选择"的德育以其鲜明特色符合多元化社会发展的要求。

（四）道德多元化社会的要求

道德多元化是对我国道德领域实际情况的一种客观的描述，表现为社会道德观念、道德评价标准、道德层次的多元化。伴随着市场经济的不断发展和改革开放的不断深入，社会的道德观念、道德评价标准、道德层次日益呈现多元化、多样化的特点。首先，道德观念具有多样性。既存在着旧的违背社会发展的道德观念，同时也存在着新的顺应社会发展的道德观念；根据道德观念的不同内容可以分为反映个体生活领域的道德观念和反

---

① 吴康宁：《教会选择：面向21世纪的我国学校道德教育的必由之路——基于社会学的反思》，《华东师范大学学报》（教育科学版）1999年第3期。

映公共生活领域的道德观念；依据道德性质分析，社会道德生活中不仅存在着积极的正确的道德观念，而且存在着消极的错误的道德观念。其次，道德评价标准具有多样性。无论人们赞同或不赞同、支持或不支持的道德行为都可以寻求到一种或多种支撑此种行为的价值观，这样就造成了道德评价标准的多元化。最后，道德层次的多元化。关于道德层次的多元化在理论界有着不同的看法。学者包利民认为，应该将道德层次归结为个体层次的道德和国家层次的道德。陈泽环教授则提出了三维道德结构，即以底线伦理、共同信念、终极关怀为基本内容构成的道德结构。由于多元、多样的道德观念、道德评价标准、道德层次的存在，影响了学生对社会主流道德价值观、道德评价标准的认同与信奉，造成学生在道德选择中左右摇摆，难以决断。要真正解决这种问题，必须着力培养学生的道德选择能力。这样，学生才能作出正确的道德选择。

在道德观相对单一的社会中，学校德育只需将社会主流道德规范传递给学生，学生就能比较容易认同并按照这种道德规范进行道德选择。但是，在多元道德并存的社会中，单纯依靠主流道德规范的单向传递已经无法适应社会发展的需要。在多元化社会，学生所面对的是并存的多元道德及道德价值取向，这就造成了他们道德选择的困惑和道德价值取向的迷茫。然而，在多元道德社会中进行道德选择又是每个学生在道德生活中不可回避的问题，没有道德选择能力的学生难以适应现代社会发展的要求。因此，学校在德育上要把培养学生的道德选择能力作为德育目标之一，使学生能够面对道德多元化所带来的挑战并作出正确的选择，以适应道德多元化社会的需要。

三　培养学生道德选择能力的策略

道德选择能力培养策略是为实现学生道德选择能力培养目标而采用的具体方法、手段和措施，它从方法的角度探讨在具体的德育实践中应如何操作、如何行动才能有效地达到培养学生道德选择能力的目标。

（一）突出学生主体地位

传统的德育在很大程度上是一种奴性的教育，它的目的只在于把既定的道德规范强制学生接受，使学生丧失了在德育的主体地位，学生的角色只是等待被填充的"美德袋"。德国教育之父洪堡强调，教育必须培养学生的自我决定能力、自主学习能力等，以便使学生面对无法预料的种种未来局势时能够主动作出道义选择。德育目的之一在于使学生确认个体道德形成与发展是个体理智选择的结果，并不单纯是对社会既定道德规范的无条件接受。要改变传统德育陈旧的模式，必然重视学生发展的需要，树立主体性德育的理念，明确学生在德育中的主体地位，尊重学生的主体性。德育实践中，教师一方面要充分发挥自身的引导作用，使学生认识到并非现存的道德规范都是合理的；另一方面，教师要赋予学生自主选择的权利，引导学生主动探索周围的环境，主动作出道德选择。另外，教师要尊重学生道德选择的意愿，尽最大的可能满足他们选择的需求，将道德选择的权利真正归还给学生，让学生在自由的道德选择中通过自主运用道德价值作出判断、比较、排序、排除，以提高道德选择的抗干扰能力及对道德选择产生结果的预测能力，凸显自我的主体地位，使道德选择成为学生主体性发挥的重要途径。

1. 激发学生道德选择需要，提升学生道德选择层次

学生的道德选择需要具有层次性，高层次的道德选择需要能够促使学生选择具有较大价值的道德，相反，低层次的道德选择需要则会使学生选择价值小的道德。所以，在德育中，教师要注重并善于激发学生道德选择的需要，提升学生道德需要层次，从而提升他们道德选择的层次，为学生道德选择能力的生成提供必要条件。第一，提供给学生更多的道德选择机会。学生道德选择需要是进行道德选择的内在动力，只有给予他们充分的道德选择机会，才能激发他们道德选择的需要，并使其在理性的指导下作出具有最大价值的道德选择。第二，培养学生积极的情感体验。学生积极情感的体验促使他们选择需要的产生和发展，从而促进学生作出有价值的道德选择。第三，提升学生道德需要层次。使学生由无道德的需要到有道德的需要，由低层次的道德需要提升为高层次的道德需要。

2. 引导学生掌握道德选择原则，提高选择结果正确性

学生对道德选择原则掌握准确与否，直接关系到选择结果的正确与错误。因此，培养学生的道德选择能力必须让学生掌握道德选择原则。道德选择原则主要有比较选择原则、优先选择原则、分级量化原则。教师要指导学生学会在道德选择中，依据比较选择原则对道德价值进行比较，明确"两害相权取其轻，两利相权取其重"；根据优先选择原则确定优先选择

价值高或大的价值；遵照分级量化原则，按照主要价值高于次要价值、大的价值高于小的价值进行顾全大局的选择。学生只有按照道德选择原则进行选择，才能保证选择结果的正确性。另外，还有一个非常重要的道德选择原则——道德选择标准的层次性原则，需要学生掌握和灵活运用。道德选择的标准具有层次性，它是一个"塔式结构"体系。第一个层次是"历史积淀的社会道德规范"。它是被生产力决定，集中反映人类公共生活秩序的愿望和要求，维系着整个社会的起码秩序，是道德选择最基本的标准，是学生作为一个合格的"道德人"进行道德选择必须遵循的一般标准。第二个层次是"现实新增的社会道德规范"。它一方面摒弃过时的道德观念、关系，另一方面它孕育新的道德观念、关系。第三个层次是"先进的社会道德要求"。它反映的是未来社会客观道德关系的本质，是社会先进人物力行的道德观念与原则，是具有高尚道德修养的人在道德选择中参照的最高标准。教师要引导学生提高自己的道德需要水平，在选择最低层次道德的基础上逐步提高选择的层次。

3. 留足学生道德选择空间，增多学生道德选择机会

在德育过程中，教师要为学生提供最大的选择空间，增加学生自主选择的道德机会，让他们尽可能作出更多的选择。在具体的德育过程中，教师要有意识地设定多种可供学生选择的道德情境，在这种具有选择性的道德情境中，教师要启发学生选择意识，在学生具有自主选择意愿的基础上，引导学生进行自主的道德选择。当学生遇到选择困惑或难题时，教师要及时予以帮助。教师不能代替学生选择，而应该主动把道德选择的机会留给学生，让学生根据自我的道德意愿作出选择。

给学生留足道德选择的空间，提供更多的道德选择机会，不仅能够满足学生"我要选择"的意愿，而且能够提高学生道德选择能力的水平。

（二）采用多样化的德育方法

在德育中，教师要把学生置于主体地位，充分发挥学生作为主体的自主、自觉、自愿的道德选择积极性。只有重视学生的道德选择积极性，才能真正使学生将德育课堂上所学知识与具体的道德选择相联系。因此，必须采用多样化的德育方法，激发学生道德选择的积极性，突出学生道德选择能力的培养。

1. 创设良好的氛围，强化学生的自主选择意识

良好的德育氛围必须建立在开放、民主、对话的师生关系之中，学生

只有在这种充满友好的德育氛围中才能不断强化自我选择的意识。因此，建立开放、民主、对话的师生关系，强化学生自主选择意识，是培育学生道德选择能力不可或缺的条件。在传统德育中，教师是教育活动中的主宰者，拥有话语上的"霸权"，学生则处于消极被动的"失语"状态，被看成是一块任意雕琢的泥土，一个等待填充的"道德之洞""美德之袋"，这种师生关系完全藐视了学生的主体地位，造成学生在面临复杂的道德选择境遇时不能有效发挥主体性，不利于道德选择能力的形成。

伴随着社会的不断进步，民主观念越来越深入人心。学校民主化、学生主体化的呼声也日益高涨。教师不再是高高在上的道德权威，学生也不再是道德知识的被动接受者，开放、民主、对话的师生关系成为越来越多有识之士的共同理念。美国学者科尔伯格明确指出，民主除了具有鼓励的作用外，更能带动道德的发展，这其中道德的发展包括道德选择能力的发展。美国另一位学者拉思斯主张在德育中应该建立一种师生相互接受对方的气氛。通过建立开放民主对话的师生关系，教师才能倾听学生的声音，启发学生自主选择的意识，允许学生就道德意识和道德行为作出自己的选择，从而促进学生道德选择能力的生成和发展。

2. 在分析、探究、比较中促进学生道德选择能力的提升

教师要采用以下灵活的方法促进学生道德选择能力的提升：引导学生在道德范例分析中自主提炼选择标准，在价值冲突中自觉坚定道德选择立场，在探究中明确道德选择价值与原则，在比较鉴别中作出最好的道德选择。

道德范例分析，就是学生对教师收集、整理、归纳、提炼出的具有代表性的道德事例的分析。道德范例分析可以帮助学生在明确善的价值取向的基础上自主提炼、归纳道德选择标准，为今后的道德选择提供依据，从而作出正确的道德选择，提升道德选择能力。

价值冲突，是指一种面临多重价值并存且相互矛盾的情况。学生往往面对价值冲突呈现出徘徊、犹豫的心理状态，不能坚定自我的道德选择标准。因此，教师要帮助学生正视各种价值冲突，鼓励他们坚持符合社会要求的道德选择标准。这样才能使学生作出正确的道德选择，才能使学生的道德选择能力不断提高。

探究，顾名思义就是探索和研究。学生在能动的探索与研究过程中，能够更加明晰与确定道德选择的价值与原则，为之后的道德选择提供准

确、合理的选择依据。

比较鉴别，是指面对多种可供选择的可能时，能够利用理性对诸多道德选择进行价值比较与判别。学生只有在比较鉴别中，才能判断何种道德选择具有较大的价值，何种道德选择更具有"善"的意义，从而为自己自觉地作出最好的、最合理的道德选择提供依据。所以，培养学生的道德选择能力离不开比较与鉴别的过程，教师在德育中必须重视引导学生在比较鉴别中作出最好的道德选择。

（三）引导学生参与生活

生活是属于人的，是人的存在方式。人们为了满足生活的需要而不断进行道德选择，而人的道德选择能力也是在实际生活的道德选择中形成和发展的。因此，培养学生的道德选择能力也必须从现实生活出发。

1. 创设道德选择情境，激发学生选择的积极性

传统的德育往往把道德与具体的情境相剥离，教师往往孤立地传授给学生一些形式化、抽象化的道德规范，由此导致的结果是学生死记硬背这些道德规范，而很难甚至不能将这些道德规范灵活运用到复杂的道德情境中进行道德选择。然而"任何一种道德信念，任何一种道德法则与规范，任何一种道德理论，都无法教给人们在具体场景下的具体道德行为方式，它们所能做的只是教给人们一种生活的原则与态度，只能给人们提供一种对人类、社会、生命、存在的负责任精神。具体境遇中的道德行为究竟该如何选择，须当事人根据这种生活信念、态度与原则，出于高度负责任精神，仔细分析权衡具体时空对象，相宜而行"[1]。鉴于此，我们必须重视对道德选择情境的创设，让学生在道德选择情境中进行选择，以此培养学生的道德选择能力。

在德育中，教师要创设真实的道德冲突情境。这些真实的道德冲突应该是来自学生真实的生活经历，这样的道德选择情境才更有助于学生道德选择能力的培养。因此，教师在德育中要将收集好的道德冲突素材进行加工整理，并用学生喜闻乐见的方式呈现给学生。在道德冲突情境的创设中，教师要注意创设来源于学生实际生活的或贴近学生生活实际的道德冲突情境，以及针对学生特点的时代感较强的道德冲突情境。这样，才有助

---

① 高兆明：《伦理学理论与方法》（修订版），人民出版社 2013 年版，第 468 页。

于学生积极参与道德选择，从而培养学生的道德选择能力。

2. 引导学生参与社会实践活动，锤炼学生道德选择能力

社会实践活动是培养学生道德选择能力特别是道德行为选择能力的最佳途径。通过参加社会实践活动可以锤炼学生面临道德选择难题时的理性选择能力。由于社会实践活动的种类繁多，所以学生在参与实践活动中难免会遇到各种道德问题，此时，学生需要将自己在课堂上学到的道德选择原则、方法运用到当下的道德选择境遇中来解决选择难题，从而提升道德选择能力。教师引导学生参加社会实践活动时，必须考虑以下问题：第一，学生要完全自愿自觉参加社会实践活动；第二，社会实践活动必须有利于学生道德选择；第三，具体的社会实践活动要符合不同学生的年龄特征；第四，要引导学生有意识地、自觉地运用道德选择原则、方法进行道德选择，让学生在道德选择实践中学会道德选择特别是道德行为的选择，提升道德选择能力。

3. 注重生活中的情感体验，以情感促进学生道德选择能力的提高

现实生活是学生道德发展的源泉，是学生道德选择能力生长的土壤。道德情感体验需要以生活空间为体验领域。所以，学校在德育过程中不能忽视学生在生活中的道德情感体验，只有重视生活中的积极道德情感体验，才能强化学生的道德选择意志力，才能促进学生道德选择能力的发展。

"情感是人的需要是否得到满足时产生的内心体验，道德和情感是密不可分的，因为道德蕴含着情感，道德的生命力在于情感，没有道德情感，没有人的内心体验，就不可能产生真正的道德行为。"[1]　因此，教师要关注学生的积极情感体验。"人的情感存在着培养、呵护与激发的问题，也有宣泄和表达的问题，这就需要认识、判断、选择和控制。"[2]　情感与人的道德选择密切关系，人总是选择自己喜欢的道德观念和道德行为方式，而且人的"各种体验的态度的形成过程也就是一种选择的过程，不同的态度体现了不同的选择，也反映了个体的不同的选择能力"[3]。既然情感对学生道德选择具有直接的影响作用，所以，在德育中教师要创造

---

①　袁本新、王丽荣等：《人本德育论：大学生思想政治教育的人文关怀与人才资源开发研究》，人民出版社 2007 年版，第 273 页。

②　江畅：《德性论》，人民出版社 2011 年版，第 433 页。

③　鲁洁、王逢贤：《德育新论》，江苏教育出版社 2010 年版，第 217 页。

多种条件培植学生的积极情感体验，以此促进学生道德选择能力的生成。

（四）教师引导与学生自主选择相结合

教师与学生共同构成了德育活动中的交互主体关系。因此，在德育中需要通过教师外在引导与学生自主选择相结合，对学生道德选择能力进行培养。

1. 通过教师外在教育引导，培养学生自主选择的能力

学生自主选择能力的培养离不开外在的教育引导，最重要的是教师的引导。价值澄清理论主张无导向的德育，否认教师在学生选择中的价值引导作用，放任学生自由选择。这种德育不仅不利于学生树立正确道德价值观，而且也不利于学生道德选择能力的培养。因此，在德育过程中，必须加强教师引导。教师可以通过创设一定的道德选择情境让学生自主选择。但是，由于学生本身的知识和能力的局限性，在这一过程中必须要有教师的引导。只有充分发挥教师的引导作用，才能使学生更好地对道德现象进行分析、判断与选择。

2. 培养学生的道德责任感，教会学生敢于承担选择的结果

只有有道德责任感的人，才会审慎地进行道德选择，并敢于承担自我道德选择的结果。因此，培养学生的道德责任感，教会学生敢于为选择的结果承担责任，是培养学生道德选择能力所不可或缺的。"道德选择以意志自由为前提，又以道德责任为结果。"[1] 如果离开了主体的自由选择，就意味着责任缺失了承载的主体。当前道德生活中，一些学生道德责任感淡漠与缺失，原因之一在于其道德行为不是其自主选择的，因此学生不能为自己的选择结果承担相应的道德责任。所以，在学校德育过程中必须重视对学生道德责任感的培养，让学生敢于承担选择的结果。首先，要赋予学生自主选择的权利。教师一方面要发挥学生的主动性与能动性，引导学生对传授的知识进行认知、体验、判断、选择，帮助学生构建属于他们自己的认知体系；另一方面，教师要指导学生对道德冲突、道德难题进行分析，让学生自己作出选择并阐述选择的理由，从而推动学生选择能力的发展。其次，教会学生敢于作出选择。学生往往在遇到道德选择难题时，彷徨犹豫，不敢作出自主的选择。此时，教师需要激发学生自主选择的勇

---

[1] 何建华：《道德选择论》，浙江人民出版社 2000 年版，第 114 页。

气，引导学生认识到作出自主的选择不仅是一种权利，更是作为道德主体应承担的责任，鼓励学生作出自主的选择。最后，教师要提高学生对道德责任的理性自觉，帮助学生敢于承担选择结果。教师既要让学生充分认识到自己具有自主选择权利，又要提高学生对道德责任的理性认识，引导学生树立敢于承担选择结果的责任意识。这是培养学生道德选择能力必不可少的一个环节。

第四章

道德直觉能力培养

道德直觉能力是道德能力的重要组成部分，是道德主体对于道德的一种特殊的认识方式和认识能力，是道德主体面对紧迫、复杂的道德现象时瞬间作出判断和抉择的能力。在现实生活中，有时学生会遇到复杂而又迫切需要立即作出反应、立即予以解决的道德情境、道德问题。只有具有较高的道德直觉能力才能应对这种情况。因此，培养学生的道德直觉能力是非常有必要的。

一 道德直觉能力的一般理论探讨

（一）相关概念的界定

1. 直觉：一种特殊的认识方式和认识能力

直觉作为人类特有的思维，隐藏在人头脑深处却又在人们的日常生活中频频出现。人们对其都有一定认识却又难以将其进行精确表述。现代人提起直觉，都能大体明白其主要意思，但是要给其下定义，却又感到困难重重。这固然说明我们对直觉都有着普遍、浅显的认识，同时也反映了直觉在内容、形式等方面的复杂性和丰富性。目前对于什么是直觉，尚无统一的看法，基本上处于推崇备至却难以定义的状况。

法国哲学家柏格森认为，"所谓直觉，就是一种理智的交融，这种交融使人们自己置身于对象之内，以便与其中独特的、从而是无法表达的东西相符合"[1]。

---

① ［法］柏格森：《形而上学导言》，刘放桐译，商务印书馆1963年版，第3—4页。

心理学家贝弗里奇在其所著《科学研究的艺术》一书中指出："直觉用在这里是指对情况的一种突如其来的颖悟或理解，也就是人们在不自觉地想着某一题目时，虽不一定但却常常跃入意识的一种使问题得到澄清的思想。"①

学者张敏认为，"直觉是一种内在直观，即通过观察直接把握对象本质属性的认识活动"②。

学者李茂认为，"我们谈直觉思维，是指人在已有知识和经验的基础上主动指向一定的目标，并作持续思考时，不受逻辑规则约束，而在潜意识到显意识领域中发生的直观领悟到本质或内在意义的一种思维方式"③。

学者周义澄认为，"直觉就是直接的觉察。广义地说，直觉是包括直接的认知、情感和意志活动在内的一种心理现象；狭义地说，直觉是人类的一种基本的思维方式，它包括直觉的判断、想象和启发，是非逻辑或超逻辑的、借助于模式化'智力图像'的思维，是感性和理性、具体和抽象的辩证统一，是认识过程的飞跃和渐进性的中断"④。

学者郑伟健认为，"直觉是指人们运用原先的认知图式（知识、经验、数据、模式等组块），对有限的资料和事实进行下意识的组合、分解、对比，从而对客观事物及规律性作迅速的识别、敏锐的洞察、直接的理解和整体的判断的思维过程"⑤。

综观各位学者对于直觉的定义，多是从认识论的角度对直觉进行界定，认为直觉是一种思维过程或是思维方式。但也有学者从其他的视角对直觉进行研究，进行了不同的界定。比如从心理学的角度去研究直觉，把直觉看作是一种心理，有直觉心理之说。从知识论的角度去研究直觉，直觉便成为人类掌握的一种知识，有直觉知识之说。从能力的角度去研究直觉，直觉便成为人类把握世界的一种能力，可称之为直觉能力。在对于直觉进行研究的各个视角中，对于直觉从能力视角进行的探究相对较少，而现实生活中，人们往往在很多情境下需要这样的能力，所以本文更多地从能力角度对直觉展开探讨，因此，学者从能力角度对直觉的定义值得我们

①　[英]贝弗里奇：《科学研究的艺术》，陈捷译，科学出版社1979年版，第72页。

②　张敏：《思维与智慧》，机械工业出版社2003年版，第114页。

③　李茂等：《哲学方法论纲》，陕西人民出版社1994年版，第246页。

④　周义澄：《科学创造与直觉》，人民出版社1986年版，第193页。

⑤　郑伟健：《简论超前直觉与科学预见》，《社会科学辑刊》1992年第1期。

借鉴。

章士嵘等人编的《认识论辞典》中将直觉定义为："凡是事先没有经过逻辑推理而直接获得某种知识的能力，一般就称之为'直觉'。"[1]

《中国大百科全书》中将直觉定义为："直觉（intuition）指在以往经验知识积累的基础上突发性地把握事物的本质的能力以及基于这种能力而产生的思想。"[2]

学者何颖认为，"直觉是指认识主体对客观事物的本质及其关系的直接反映和理解，是一种认知形式和认知能力"[3]。

学者张晓玲认为，"直觉是以形象和概念共同反映事物本质的认识形式；直觉是以多向性思考的认识程序、以非完全逻辑性为思维操作步骤的认识方法；直觉是具有整体洞察作用的认识能力"[4]。

综上所述，我们认为，所谓直觉，是主体的一种包含知、情、意等综合因素在内的，省略了逻辑形式而迅速直接地把握对象及其本质的压缩形态的思维方式，它既是人认识和把握世界的一种特殊认识方式，也是一种特殊认识能力。

2. 道德直觉：对道德的整体把握与对道德本质的直接认识

直觉是人类认识世界的手段之一，它广泛存在于人类对自身以及对社会进行认识和改造的各个领域，在道德认识过程中也存在道德直觉。人类在道德实践中，道德行为的实施，往往是经过道德认识、道德判断、道德选择等程序，这些过程中都需要相关知识、经验的积累和逻辑上的推理，但由于道德实践中的诸多情境并不像做数学题一样有充分的条件限制，很多道德情境不允许道德主体深思熟虑、三思而后行，道德主体无法在短时间内充分搜集道德信息，展开逻辑上的推理与判断，但由于道德问题的复杂性和紧迫性，道德主体必须作出及时快速的反应。比如人们在日常生活中用以互相调侃、看似无聊的问题：妻子和母亲同时落水，先救哪个？现实生活中或许这样的极端的情况不多见，但类似的需要我们瞬间进行选择的场景却不少，这种情况下，如果我们用较长的时间进行思考再作出决定

---

① 章士嵘等：《认识论辞典》，吉林人民出版社 1984 年版，第 194 页。

② 中国大百科全书出版社编辑部：《中国大百科全书》（哲学），中国大百科全书出版社 1987 年版，第 1173 页。

③ 何颖：《非理性及其价值研究》，中国社会科学出版社 2003 年版，第 221 页。

④ 张晓玲：《试论直觉的本质》，《求索》1987 年第 3 期。

和行为，势必会错过正确抉择的大好时机，瞬间的道德直觉是这种场景下最值得信任的。

那么，到底什么是道德直觉呢？学者们的看法也不完全一致。

廖小平认为，"道德直觉是道德认识主体在伦理实践的基础上，根据主体既有的道德素质和（"和"字是原文中没有的，但是根据上下文，应该有此字——引者注）被主体内在化了的社会普遍的道德知识和规范，对人与世界的伦理关系以及对这一关系之反映的整个道德系统的直接的、整体的、非逻辑的和无意识的把握方式和反映形式"①。

李学亮认为，"所谓道德直觉，是指主体在伦理实践经验的基础上，以主体对社会普遍的道德知识和规范的内化为基本前提，对人与世界的伦理关系以及这一关系所反映的社会现实的总体性质进行综合把握的道德认识方式和能力"②。

对比不同学者对道德直觉的定义，笔者认同龙杰对于道德直觉的解释，即道德直觉"一般来说有两种含义：一是人们对一定的道德价值体系、道德理论知识的直接感受能力和直接判断方式；二是人们基于一定的道德价值目标和已有的道德倾向性，从'应该如何'的意义上来判断、理解和把握人与自然、人与社会、自我与他人、自我本身的价值的一种能力和方式"③。

从诸多学者对道德直觉的定义中不难发现，虽然不同学者所选取的角度不同，但我们仍可以从不同的观点中提取共同因素。如学者多认为道德主体在道德实践中获得的道德经验是道德直觉的基础，而道德主体通过道德学习得以内化的道德规范和知识是道德直觉存在的前提，对道德对象整体的、直接的、瞬间的把握则是它的最大特征。

道德直觉作为直觉的一部分，除具有一般直觉所有的特性外，还具有自身所特有的一些特质：价值取向性、现有—应有的跨度性。

道德直觉的价值取向性。科学直觉对于客观世界事物把握在于求真，利用直觉达到对事物本质和规律的把握，与其他领域的直觉相比，其体现的理性更显著。而道德直觉在对道德现象进行认识的过程中，更多是基于自身的道德需要，在进行道德认识、道德判断、道德选择以及具体的道德

① 廖小平：《道德直觉：道德认识的一种思维方式》，《贵州社会科学》1993 年第 2 期。

② 李学亮：《论道德直觉》，《怀化学院学报》1997 年第 3 期。

③ 龙杰：《试论道德直觉》，《东岳论丛》1991 年第 2 期。

行为过程中总是带有个人倾向性，其中理性思维虽然也起着很大作用，但很多时候道德主体会违背理性作出更符合内心情感的选择，这种选择便体现了道德直觉的价值取向性，即道德主体更看重道德对象对主体所具有的价值与意义。

道德直觉的现有—应有的跨度性。道德直觉以道德主体长期道德实践所得的道德经验为基础，是对现有的道德情境中不同道德主体间的伦理、道德关系进行的整体把握。但是这种"实然"的把握是指向"应该如何的"，是对"现在如何"的超越，这种应然思维立足于已有和现有，指向未来和应有。

3. 道德直觉能力：作为能力的道德直觉

从不同角度研究直觉有直觉思维、直觉心理、直觉能力之说，同样，对于道德直觉的研究也可以从多角度进行。简而言之，作为能力的道德直觉便是道德直觉能力。

首先，道德直觉能力是主体在一定的道德情境中凭借直觉对道德情境进行整体的把握，对道德现象作出迅速的判断，对道德行为作出快速选择的能力。这种能力是人所特有的对善与恶、美与丑、是与非的分辨能力，但是，主体的判断和选择并非跳出情境的外在思考，而是通过"类我思维"，将自身置于情境之中，实现对道德问题的发现，对他人情境的理解，对他人情感的体悟，对他人利益的关照。因此，道德直觉能力是一种洞察力、理解力、体悟力、判断力、选择力的综合。

其次，道德直觉能力是一种"隐逻辑"的决断能力。所谓"隐"并不意味着省略，而是将逻辑的东西进行压缩，是以道德理性的认识、判断、选择能力为隐性基础的，以道德的情感体验、道德情绪表达、道德习惯反应为主要内容的特殊能力。它是主体在后天实践中逐渐形成的习得性能力，而这种能力发挥作用的基础则是存储于主体大脑中的、长期积累所形成的道德心理结构，又可称之为道德图式。当主体处于一定的道德情境之中，通过各种感官接触到情境之中的道德信息，在道德信息刺激下的道德主体通过道德上的联想、想象将道德主体先前存在的道德图式激活，人在长期实践中积累的经验被瞬间唤醒，主体在刹那间不通过充分的逻辑思维便作出道德判断和道德选择。因此，这种能力的形成并不需要主体具备高深的专业道德知识，但凡智力正常并且能够充分参与社会实践的主体，都可以通过实践形成一定道德直觉能力。但是，德育的目的在于通过特有的方法，激发、提升道德主体的这种人类特有的能力，从而提高主体的道德智慧，使主体在日常的生活中破解道德困境。

4. 道德直觉能力与良心

良心，是最基本的道德范畴之一。中西方不同理论派别、不同学者对于良心从不同视角进行了研究。在这些研究中，有的学者将良心看作是一种道德直觉能力。正如黄建中所言："直觉或谓之良心作用。唯良心义有广狭，以广义言之，良心不过道德觉识之别名。直觉说所谓良心，则专指直接判断善恶之能力而言，与通常所谓良心大异，而此特别能力，或名道德观，或名理性，实即直觉耳。"① 可见，黄建中是将良心作为道德直觉能力看待的。良心对善恶进行的判断，并没有经历严密的道德逻辑推理，而是对于道德行为的善恶进行的直接认识与领悟，"例如，在任何场合，只要一个人被嘱咐说，他应当'相信自己的良心'，这句话的通常意思似乎就是：他应当去运用一种从道德上判断这种情况的能力而无须去诉诸一般规则，即便这样做违反经系统的推导而从这些规则中获得的结论"②，这种"违反经系统的推导而得出的结论"也就是一种"直觉的把握"。

虽然良心是一种道德直觉能力，但是道德直觉能力并不完全等同于良心，道德直觉能力比良心具有更深刻的内涵和更广的外延。

首先，从能力的构成要素看，道德直觉能力的构成要素更广。正如黄建中所言，"直觉说所谓良心，则专指直接判断善恶之能力而言，与通常所谓良心大异，而此特别能力，或名道德观，或名理性，实即直觉耳"。也就是说作为直觉的良心更多的是一种道德判断能力。关于这一点，可以从国内外诸多学者对于良心的定义中得到验证，对这些定义，我们在此不一一赘述。从一定程度上说，道德直觉能力同样是一种道德判断能力，但不能因此就认为二者是一个东西。从道德直觉能力的构成上，道德判断能力只是其中的一部分，除此之外，道德认识能力、道德选择能力、道德移情能力等都是道德直觉能力不可缺少的组成部分。

其次，从对道德现象的把握深度上来看，同一个道德主体，其"良心发现"与"直觉闪现"对于同一道德现象的认识程度也是不同的。良心"是一定的道德认识、道德情感和道德意志在个人意识中的统一"，其

---

① 黄建中：《比较伦理学》，人民出版社 2011 年版，第 230 页。
② ［英］西季威克：《伦理学方法》，廖申白译，中国社会科学出版社 1993 年版，第121 页。

中蕴含"知"的因素，但这种认识更多体现为一种道德价值的判断，即对自身道德行为的是非善恶判断，而其判断的标准是什么？"无论我们对良心的本性或起源持何种理论……感情都是构成良心的本质要素"①，或正面或负面的情感体验，是道德主体利用良心进行判断时的重要和首要标准。"良心便一方面通过产生自豪感和良心满足的快乐，推动行为者遵守道德，以便再度享受这种快乐；另一方面，则通过产生内疚感、罪恶感和良心谴责的痛苦，阻止行为者违背道德，以便从这种痛苦中解脱出来。"②正是这种不同的情感体验，使得道德主体形成对于某一行为的价值认识和价值评价，良心中的"知"由情感驱动，但这种"知"是对自己行为的道德价值的认识和判断。而道德直觉之"知"不仅包含是非善恶的判断，还包含着对当下道德情境的迅速的、整体的、本质的把握与认识，靠单纯的良心是难以做到这一点的。因此，道德直觉能力之"知"的范围更广也更深刻。需要指出的是，我们难以在现实生活中明辨一个人的道德认识、道德选择到底是基于良心还是道德直觉能力，此处的探讨仅仅是学理层面的，目的是为了区分良心与道德直觉能力。

再次，从二者均有的情感因素维度上看，良心是内向的，而道德直觉能力则是内外兼有的。"良心的命令仅仅针对一个人自己的行为：良心不涉及对其他人行为的道德评价"③，当然，这种评价、判断的标准主要是个体自身的正面或负面的情感，我们不能将对于他人道德行为的是非善恶的评价或是对他人道德行为对自身带来的情感体验看作是良心发现。因此，用马克思的话来说，这是一种"内向的愤怒"。而道德直觉能力则不同，道德直觉能力中的情感体验，不仅包含着个体自身的情感，更包含着一种移情性的情感体验，是一种由己及人的对他人情感的分享，这种情感较之单纯的快乐或内疚、满足或羞耻更为丰富。

最后，正是因为以上几点，道德直觉能力较之良心，更能够接近道德现象的本质，更能够接近真正的善。一个人拥有高尚的良心，或许可以在紧急情况下作出符合自身价值判断的"善"的行为，但这种行为是否"明智"却是不一定的，因为"良心的善恶与否、真假与否，并不能用个人的良心来衡量，而必须用社会的良心——社会的道德规范（善的意义

---

① ［英］约翰·穆勒：《功利主义》，徐大建译，上海人民出版社 2008 年版，第 28 页。
② 王海明：《新伦理学》，商务印书馆 2001 年版，第 572 页。
③ 同上书，第 562 页。

上的）来衡量"①；而道德直觉能力的运用虽然也不能保证完全的"善"，但是一个拥有较高道德直觉能力水平的人，则更有可能作出"善"且"对"的行为。这就是因为道德直觉能力中不仅有"情"的因素，其又比良心多了些"智"的因素，多了对他人、社会情感的分享，多了对社会道德规范、原则的更深刻的认识。

总之，道德直觉能力在某些情况下表现为良心，因此，修养良心有助于道德直觉能力的形成与发展。

（二）道德直觉能力的特征

1. 依存性

（1）对道德情境及其信息刺激的依存性

道德直觉能力的形成、发展、发挥需要一定的道德情境。道德直觉并非凭空产生的。道德主体只有从道德情境中接收各种道德信息，发现需要解决的问题，才能在此基础上产生道德直觉。道德主体对道德情境作出反应起源于对周边道德信息刺激的接收，道德情境的刺激为道德直觉的产生提供必要的条件。所以，道德直觉能力依赖于道德情境及信息刺激。

（2）对先存的道德图式的依存性

道德图式是道德直觉发生、道德直觉能力形成与发展的前提。在道德情境、道德问题的刺激下，个体头脑中原有的道德思维模式被激发，从而帮助个体快速地展开对情境的认识，诸如道德判断、道德选择的很多环节被省略、内隐，个体得以在很短时间内迅捷作出选择，作出有效反应。没有道德图式的存在，道德直觉思维就不可能进行，也就没有道德直觉能力。因此，道德直觉能力对先存于大脑中的道德图式有依赖性。

2. 整合性

作为思维的直觉是理性和非理性的整合。提到直觉，大多数没有对其进行专门研究的人都会认为它是一种非理性的思维方式和认知能力。事实上，直觉的确具有非常鲜明的非理性特征。但是，主体的非理性思维也并非天马行空的思维游弋，它也离不开理性思维。人的任何活动都伴随着理性和非理性的思维，二者统一于人的实践，在实践中相互补充、相互作用，特别是在直觉思维中，更离不开理性和非理性的合理融合。

---

① 罗国杰：《伦理学》（修订本），人民出版社 2014 年版，第 209 页。

同样，道德直觉能力也是理性能力和非理性能力的统一。一方面，道德理性能力是道德直觉能力的基础，无论是对于道德概念的把握还是对道德情境的认识，都离不开道德理性能力，人们的道德判断、道德选择和行为的作出，总是内在地包含对一定道德原则、道德标准目标的认识，这样的认识就需要道德理性能力，如道德认识能力、道德判断能力、道德推理能力等。道德直觉能力赖以发挥作用的道德图式，同样也是道德理性的内化成果。可以说，没有道德理性能力，道德直觉能力这座大厦就缺少了地基。另一方面，道德主体利用道德直觉能力把握道德现象的过程中，也需要道德非理性能力的激发与推动，如道德移情能力、道德意志力等。很多时候，道德主体作出与自身道德认识不符的行为，主要是因为非理性因素的影响。因此，由人们道德能力中的理性能力与非理性能力共同构成的道德直觉能力具有整合性的特征。

3. *待确证性*

道德直觉能力的待确证性不是指道德直觉能力是否存在、是否有效需要确证，而是指道德直觉能力发挥作用的结果的正确与否（在道德领域，则是指道德与否）需要进一步确证。具体而言，主要有如下原因：

首先，因为道德直觉本身具有的或然性。道德直觉的或然性可从两个方面理解。其一，道德直觉的结论道德与否有待确认。"直觉思维得出的结论在客观上可能是正确的，也可能是错误的，其正确与错误都具有或然性，所以其结论最终需要逻辑和实践的验证"①，对于道德直觉而言，比科学直觉等其他直觉更容易受到情感、意志等的影响，这些非理性的因素进一步扩大了道德直觉的或然性。其二，道德直觉的出现具有偶然性。日常生活中，人们会有"运用直觉""利用直觉"的说法，但是，却没有人能够在特定的时间、环境中能够将直觉作为一种工具使用，这是因为道德直觉能否出现、什么时候出现具有一定的偶然性。

其次，因为道德具有的相对性和个体性。相比于科学知识，道德具有更强的相对性和个体性。人们无法否认一加一等于二，但是却可能对"海因兹偷药"的行为是否道德作出不同的评判。道德的相对性不等同于道德相对主义，我们批判道德相对主义，但不能否认道德的相对性。道德的个体性不同于道德个人主义，也并不否认人类社会存在且应该存在共同

---

① 蒙绍荣：《直觉思维论》，广西人民出版社 2002 年版，第 133 页。

遵守的道德准则。我们在此更多从不同文化、种族、个体因为其生活环境、当下处境、以往经验、认知水平的不同的角度，理解不同主体在道德观念上体现出的差异性。

因此，依赖于道德直觉的道德直觉能力，其在何种道德情境下发挥作用并不是确定的，主体发挥道德直觉能力所作出的反应是否是道德的，其行为的结果是否符合个体预期和社会预期都是有待确证的。

(三) 道德直觉能力的结构

道德直觉能力也是一个复合的结构，由不同的要素构成。

1. 道德图式的激活能力

前文已经论述，道德直觉能力的基础是主体在道德实践中获得的道德经验与知识。被道德主体内化的道德知识按照一定的排列顺序存储于人的大脑中，形成一定的结构，构成人的道德心理图式，又称为道德图式。"道德图式是指主体在道德实践活动中所累积的、经由整理、类化、加工而形成的组织化了的道德经验知识结构。"[1] 道德图式存储了大量的道德信息并将其有组织地加以排列。

道德图式既是一种认知结构，又是一种心理的组织。"鲁梅哈特认为，图式就是表征存储在记忆中的一般概念的资料结构（data structure）。"[2] 人类在道德实践中往往要面对情境多样的道德现象，具有能动性的道德主体通过对作为道德客体的道德现象从外在表征到内在结构的感知与体悟，并从形象的道德现象中提取抽象的道德知识，形成个体的道德知识积累，并在道德实践中对这些知识和经验进行深层次的加工与处理，从感性的道德体悟中形成抽象的道德概念、道德原则，进而形成更为完整和牢固的道德心理结构网络。

道德图式建构的基本过程基本为三个阶段：信息刺激、信息加工、结果生成。

首先，信息刺激过程。道德主体通过感知器官对所处的实践环境进行感知，大脑接收从日常实践中获得的各种信息。每个主体所接收的信息有相同的部分，也有差异明显的部分，这主要是因为每个人个体的因素和非

---

[1]　易法建：《道德图式初论》，《武陵学刊》1998 年第 4 期。

[2]　彭聃龄等：《认知心理学》，黑龙江教育出版社 1990 年版，第 186 页。

个体因素的影响。个体因素如性格、人生阅历、人生发展阶段、内心需要等；非个体因素如民族文化传统、生活环境、社会环境等。这些信息进入主体大脑的过程不完全是主体有意识地主动地搜集所得，很多时候大脑对信息的接收是在无意识中进行的，主体不曾认识到信息进入的过程。主体进行道德学习的过程也不完全是显性的追寻，同样也存在将学习过程内隐的隐性学习。道德图式建构的第一阶段便是对各种道德信息刺激的接收。

其次，信息加工过程。这个过程是指大脑对感知到的道德信息进行筛选与加工。而对道德信息进行初步筛选则依靠道德图式的过滤功能。人类的大脑不是对所有接收到的信息都进行加工与处理，而是有选择性地进行。主体原有的道德图式中隐含的知识、情感等因素有机的结合，形成一个网状的结构，而这个网便是图式过滤功能发挥作用的基础。当主体接收的信息以及主体通过对已有信息的联想所获得的信息与主体原有道德图式相符合，主体的原有道德图式就会被瞬间激活，发挥作用。这些信息同时也被主体纳入原有的道德图式，道德图式得到了质和量上的强化。这便是道德图式的"同化机制"。当主体接收的道德信息与主体原有的道德图式存在异质，不能被道德主体所同化，新的信息无法被主体纳入原有图式。这种情况下，道德主体只能将这些信息进行再加工，新的信息才能进入原有图式，但是，因为新信息与旧信息之间的冲突，往往是新的信息代替旧的信息，原有道德图式实现质上的更新，新的道德图式形成。这是道德图式的"顺应机制"。当主体接收的道德信息与主体原有道德图式存在极大的差异，甚至会引起道德主体的恐惧、反感、厌恶等不良的心理反应，主体便会有意识地去回避、拒绝这些信息的进一步进入，而是将其排斥在外。这是道德图式的"回避机制"。

最后，道德图式结果生成。这主要是指在道德图式的"顺应机制""同化机制"和"回避机制"的作用下，主体将接收的道德信息进行排斥或者融入道德心理结构，形成原有道德图式的质的提升或者新的道德图式形成。

了解了道德图式的概念和建构过程，我们可以从中看出，没有道德图式，道德直觉能力便没有了赖以存在的内核。道德直觉能力的发挥离不开道德心理图式的激活，道德主体在通过各种感官接触道德信息后，通过其"顺应机制""同化机制""回避机制"，将道德信息进行迅速的加工和处理，并最终实现在紧急、复杂情境下的快速决断。主体如若不具备道德图式的快速激活能力，那么长期道德实践所获得的道德知识、道德规范等仅仅是被堆积到人的大脑中，在需要使用的时候难以被提取和利用。

如果把人们对伦理关系的认识和道德问题的把握的过程比喻成一段路程，那么利用道德理性分析、判断、选择的过程就可以看作人的负重步行，而利用道德直觉能力对于道德问题的把握与理解则可以比喻成帮助人们迅捷到达目的地的汽车。道德图式是人类长期道德实践中道德经验的积累，它是一种简单的思维定式，它的过滤、解释和定向功能的发挥，可以帮助人们在必须作出迅速道德判断、道德选择的情境下，快速启动道德图式，实现对道德情境的迅速感知，进行瞬间的道德判断和道德选择，并外化于道德行为。可以说，正是扭动了道德图式这一"钥匙"，才发动了道德直觉的快车。因此，只有对外界道德信息刺激产生反应，激活存储于人大脑中的道德图式，才能实现道德直觉能力的发挥。一个人的道德图式的激活能力越强，就越容易产生道德直觉，道德直觉能力就越高。因此，道德图式的激活能力是道德直觉能力的一个构成要素。

2. 瞬间的道德移情能力

移情首先是作为美学上的概念出现的，德国美学家李普斯最早阐述了移情的概念，他认为移情是一种将审美主体自身投射到审美客观对象中去的一种心理倾向。在其之后很多学者对移情进行了哲学、心理学、伦理学角度的研究。"在我国的移情研究中，心理学家也多把移情界定为一种替代性的情绪反应能力。"[1] 所谓替代性，是指主体可以通过身心的体验实现对他人所处情境的感知，设身处地从他人角度进行思考与感知，从而产生与处于一定情境中的他人相同的情绪，主体这种感知他人情绪的能力是处于社会实践中的人类特有的能力。移情能力同样在道德、德育领域有着重要应用价值。德育的目的是促成主体德性的生存，最终体现在道德行为的作出，而道德行为是亲社会的，移情可以使社会实践交往中的主体在情感上相互理解，达到"己所不欲，勿施于人"，避免对他人造成不利影响的不道德行为的发生，促进主体对他人利益的关照。可见，道德移情能力可以有效提高主体的德性，促进主体亲社会行为的形成。

道德直觉中的知、情、信、意等因素以道德图式的方式储存于人的大脑中，因为道德图式是对道德规范的内化，其中有知识的内化，也有情感

---

① 乔建中等：《道德教育的情绪基础》，南京师范大学出版社 2006 年版，第 85 页。

的内化。所以要激活道德图式，除了要有一定的知识储备，更要在情感上充分激活。

道德思维是一种以"我"为轴心，将我纳入外在的"他"中，或将"他"纳入"我"之中，并实现道德主、客体在对道德情境认知、对道德情境的情感感知上的统一，也是在情与理上的内在统一的过程。道德直觉发挥作用更是一种通过道德主体的感知，实现对他人所处情境乃至内心活动的体验，进而产生"同情"的过程。列宁曾经指出："没有'人的感情'，就从来没有也不可能有人对于真理的追求。"① 同样没有"人的感情"，也不可能有人们对道德的追寻。道德起源于仁爱，仁爱就是同情，同情起于想象。比如你哀怜一个乞丐，你必定能设身处地想象他的痛苦。所以，只有能够对他人的苦难感同身受，才能够在情感的激发下产生仁爱与道德，才能使道德主体在接受道德观念、实施道德判断和行动时迅速"反求本心"，实现道德移情。

人的道德情感有两个不同的维度：一个维度是外向，另一个维度是内向。外向的道德情感指向道德主体之外的他人与社会，比如对道德模范的敬仰与尊敬，对处于危难中的人们的同情。内向的道德情感指向道德主体自身，如自尊、做错事之后的悔恨等。两个维度的道德情感对于道德主体道德直觉能力均有意义，但道德主体在道德实践中更多地是要与他人、与社会进行接触，所以外向的道德情感对于道德主体感知道德情境，产生与道德情境中的他人同样的道德情感具有重要作用。道德主体的这种在道德情境中产生与他人相同情感的能力，便是道德移情能力。

一个具有较强的道德移情能力的人在面对道德情境时，其道德图式中的道德情感会被迅速激活，从而快速产生同情、移情，快速作出道德判断和道德选择。因此，道德移情能力是道德直觉能力的一个构成要素，在对道德直觉能力培养的过程中，也应特别注意道德移情能力的培养。

3. 快速的道德判断能力

道德判断能力是主体根据自己的道德价值观及社会的道德原则和规范对道德现象作出善恶价值评判的能力。快速的道德判断能力是主体不经思维中的分析、综合、归纳、演绎等一系列复杂环节而直接作出道德判断的道德能力。由于道德直觉能力是主体对道德现象作出快速判断和选择的能

① 《列宁全集》第 25 卷，人民出版社 1988 年版，第 117 页。

力，主体的道德判断能力水平的高低会直接影响主体面临道德问题、道德情境时能否迅捷作出反应，形成道德直觉，所以，快速的道德判断能力是道德直觉能力的重要构成要素。

事实上，道德直觉能力本身就是一种判断能力，是在面对紧急状态的道德情境时作出快速价值判断的能力。正如学者指出："道德直觉能力是在一种道德情景中凭直感对道德现象、道德行为作出快速判断和选择的能力。"① 但是，在复杂紧迫情境下进行瞬间判断选择的能力不是主体瞬间的获得，道德直觉之所以能够省略许多思维环节的情况下直接作出反应，恰恰是因为主体现有的道德直觉能力发挥作用之前，有着长期的道德判断的经验积累，"只有具有道德经验的人才能'理解'基础道德原则的正确性、错误性或美德性"②。现实生活中，能够在紧急情况下见义勇为的人，往往在现实生活中是一个"道德的人"，虽然这个人在日常生活中未必真实经历过完全一模一样的情境，但却在无数次的道德判断中积累了经验，建构了自身的道德图式，我们无法设想一个在日常生活中见利忘义、假公济私的人能够在重大危难面前，不假思索地作出保护国家财产的壮烈之举；而在道德难题中，能够突破困境，表现出智慧行为的人，也往往在现实生活中是一个"智慧的人"，这种智慧同样得益于他在看似平常的生活中的一次次的道德判断，我们同样不能想象，一个在现实生活中缺乏对道德问题思考、判断的人，道德判断能力低下的人能够在面对紧急道德情境时候能作出正确的道德判断。

4. 迅捷的道德选择能力

迅捷的道德选择能力是主体以道德原则和道德规范为依据，以道德判断为基础，迅速作出善恶取舍的能力。迅捷的道德选择能力是道德直觉能力发挥作用的关键，是道德直觉能力形成的基础之一，因此，是道德直觉能力的重要构成要素。

从道德直觉能力发挥作用的动态过程来看，迅捷的道德选择是道德直觉能力发挥作用的关键环节。虽然道德直觉能力发挥作用的环境是复杂的、紧迫的，主体运用道德直觉能力的过程是极其短暂的，甚至是主体意识不到的。但即使这样，我们仍然可以从理论上对道德直觉能力发挥作用

① 蔡志良、蔡应妹：《道德能力论》，中国社会科学出版社 2008 年版，第 124—125 页。

② ［美］汤姆·L. 彼彻姆：《哲学的伦理学》，雷克勤等译，中国社会科学出版社 1990 年版，第 522 页。

的过程进行划分，其中，有对道德信息刺激的反应过程，有道德图式的激活过程，有道德情感的移情过程等，一系列的过程构成道德直觉能力发挥作用的完整闭环。道德选择的过程则是主体从接收道德信息、认识道德情境到道德行为实施的重要环节。因此，迅捷的道德选择能力，是确保主体在复杂、紧迫的道德情境下，迅速作出观念选择和行为选择的关键。从一定程度上说，道德直觉能力就是一种快速地对善恶、美丑作出选择的能力。没有迅捷的道德选择能力，整个道德直觉能力的发挥便会受阻。比如"乍见孺子将入于井"，"救"或"不救"的选择必须立即作出，犹犹豫豫、首鼠两端只能使选择丧失最佳时机，而此时，作出正确的道德选择离不开迅捷的道德选择能力。所以，迅捷的道德选择能力是道德直觉能力发挥作用的关键。

从道德直觉能力的静态构成来看，迅捷的道德选择能力是道德直觉能力形成的基础之一，是道德直觉能力的重要组成部分。主体在复杂、紧迫情境下作出道德行为，需要的不是某一种能力，而是一种综合的能力——道德直觉能力。道德直觉能力是一种综合了洞察力、理解力、体悟力、判断力、选择力的"隐逻辑"的决断能力。但"隐"并不意味着"无"，而是将逻辑的东西进行压缩，是以道德理性的认识、判断、选择能力为隐性基础的，因此，迅捷的道德选择能力成为道德直觉能力的构成要素。犹如"短板效应"中的木桶，缺少了一块木板，或一块木板明显短于其他一样，没有迅捷的道德选择能力的个体和迅捷的道德选择能力低下的个体，都不可能形成良好的道德直觉能力。

5. 对道德现象的整体把握能力

对道德现象的整体把握能力是主体不经分析，直接地、综合地、全面地把握道德现象及其本质的道德能力。道德直觉是一种整体性思维，道德直觉的发生以及道德直觉能力的形成与发展，都离不开道德主体对道德现象的整体把握。

整体思维与分析思维相对应，分析思维是主体对对象进行分解，对各个部分一一进行分析，并在分析的基础上进行综合，实现对各个部分以及各部分之间关系的把握，是一种由部分到整体的思维过程，虽然逻辑性强，但却复杂、漫长。分析思维更适合在时间充裕的情况下使用。而在面临紧急的、突发的甚至是道德主体从未经历过的道德现象时，需要一定时间进行思考、判断的分析思维则不再适用，此时需要道德主体作出迅速的反应、瞬间的选择，这就需要压缩、省略分析思维的较长的分析过程，而靠道德直觉迅速、直接整体认识和把握道德现象。道德直觉不是着眼于道德现象的一个方面或某个部分，它压缩、省略了对道德现象的具体分析过程，只不过这些分析已经在主体以往的道德实践中，在非道德直觉发挥作用之时已经进行，而其分析结果也已经成为道德图式的组成部分，成为道德直觉发挥作用的基础。这样，在面对具体的道德现象时，道德直觉就可以压缩、省略分析过程，直接达到道德现象的整体认识和把握。因此，作为一种迅捷、直接的整体性思维方式，道德直觉并不对道德现象进行具体的分析，而是对道德现象的综合的、整体的把握。因此，能否直接地、迅捷地从整体上认识和把握道德现象反映了一个人道德直觉能力的水平。不同的人对道德现象的整体把握能力是不同的。一个人越能直接地、迅捷地从整体上认识和把握道德现象，他的道德直觉能力就越高、越强，因此，对道德现象的整体认识和把握能力是道德直觉能力的一个构成要素。

二　道德直觉能力培养的必要与可能

（一）道德直觉能力培养的必要

1. 道德的意会性的必然要求

（1）道德的意会性

人类在追求真理的长河中获取了各种各样的宝贵知识，这些知识各有不同，从不同的角度可以划分为不同的类型。英国学者 M. 波兰尼从知识论的角度对人类获取的知识进行了分类。波兰尼认为，"人类的知识有两种。通常所指的用书面的文字、图表或数学公式表达出的知识，仅仅是知识的一种形式；而非系统阐述的知识，像我们行为中的某些东西，是知识的另一种形式。如果我们称前一种知识为言传的（Explicit）知识，后一种则为意会的（Tacit）知识"[1]。

道德在很大程度上属于意会性的知识，具有意会性。对于道德意会性的论述早已有之。比如西方道德直觉主义者便坚信道德的基本概念是自明

---

[1]　中国现代外国哲学学会主编：《现代外国哲学》（第 5 辑），人民出版社 1984 年版，第263 页。

的。其中代表人物便是英国学者摩尔，他对于"如何定义善"这一问题的答案是"善就是善，答案到此为止"①，他认为，"就和'黄'是一个简单概念一样，'善'也是一个简单概念，也即，正如你不管用什么办法都没法儿向一个事先并不知道什么是黄的人解释什么是黄一样，你也不能解释什么是善"②。"义务论直觉主义者普里查德和罗斯则认为'义务'、'正当'等是伦理学的基本概念，但同样认为它是绝对、客观和自明的。"③

直觉主义者对于道德概念自明性和意会性的认识有些矫枉过正，犯了绝对化的错误，它们将直觉作为其构建伦理学体系的基础，必然会造成这个体系的不稳定，也必然会造成主体以此为依据进行道德实践时出现思维与行为上的错乱，事实已经证明直觉主义者的美好设想已经破灭。因为按照直觉主义者的理论，如果道德相关的概念等如同人们生活中看到的"黄"一样是不证自明的，那么每个人对于道德基本概念等的解释就理应是相同的，然而事实并非如此，人们对于道德概念的解释不仅有所差异，在面对道德分歧时，人们的直觉也是不同甚至迥异的，究竟谁的直觉值得相信，这也是直觉主义者无法合理解释的问题。但是，即便如此，我们也不能完全否定直觉主义的观点，因为直觉主义者的错误并非直觉本身的错误，事实上，道德以及相关的基本概念的确具有难以描述的一面，研究道德直觉，对于主体更好地理解这些概念和规范将有很大的帮助。道德概念的意会性决定了通过道德直觉方式进行道德认识的必要性，也决定了培养学生道德直觉能力的必要性

（2）道德直觉可实现对道德的意会性领悟

意会性领悟是人们认识事物的一种方法，比起其他认识方式，意会性领悟更为复杂，它包含了知、情、意等多种因素。意会性领悟具有体验性的特征，它不同于逻辑思维认识事物时完全将接收的信息作为认知客体，而是将身与心投入实践的过程之中，主体与认识的客体没有分离，而是紧密结合。

人们对于道德的理解和领悟，需要借助理性的力量，实现对道德知识的获取。很多时候"理性"的所得被认为是深刻的，但单纯凭借理性获

---

① ［英］G.E.摩尔：《伦理学原理》，陈德中译，商务印书馆 2017 年版，第 7 页。

② 同上书。

③ 林瑞青：《道德直觉论》，《扬州大学学报》（高教研究版）2006 年第 1 期。

取的道德仅仅是领悟道德的一个方面，这种"理性的掌握"说是"肤浅"也不为过。因为德育根本目的是为了道德的养成，这个过程需要感情、信念等因素的共同作用。而道德直觉作为人们认识道德的一种方式，蕴含着道德主体对道德的身心体悟，是一种全面地、整体地对道德本质的认识和把握。在这一过程中，作为学习者的道德主体并非置身事外的观察者，而是整个道德活动的参与者，用身心的参与实现对道德本质的认识。

所以，通过培养学生的道德直觉能力，可以有效地实现学生对道德的意会性领悟。

2. 形成学生思想品德的要求

（1）有利于学生道德图式创造性构建

直觉是一种创造性的思维，能够帮助主体实现对问题的快速解决。"所以，道德直觉的教育价值更体现在道德上的直觉创造，因此更强调'直觉中的道德'，即直觉主体在感知客观事物或行为时，自觉地融入道德价值判断，并将体悟出的'善'纳入甚至重构自身已有的价值结构。"①

直觉按照不同的功能可以分为再认型直觉、发现型直觉、预见型直觉和审美型直觉。同样，在道德直觉领域，根据道德直觉能力发挥功用的结果，也可将道德直觉分为重复型道德直觉和创造型道德直觉。所谓重复型道德直觉，就是指借助大脑中已有的道德图式，在遇到问题时迅速从道德图式中检索出相应信息，而无须依靠严密的道德逻辑思维，而作出相应的道德判断和选择，解决道德问题。这种情况下主体遇到的问题多是在实践中所经历过的，主体直觉能力的发挥更多是对以前过程的重复，主体的道德图式没有质的更新，只是得到进一步的巩固。重复型道德直觉对于主体形成良好的道德习惯，迅速解决常见道德问题具有很大价值。但是现实生活中也会出现很多并不常见的道德问题，特别是在当今这个大变革的时代，新的道德问题更是层出不穷，新的问题呼唤新的解决方法，创造型道德直觉的运用便是突破现有图式，解决全新问题的有效方法。创造型道德直觉是主体在已有道德图式基础上，充分发挥大脑的联想、想象功能，打破原有的思维定式，将已有信息进行重新组合，从而快速地解决问题。这个过程中，原有的道德图式在质上实现了突变，主体形成新的道德图式。新的道德图式又为主体在日后的道德实践中遇到相似问题提供了解决

① 林瑞青：《道德直觉论》，《扬州大学学报》（高教研究版）2006 年第 1 期。

依据。

因此，主体通过创造型的道德直觉，可以在认识道德现象的过程中形成全新的道德认识与道德情感，使主体建构出新的道德图式。因此，道德直觉能力有利于学生道德图式的创造性构建。

（2）有利于学生道德信仰的养成

道德信仰是主体对某种道德价值理想、目标和规范的尊崇和笃信，是主体道德认识、情感与意志的有机融合。形成学生的道德信仰是德育的一个重要目标。

道德直觉能力的整合性可以为道德信仰的形成提供有利条件。道德信仰是"知""情""意"三者的合成，缺少哪一个因素，都无法形成道德信仰。道德直觉能力是理性与非理性的统一，既包含道德判断、道德选择等能力，也包含道德移情、道德意志等非理性能力，因此运用道德直觉对道德情境的认识是多维的、全面的，道德直觉中的"知"为道德信仰的形成提供了理性基础，帮助道德主体对复杂的伦理关系有正确的把握，道德直觉中的"情"是道德信仰形成的重要保证，而道德直觉中的"意"与"情"相互作用，"形成特定的心理动力氛围，即道德心向。道德主体在道德心向的强烈作用下，不仅能在极短时间内对道德对象获得一种本质认识，而且可以体验到道德对象的明澈性和神圣性，从而获得深刻的道德智慧"①。道德直觉能够避免道德主体对道德信仰组成部分中某一成分的片面关注，避免因"知""情""意"三者之间的不平衡发展导致的道德主体的内心冲突。因此，道德直觉能力有助于学生道德信仰的形成。

（3）有利于学生道德行为的选择

德育是否成功的标志之一便是主体是否作出道德的行为。在日常生活中，处于一定道德情境中的人并非全然依照对道德情境的理性观察、步步推理之后才作出相应的道德选择和表现出相应的道德行为，在有些情况下，主体往往是利用道德直觉实现快速的抉择。比如主体面对的道德情境极为紧迫，主体在此情境下如果还要展开细致的逻辑思维，衡量各种选择的利弊得失，必然会失去选择的最佳时机，造成严重的后果。道德直觉能力的发挥则可以有效弥补危急情境下逻辑思考的不足，实现在紧急道德情境下的道德行为的迅速选择。

---

① 黄富峰：《道德直觉论》，《中国教育学刊》2006 年第 7 期。

　　人在长期的实践中积累了大量的经验，经验以图式的形式存储于大脑中。重复型的道德图式可以帮助主体在面对常见道德问题时不假思索地作出习惯性的道德判断和选择，而创新型的道德直觉则可以通过对道德信息的重组而实现对全新道德问题的认识，帮助主体作出相应的道德行为选择。因此，培养学生的道德直觉能力有助于学生道德行为的选择。

　　3. 当前社会现状及德育现状的要求

　　(1) 道德直觉能力的培养是应对社会转型期道德问题凸显的必要措施

　　改革开放后，我国出现了由计划经济体制向市场经济体制转变，由封闭型社会向开放型社会转型，以及由农业社会向现代工业社会和高新技术社会的转型，社会政治、经济、文化和科技等各个方面出现了一系列深刻变革，引起人们道德价值观念的巨大变化。在日益密切的国际交往中，西方思想观念也随着经济全球化的脚步传入中国，特别是在互联网技术越发发达的今天，更是给我国各个方面带来了深远的影响。在此背景下，人们的价值观念也发生了深刻变化。

　　面对新与旧的道德观念的冲击，人们要作出选择；面对个人与他人、与社会、与自然之间的利益冲突，人们要作出取舍。在这种情况下，原有的道德规范受到冲击，而新的道德却未完全建立，更多人们未曾遇到的道德困境呈现在面前，比如互联网普及之后网络伦理道德问题，人工智能技术的发展对人们提出的道德上的追问。人们的道德选择很多时候可以借助理性的道德判断和道德推理，但是，有些极其复杂又非常紧迫的道德问题需要人们立即解决，要求人们作出迅捷的选择判断。这无疑对人们的道德能力提出了更高的要求。而道德直觉能力作为人们对于道德现象及其本质的整体认识和把握能力，可以有效地帮助道德主体在面对转型期日益多样、复杂、紧迫的道德情境时作出迅速、准确的判断与选择，解决道德问题。因此，道德直觉能力的培养便显得越发重要。

　　(2) 道德直觉能力的培养是改进德育轻能力培养现状的必要途径

　　近些年来，我国的德育取得了巨大进步。但是，受传统的知识德育观的影响及其他一些因素的影响，一些教师重视的仍然是知识的传授，忽视道德能力的培养。在课堂上，学生被当作"美德袋"进行填充，老师以传授现成的知识为主，对学生思想品德的评价也是以知识为主。其结果是学生虽然掌握大量的道德知识，但是道德能力低下，在面对复杂的道德问题或者需要进行迅速决断的道德情境时却显得束手无措，不能迅速作出选择甚至是作出错误选择。

为改变德育轻能力培养的现状，促进学生道德智慧的发展，作为道德智慧构成要素的道德直觉能力的培养就是不可或缺的了。

（二）道德直觉能力培养的可能

直觉主义者曾经对直觉推崇备至，他们特别强调直觉在认识中的作用，柏格森看来，直觉是超出感性和理性认识的内心体验。直觉主义者把直觉和理性思维对立起来，认为直觉是比抽象的理性认识更根本、更可靠的认识世界的方式，一切认识都是靠直觉完成，根本用不到抽象、概括和论证。这种观点夸大了直觉的作用，把直觉神秘化。很多唯心主义学者把直觉与本能、天启、宗教信仰联系起来，看作是不可捉摸、不易获得的神秘之物。我国也有人将直觉作为一种只可意会而不可言传的玄妙之物，禅宗中更有"法则以心相传，皆令自悟自解"的观点。

同样的情况也出现在对道德直觉能力的认识上，道德直觉能力长期以来被人们认为是一种天生的、无法掌控的能力，因而对于道德直觉能力的培养也就一直处于缺失状态。然而，道德直觉能力并非天生，而是建立在社会实践基础之上。虽然道德直觉的产生具有突发性、瞬间性，对于道德直觉的把握与认识也相对难度较大，但众多学者从哲学、心理学、伦理学等方面对道德直觉进行了深入的研究，从科学的角度剖析了直觉、道德直觉的产生机制，证明了道德直觉产生于人们的道德实践过程中，道德主体获得道德知识和道德经验是道德直觉的基础，道德主体通过道德实践将这些知识和经验伴同情感因素内化，形成道德心理图式，这是道德直觉发生的前提。道德直觉的神秘面纱逐渐被揭开，对道德直觉能力的培养便有了相应的理论依据。我国哲学家贺麟也曾说过："第一真正的哲学的直觉方法，不是简便省事的捷径，而是精密紧严，须兼有先天的天才与后天的训练，须积理多学识富，涵养醇，方可逐渐使成完善的方法或艺术。"① 同样，道德直觉也不是完全先天的所得，道德直觉能力也可以通过在道德实践中从多角度、以多种方法进行培养。

---

① 贺麟：《哲学与哲学史论文集》，商务印书馆 1990 年版，第 183 页。

三　道德直觉能力的培养策略

（一）丰富学生道德知识

道德知识的掌握与道德能力提升关系密切。中外诸多学者大都认为道德知识的获得是个体道德直觉能力形成和发挥作用的重要因素，道德知识的内化是道德直觉产生和道德直觉能力发挥作用的基础，只有内化的道德知识以道德图式的形式存储，才能够保证个体在面对道德情境时激活道德图式，进行快速的道德判断、道德选择。直觉主义大师柏格森指出："虽然直觉超越了知性，但使得直觉上升到达这一点的动力仍然来自知性。没有知性，直觉只能停留在本能形式上。"① 因此，在道德直觉能力的培养过程中，道德知识的掌握是必不可少的。

因此，培养学生道德直觉能力，应注重丰富学生的道德知识。然而，并非所有的道德知识及获取道德知识的方式都能有效地促进学生道德直觉能力的形成与发展。要想使道德知识发挥提升学生道德直觉能力的作用，必须使学生形成道德知识系统，自主建构道德知识，确立对道德知识的坚定信仰。

第一，注重学生对道德知识的系统掌握。长期以来，我国德育比较注重道德知识的传授，学生对于道德知识的掌握较好，但同时也应看到，我们的德育多为知识的填充，学生像是一个"美德袋被填入大量道德知识"，杂乱无章的填充导致学生背负沉重的包袱，却不能很好地将道德知识予以有效利用。学生掌握的道德知识只有成为一个有序的系统，才能更好地对学生的道德直觉发挥更大的作用。在道德直觉能力的构成中，道德图式的激活能力至关重要。"思想品德图式作为个体的一种内在结构是一种具有特殊功能的选择系统。"② 这个系统的有效运转需要主体具备丰富的道德知识，同时还要将这些内化的道德知识进行系统的、有序的整合，形成科学合理的知识结构。

因此，学生道德直觉能力的培养，需要教育者在德育过程中引导学生

---

① ［法］柏格森：《创造进化论》，王珍丽、余习广译，湖南人民出版社1989年版，第139页。

② 范树成：《德育过程论》，中国社会科学出版社2004年版，第183页。

实现道德知识的系统化。

第二，注重学生道德知识的自主建构。我国传统德育是一种知性德育，它采用注入式让学生掌握现成的道德知识。以这种方式掌握的道德知识不利于学生道德直觉能力的形成和发展。

建构主义的教学观和学习观强调学生对道德知识的自主建构。建构主义认为，道德学习不是被动地接受，也不是对于道德知识和道德规范等的存储过程，而是学生在已有道德心理图式的基础上，将身心投入道德活动中，从而实现对外在道德信息刺激的理解、感悟、体验，建构道德知识意义与道德价值理念的过程。它认为道德学习的重点是将接收到的新信息"同化"到头脑中已有道德图式，或者是将与已有图式相冲突的道德信息进行"顺应"，形成新的道德图式。基于建构主义道德学习的观点，我们认为应该鼓励、引导学生通过自身与外在道德环境的互动获得道德知识。

学生对道德知识的自主建构对于其自身道德直觉能力的形成与发展具有积极作用。从结果上看，所建构的道德知识直接丰富了学生的道德图式。从过程上看，建构经历了分析、综合、比较、抽象、概括、体验等的理性活动与非理性活动，它对道德能力包括道德直觉能力都具有积极的作用。另外，学生的道德知识是在具体的道德情境中建构的，学生处于真实的道德关系之中，能整体认识道德情境，有助于学生道德情境认识能力的提高。这些都有利于道德直觉能力的培养。

因此，在培养学生道德直觉能力中，应注重学生道德知识的自主建构。教育者应首先实现自身角色的转换，从单纯的道德知识的传授者转变为学生道德建构的指导者：通过设置情境、提出问题，引导学生完成道德知识的自我建构；开展各种活动，让学生在活动中探究发现道德规则，丰富道德图式；在人与人的交往过程中学会对他人的理解与关怀，实现道德移情能力的培养；引导学生进行道德体验，让学生学会对自身所处情境的感知与把握，实现道德情境把握能力的提高；注重突发事件的德育价值与德育契机，引导学生对突发事件作出快速反应，提升学生道德直觉能力。

第三，形成学生对道德知识的信仰。以上两点分别从什么样的知识以及怎么样获得知识有利于道德直觉能力形成与发展的角度进行了探讨，指出了系统的道德知识以及学生自主建构道德知识对学生道德直觉能力形成与发展的重要性，但是，学生道德直觉能力的形成与发展仅仅依靠上述两点还是不够的。在现实生活中，在一些紧急情况下，许多道德问题需要道德主体不进行利弊权衡、不假思索地作出及时的、果断的道德判断与选择，这时，道德直觉能力发挥作用，就需要主体有坚定的道德信仰。

道德信仰是主体对某种道德原则和规范的尊崇与笃信，它是道德认识与道德情感的统一，具有强烈的情感性、高度的自觉性和坚定性。如果学生对所获得的知识将信将疑，没有形成坚定的道德信仰，在进行道德判断和选择时就举棋不定、犹豫不决，就无法形成道德直觉。事实上，现实中人们在一些紧急道德情境下不能产生道德直觉，并非因为缺乏相应的道德知识，而是没有形成对这些道德知识的信仰。所以教育者应在德育中将道德认知与道德情感有机结合，使受教育者不仅掌握道德知识，还要对这些道德知识产生坚定的信仰。只有成为信仰的道德知识，才能保证在紧急情况下，被学生充分地调用，毫不犹豫地、迅速地作出道德判断与道德选择。

（二）增加学生道德经验

道德主体的道德经验是构成道德心理图式的重要组成部分。道德主体通过社会实践获得道德经验以道德图式的形式存储于人的大脑中，在主体面对具体道德情境的时候，主体的道德经验将会发生作用，帮助主体实现在紧急、复杂情境下的快速决断、选择和行为。道德经验获得的过程也是主体身心参与社会实践的过程，在各种道德实践活动中，主体的各种道德能力得到发展，为道德直觉能力的形成与发展奠定基础。

体验是人们获得道德经验的重要途径。从一定意义上说，人类生产实践活动便是"体验"的过程，可以说，人类每分每秒都在体验。

体验是一种活动，即主体亲身经历某件事并获得相应的认识和情感的活动，它既包含学生身体感官层面的体验，也包含心理情感层面的体验。从体验的特性上看，道德体验对提高学生的道德直觉能力也有重要意义。

首先，道德体验的情感性，有利于道德直觉的产生和道德直觉能力的形成与发展。在道德体验中，道德情感时刻相伴随。情感因素对于道德直觉的产生具有导向、动力和调节的作用：情感因素作为"倾向性因素"，将体验者的注意力导向能够满足体验者需求或者体验者乐于接受的道德情境之中，这种导向作用帮助道德主体能够迅速对道德情境进行定位与分析，有利于道德直觉的产生；在道德体验的过程中，只有主体具备一定的道德需求，才会进行道德体验，情感在很大程度上放大了主体的道德需求，将主体的"内驱力"进行放大，从而使得主体在这种内驱力的作用下，能够迅速地激活道德图式，从而产生道德直觉；主体在道德体验过程中，情感对主体的活动具有调节作用。积极的情感可以使主体心情愉悦，有利于主体在体验过程中接受各种信息，以良好的心境认识道德情境，这对于道德直觉能力的形成与发展也有很大帮助。

其次，道德体验的意象性，有利于道德直觉的产生和道德直觉能力的形成与发展。体验是一种图景思维活动，它是符号、文字、语言、"串行信息"和行为、图像、情境"并行信息"综合作用的融通式思维，也就是说体验过程中的思维是一种形象与概念相结合的思维，在道德体验的过程中，道德主体通过移情将自身置于道德情境之中，将道德规范与自身面对的道德情境结合，实现对道德情境的整体把握。道德直觉与道德体验的意象性具有相似性。在道德直觉中，主体所把握到的不是单纯的道德规则、道德规范，也不是单纯的道德图像，而是对二者的统一把握。所以，通过丰富主体的道德体验，发展主体的意象性思维，也可以提高主体的道德直觉能力。

最后，道德体验的整体性，有利于道德直觉的产生和道德直觉能力的形成与发展。道德体验不同于一般的认识活动，它以体验者的亲历为基础，这一过程不是单纯身体上的行动，也不单是心理上的活动，而是主动将身心全部投入体验过程之中，把体验的客体当作一个完整的对象去认识。道德体验的整体性保证了道德主体在体验过程中对道德情境的整体把握，也有利于道德直觉能力的形成与发展。

体验可分为实践层面的体验和心理层面的体验两个层次。在实践层面的体验中，主体通过自身的各种活动亲身经历某些事情，获得直接经验。这种体验较为容易理解，人们在日常生活中所说的体验便是实践层面的体验。心理层面的体验不同于实践层面的体验，是对他人和自己情感的体验，包括对他人的移情性理解和对自身情感的回顾与反思。

不论是实践层面的还是心理层面的体验，对于德育、对于道德直觉能力的培养都有重要意义。因此，我们在培养学生道德直觉能力的过程中，可通过学生的道德体验，丰富学生的道德经验，从而实现学生道德直觉能力的提升。

实践层面的道德体验可以丰富学生的道德经验，有利于道德直觉能力的提高。尽管道德直觉是主体缩略了很多中间环节的结果，是对道德信息的一种"隐逻辑"处理，是一种超感性和超理性的能力，但高度的道德直觉能力并非人类的本能，而是基于道德主体的长期道德实践中道德知识和道德经验的积累。道德主体在实践过程中，要么以自我角色进行体验，以自己在生活中的真实角色进行活动，亲历事件，要么通过将自己置于他人角色的位置上，以他人的角色进行实践，从事某种活动。两种实践体验都会增加道德主体的道德经验，这些经验是构成道德心理图式的重要组成部分，丰富的道德经验是良好道德直觉能力的基础。

然而，主体的道德体验并不只是身体上的活动，而实践体验也并不只是产生感性经验的简单积累，我们只是为了方便论述而将道德实践体验更多地和道德经验的丰富联系起来，事实上主体在体验过程中更多的是情感的产生，在主体的实践体验中情感也自始至终存在，体验是生理和心理、感性和理性、情感和认识等方面的复合交织的整体矛盾运动。

心理层面的道德体验是主体产生移情的基础，同时还能激发主体的道德需要，影响主体的道德行为。在培养学生道德直觉能力的过程中，通过开展各种活动丰富学生的情感体验，使得学生产生道德需要，主动融入道德情境之中，通过自身心理上对情境中当事人的心路历程的亲历，才能对情境进行完整的把握，在对情境把握的基础上激发内心的道德图式，迅速作出道德判断和道德选择。这一过程中学生的道德移情能力、对道德情境的把握能力均可得到发展，道德直觉能力也能得到发展。所以心理层面的道德情感体验，应该充分应用于学生道德直觉能力的培养过程中。

在通过道德体验培养学生的道德直觉能力的过程中，我们要树立德育回归生活的理念，通过学生在生活中的各种亲身体验，在体验中学习道德，培养道德直觉能力。另外，在德育过程中，要注意创设道德情境，让学生产生"身临其境"或者"心临其境"的感觉，让学生通过实践和心理两个层面的体验，积累道德经验、丰富道德情感，完善大脑中的道德图式，提高道德直觉能力。

（三）开展审美活动，提高学生审美能力

"审美活动与道德活动，作为人类生命活动中两种最本源的精神活动方式，必然有其内在的统一性。"[①]

---

① 李咏吟：《审美与道德的本源》，上海人民出版社 2006 年版，第 1 页。

　　中外很多学者都对美感教育对德育的作用作过探讨，但对审美教育对道德直觉能力培养的作用却探讨不多。学者庞学光提出了通过艺术教育培养道德直觉能力的观点，檀传宝教授也提出了通过审美教育培养道德直觉能力的可能性，但诸多学者只是概括地对此进行分析，未能进行更为深入、具体的探究并提出利用审美活动培养道德直觉能力的具体措施。因此，需要我们在探讨道德直觉能力和审美教育关系的基础上，提出具体措施培养学生的道德直觉能力。

　　通过美育之所以能培养道德直觉能力，是因为二者在很多方面存在着共通性。美感与直觉有着千丝万缕的密切联系。一定程度上，可以把美看作人们对某种事物的直觉感受，也可以把直觉看成人们对事物的一种美德把握。美感具有直接性、整体性、敏锐性和情感性的特征，这四大特征使得审美能力的提升对道德直觉能力的发展有很大促进作用。

　　首先，富于美感，也就是审美能力较强的人，往往具有较强的直觉能力，可以实现对事物的直接性把握。物理学家汤川秀树曾经指出，爱因斯坦具有少数理论物理学家才有的一种审美感。物理学家霍夫曼也说，爱因斯坦的方法在本质上是美学的、直觉的，我们可以说，他是个科学家，更是个科学的艺术家。同样，在道德领域，一个具有较强审美能力的人相比一个审美能力低下的人，更能对艺术作品中的道德美产生共鸣，在道德生活中，更能产生丰富的道德情感。人们所追求的道德的终极境界其实是一种和谐，即人与人、人与社会、人与自然、人与自身的和谐，这种和谐即是终极的道德之美。所以具有出色审美能力的人，除了可以欣赏艺术作品、自然风景的美，还能够在人与人的交往中、在道德实践的过程中善于利用直觉去把握道德之美，这种对于道德之美的直接把握，可以提高道德主体的道德直觉能力。

　　其次，审美能力较强的人，往往善于对对象进行整体性把握。美，首先是一种对整体关系的把握。狄德罗曾认为："一个物体之所以美是由于人们觉察到它身上的各种关系……而是存在于事物本身的真实的关系，这些关系是我们的悟性借助我们的感觉而觉察到的。"① 在艺术作品中，任何部分的修饰与改动都是为了整体效果的突出，比如绘画作品中的点睛之

---

① ［法］狄德罗：《狄德罗文集》，王雨、陈基发编译，中国社会出版社1997年版，第161页。

笔，文学作品中的人物刻画，都是为了让作品整体为欣赏者所接受。艺术作品局部上的缺陷或者局部的过于突出都会影响作品的艺术效果。著名雕塑家罗丹在完成他的著名雕塑巴尔扎克像之后，因为雕塑过于精致的双手吸引了观看者大部分注意力，而毅然将雕塑的双手砍掉，便是对艺术美整体的追求。所以美感本身具有整体性。

在审美过程中，审美者为了实现对美感的终极把握，往往需要借助即我思维，实现自身与美的融合，这种融合实现了物我的合一。同样，在道德直觉能力的发挥过程中，道德主体面对道德情境也并非置身事外思考判断，而是将自身融入情境，实现物我的同构，从而达到对道德情境的整体感知，这种类我思维在很大程度上与审美过程中的即我思维都强调物与我的融合，强调将"审美之我"或者"道德之我"融入具体的物中，成为整体。所以，培养主体的审美能力，可以提高主体对于事物整体的认知把握，可以帮助主体对所处道德情境有整体的认识，从而有利于道德直觉能力的提高。

最后，具有较强审美能力的人往往有丰富的道德情感以及道德敏感性。美感本身就是一种情感，审美的过程本身也是情感体验的过程，审美的过程既丰富了人的情感，也增强了人的敏感性。马克思主义认为，美的本质是人的本质力量的对象化，因此对于美的本质的把握需要审美主体将自身与审美对象合二为一，实现主体与客体的统一，这种合一除了需要主体具备相应的知识外，更主要的是情感上的融合，也就是说主体需要借助"移情"的力量，通过即我思维，使自我进入审美对象内部，从而产生美的感觉，"由景生情，融情于景"。而在道德直觉能力的构成中，这种能够将我与"物"、将我与他人感情融和的移情能力是重要的组成部分。没有良好移情能力的人难以具备良好的道德直觉能力。审美活动与道德直觉活动都需要主体具备良好的移情能力，所以我们可以利用审美教育，培养主体的移情能力，发展道德主体的道德直觉能力。

在主体审美过程中，发现美是审美的前提，对于美的发现除了需要主体感知器官的敏锐和情感的丰富，更需要能够将情感调动激发，这就是对美的敏感。同样，在道德领域，道德主体的情感因素也是道德图式的重要组成部分，在道德直觉能力发挥作用的过程中，需要道德主体具备道德图式的快速激活能力。这种快速的激活需要道德主体具备道德上的敏感性，包括对于信息刺激的敏感和情感激发的敏感。审美活动作为人类情感的体操，不仅可以丰富人的情感，更能够对主体的情操进行陶冶。具备良好审美能力的人往往也有着细腻柔和的情感，能够敏锐地发现身边的美，同样也可以敏锐地感知道德中的美。所以，我们可以利用美育，培养学生的道德敏感性，丰富学生的道德情感，完善学生的道德图式，使其在面对道德情境时，可以通过快速的移情，迅捷地激活道德图式，发挥道德直觉能力的作用。

综上所述，在培养道德直觉能力的过程中，应充分利用审美教育，在提高道德主体审美能力的同时，提高道德直觉能力。纵观我国教育发展历程，在中国古代的教育中对于美育较为重视，也较为重视通过美育培养主体的道德，中国传统文化的代表儒家思想便是如此。在中国近代，学者也曾强调美育与德育的关系，蔡元培指出："感激刺感情之弊，而专尚陶养感情之术，则莫如舍宗教而易以纯粹之美育。纯粹之美育，所以陶养吾人之感情，使有高尚纯洁之习惯，而使人我之见，利己损人之思念，以渐消沮者也。盖以美为普遍性，决无人我差别之见能参入其中。"① 然而，在中国当代，由于应试教育的束缚，导致我们的教育活动更多指向学生的分数，而忽略了学生的美育。在很多学校，美术课、音乐课被其他所谓主课占据，学生得不到基本的艺术教育与陶冶，导致学生审美能力低下，在一定程度上造成了学生缺乏审美的直觉，也就难以发展道德直觉能力。因此，我们必须加强审美教育，通过审美教育提高学生的道德直觉能力。

（1）通过对文学艺术作品的欣赏，培养学生的道德直觉能力

文学艺术作品是人类在长期的生活生产实践中积累与创作的结果，是人类智慧的浓缩、经验的积累和情感的升华。通过优秀的文学艺术作品进行审美教育，可以直接对学生进行美的陶冶和提高学生的审美能力，这是美育的直接作用。审美教育的间接作用体现在，在德育特别是道德直觉能力培养的过程中，通过对文学艺术作品的美的欣赏，培养学生的移情能力、情境感知能力。这些都有利于学生道德直觉能力的形成与发展。

首先，向学生提供丰富的、优秀的文学艺术作品。在美育和德育的过程中，优秀的文学艺术作品同样有着无法替代的作用，其展示出来的正能量能够促使学生在对作品欣赏与体悟的过程中，审美能力以及各种道德能力到得一定程度的提高，进而对道德直觉能力的形成与发展产生促进

---

① 蔡元培：《蔡元培美学文选》，北京大学出版社1983年版，第70页。

作用。

其次，注重文学艺术作品中道德榜样的作用。文学艺术作品中的道德榜样，能对学生产生巨大的精神鼓舞作用，学生往往会因为对文学艺术作品中榜样的欣赏而对榜样进行模仿，通过对榜样思维的揣测可以对道德榜样所处的情境进行认识与体悟，锻炼自身的道德思维能力和对情境的认识能力；通过对榜样道德行为的模仿往往能够形成良好的道德行为，道德行为的重复形成良好的道德习惯，在日常生活中，当遇到类似的情境可以快速地作出道德选择和道德行为。情境认识能力、道德选择能力和道德行为能力均是道德直觉能力的重要组成部分，文学艺术作品除去美学上的价值，在道德直觉能力培养中也有一定作用。

再次，注重引导学生在审美过程中丰富情感体验，提高学生移情能力，促进学生对对象的整体把握。没有情感体验的"审美活动"是干枯的、没有血肉的。它犹如囫囵吞枣，只是感官的"触美"而不是全方位的"审美"和"体美"，更谈不上能力的提高。没有情感升华的"审美活动"也是不完整的，任何审美活动的最终目的都是主体情感上的升华。在运用文学艺术作品培养学生的道德直觉能力过程中，应该注重学生在审美过程中的情感体验。教育者应该引导学生在整个审美过程都融入丰富的情感，使学生通过对文学艺术作品中情境的认识和对作者创作背景的了解而真正将自身融入作品之中，进而产生与作品中人物或者作者相似的情感，通过移情更好地理解作品的本质，最终实现对作品美的整体把握。这种移情能力以及对对象整体把握能力的提高，有助于学生道德直觉能力的提高。

最后，注重引导学生通过对文学艺术作品的欣赏丰富自身经验积累。有人说过，看电影、读书其实是在体验另外一种人生，事实正是如此，学生因为各种客观条件的限制，不可能将实践的触角伸向客观世界的各个角落，通过对优秀的文学艺术作品的欣赏，学生通过视觉、听觉等感官获取艺术作品中的信息，通过大脑加工，实现对艺术作品中情境的认识，通过移情获得与作品中角色或者与作者本人相同的情感感受，从而实现对作品美的欣赏以及各种能力的提高，进而提高道德直觉能力。值得注意的是，学生虽然可以通过自身的努力实现对文学艺术作品中各种道德信息和道德经验的积累，但是，这种积累往往是欠缺条理的，甚至会将错误的信息纳入道德图式，错误的道德观念一旦形成，想要改正便十分困难。因此，在运用文学艺术作品培养学生道德直觉能力过程中，教育者应该引导学生从文学艺术作品中选取正确的道德信息进行自我道德图式的建构，从一开始便形成正确的道德图式，进而提高道德直觉能力。

总之，通过学生对艺术美的感悟与体会，不仅可以提高学生的审美能力，而且有助于提高学生的情境认识能力、移情能力、道德选择能力和行为能力，可以丰富学生的情感体验和道德经验，建构合理的道德图式，提高学生的道德直觉能力。这个过程需要教育者有效的引导，同时也需要社会各部门提高对文学艺术作品的重视，向学生提供更多的优秀文学艺术作品。

（2）通过对"社会美"的体悟，培养学生道德直觉能力

当人们谈到审美，大多数情况下会想到对文学艺术作品的欣赏，而忽视了对"社会美"的关注。社会美是指存在于社会事物、社会生活和社会现象中的美，它产生于人类的社会实践。道德是人类在长期社会实践中产生的，是人类在社会交往中相互协调的产物，社会美是美的本质的最直接的展现，其所追求的是人与人、人与社会之间的和谐。社会美与道德均是人类对于和谐关系的一种追求，在一定意义上，社会美即是道德。美的社会存在体现为道德。因此，在德育中也不能忽视社会美对学生德性养成的巨大作用，在培养学生的道德直觉能力过程中，也应重视社会美的作用。

第一，鼓励学生参与社会实践，从人与人的交往中体会社会美。社会美与道德均产生于人类的实践，离开了人类的实践，社会美与道德将不存在。因此，在对学生进行社会美育的时候离不开实践，对学生的道德能力的培养同样离不开学生与其他主体的交往实践。在德育中应该鼓励学生在实践中发现美，在实践中提高道德能力。就道德直觉能力培养而言，道德直觉能力并非人类天生的本能，它是主体知、情、意等多方面能力的整合，这些能力的获得离不开学生的道德实践。

第二，引导学生正视"社会丑"，主动纳入"社会美"，构建合理的道德图式。社会丑是与社会美相对应的社会中的丑恶现象，纷繁复杂的大千世界中不会是完全美好的，在学生的道德生活中，必然会面对社会中种种丑恶现象，如果不能正视、正确对待这些现象，美丑不分，甚至以丑为美，必然会造成学生价值观念的错位。因此，在审美教育中，教育者应该引导学生正确分辨各种社会现象中的美与丑。在道德直觉能力的培养过程

中，学生的道德图式起着重要作用，它的定向、过滤功能可以帮助学生在面对紧急、复杂道德情境的时候通过"隐逻辑"的思维迅速作出道德判断和道德选择。道德图式的构建离不开学生的道德生活，通过道德生活将道德知识、道德观念、道德情感等纳入自身道德图式之中，如果学生不能正视社会中的美与丑，将丑的、不道德的信息纳入道德图式，在道德图式的导向、过滤功能的作用下，道德主体在之后的生活中将会一错再错，将丑的、不道德的信息纳入道德图式，而将美的、道德的信息排斥在道德图式之外，从而导致道德直觉产生错误的结果。因此，在培养学生道德直觉能力过程中，教育者应该通过审美教育，引导学生分辨社会现象中的美与丑，构建科学的道德图式，方能保证学生在面对复杂、紧迫的道德情境时，迅速作出正确的道德判断和道德行为的选择。

第三，提高学生发现"社会美"的能力，提高学生的审美敏感性和道德敏感性。社会美存在于人类生活的方方面面，罗丹曾经说过，"生活中不是缺少美，而是缺少发现美的眼睛"。我们的审美教育不应只是教育者向受教育者呈现审美对象，而应该是引导受教育者提高发现美的能力，提高审美敏感性。同样，在德育中，学生如果缺乏道德敏感性，不能敏锐地感知实践中的各种道德信息，发现道德问题，就不会有对道德问题的解决。在道德直觉能力培养中，学生对各种道德信息刺激的敏感性直接关系到他能否发现道德问题，激发道德心理图式，作出更进一步的道德判断、道德选择和道德行为。所以，培养道德直觉能力，需要提高学生发现"社会美"的敏感性，从而提高学生的道德敏感性。在审美教育中，应该重视提高学生审美敏感性，特别是对社会美的敏感性，因为社会美多是善的、道德的，这种敏感性的提高也必然会提高学生对道德信息刺激的敏感，提高学生对于道德信息的敏捷反应能力，进而提高学生的道德直觉能力。

第四，引导学生通过对社会美的审视与体悟，培养良好的道德行为习惯。要鼓励受教育者积极投身社会实践，如参加公益活动等，通过这些活动发现社会中的各种美，通过对社会美的发现和对社会美榜样的模仿和学习，形成良好的道德行为习惯，从而促进学生道德直觉能力的发展。

（3）通过对自然美的感受，提高学生对情境的认识能力，发展道德直觉能力

自然美对于德育的作用已经得到学术界的认可，但是通过自然美培养

学生的道德直觉能力的研究依然欠缺。这与我们时代的发展不无关系，随着现代化和城镇化的发展，人类与自然界的接触相比之前大大减少，特别是应试教育下的学生，更是缺乏与大自然的直接接触。事实上，对于自然美的审视和体悟不仅能够陶冶学生的情操，还能在一定程度上提高学生道德直觉能力。格式塔学派的"异质同构"理论认为，在外部事物的存在形式、人的视知觉组织活动和人的情感以及视觉艺术形式之间，有一种对应关系，一旦这几种不同领域的"力"的作用模式达到结构上的一致时，就有可能激起审美经验，这就是"异质同构"。尽管"异质同构"理论存在一些问题，但是，它从心理学的视角解释美感的产生机制，对我们还是有启迪意义的。按照"异质同构"理论，学生在大自然中，通过视知觉等活动，达到与大自然"力"的作用模式结构上的一致，从而产生美感体验。这个过程中伴随着学生感知觉、情感等多因素的参与，这将有助于提高学生的道德直觉能力。因此，在德育中，应注意引导学生通过对自然美的感受，提高对情境的认识能力，发展道德直觉能力。

（四）通过道德联想与道德想象训练培养学生道德直觉能力

联想与想象是直觉乃至道德直觉过程中必不可少的环节与因素。学者蒙绍荣认为，直觉在微观上的认识过程分为联想检索—想象组合—意向建构—情感选择—顿悟输出五个阶段。[①] 笔者认为，道德直觉的认识过程同样可以借鉴蒙绍荣先生的观点。

联想是由一个事物想到另一个事物的心理过程。联想作为道德直觉的起点，它的作用就是思维主体在某一外界道德信息的刺激下，在解决问题的动机或欲望的驱使下，通过联想从大脑信息库中提取和检索有用的道德信息。这些信息包括道德形象、道德概念等。除此之外，联想也是产生道德移情的必备条件，移情产生的最直接心理活动便是"情感的联想"，没有情感的联想，人类的情感便处于孤立的境地，无法产生对他人的同情与怜悯。道德直觉中的联想具有灵活的定向性和适时的跳跃性。道德直觉过程中的联想，不是漫无目的的随意联想，而是和一定的目的以及要解决的道德问题相联系。这种联想借助于道德主体长期道德实践过程中积累在大脑内部的"联想模块"，也可称之为道德图式，当主体进行道德直觉联想

---

① 蒙绍荣：《直觉思维论》，广西人民出版社 2002 年版，第 202 页。

活动时，由于联想模块的存在，就可以省去一些中介环节，迅速检索到主体所需要的道德信息，为道德直觉的瞬间完成提供可能。

联想为道德直觉提供了丰富的素材，而想象则是把这些素材进行整理、分解和重组，这个过程中伴随新的形象的产生。因此，道德直觉中的想象能够为道德主体提供经验事实中无法直接获得的新的联系，弥补道德信息的空白点和事实链条中的不足，同时，想象可以帮助道德主体在逻辑通道闭塞时跳过障碍、另辟蹊径。

可见，道德联想和想象对道德主体感受道德信息、激发道德图式、作出判断和选择具有重要的价值。道德想象中新形象的形成，可以帮助道德主体在面对新的道德情境时不至于束手无策，而是通过对道德情境的认识，通过大脑接收到的各种道德信息，进行道德意象的构建，在瞬间突破道德困境，实现道德直觉。所以，教育者应该充分利用学生道德联想、想象及对学生道德联想能力、道德想象能力的培养，提高学生道德直觉能力。

首先，依托道德叙事，丰富道德联想、想象之源。丰富的道德知识是道德联想和想象的源头，是道德主体道德经验的重要组成部分，也是道德直觉能力发挥作用的基础，没有充足的道德经验，道德联想、道德想象将是无源之水、无本之木。一般而言，道德主体拥有的道德知识越丰富，其发挥道德联想、道德想象的可能性空间也就越大，道德主体在面对紧急的道德情境的时候，也就越能够进行联想与想象，激活道德图式。道德叙事是指"教育者通过口头或书面的话语，借助对道德故事（包括寓言、神话、童话、歌谣、英雄人物、典故等）的叙述，促进受教育者思想品德成长、发展的一种活动过程"。① 道德叙事中的故事，无论是真实的或虚构的、亲历的或非亲历的，其中都蕴含着人类长期实践中积累的道德经验与智慧，其与现实生活联系紧密而又体现着人类的思想价值取向；道德叙事不仅是道德知识传递的过程，也是道德情感的传递方式，在故事讲述中，受教育者的主观能动性被调动起来，融入故事讲述，体验故事中主人公的情感变化，产生道德移情。无论是道德知识还是道德情感的丰富，都是形成主体道德图式的重要内容，是开展道德联想和道德想象的材料，是

---

① 丁锦宏：《道德叙事：当代学校道德教育方式的一种走向》，《中国教育学刊》2003 年第11 期。

道德直觉能力形成的基础。

其次，开展角色扮演，扩展道德联想、道德想象空间。学生社会阅历有限，也不可能通过亲身社会实践对每一种道德情境进行体验，因此，其道德联想、道德想象的空间有限。角色扮演能让学生在模拟的情境中扮演不同的角色，体会不同角色的责任、义务，体验不同角色的情感，并且建立起角色—行动—结果之间的联系，从而扩展学生的道德联想、道德想象空间，这有利于学生道德直觉能力的形成与发展。

（五）引导学生修养良心，提升道德直觉能力水平

良心与道德直觉关系密切，从某种意义上讲，良心就是一种道德直觉，因此良心的强弱影响着道德直觉能力的水平。道德直觉能力，在一定程度上就是主体在一定情境下遵循良心的能力。因此，我们可以从良心的修养方面引导学生，通过良心的培育，提升学生的道德直觉能力。

1. 通过道德践行培养学生良心，发展学生道德直觉能力

良心和道德直觉能力不是天赋的，也不仅仅是从道德读本中获得的。二者"是由人的知识和全部生活方式来决定的"①，是在主体的长期的道德践行中形成的。因此，通过培育良心，提升学生的道德直觉能力，就必须注重学生的道德践行。

日常生活空间是学生道德活动的主要场域，常见的道德问题、道德困境也频繁出现在学生的日常生活中。因此，良心的培育，离不开在日常生活中的道德践行。瞬间的"直觉闪现"需要日常的良心培育，没有日常生活中点滴的积累，也就无以形成学生的良心和道德直觉能力。这也正是荀子所说的："积善成德，而神明自得，圣心备焉。"② 道德践行应该以学生的现实生活为背景、为空间，以学生对日常生活的理解和超越为目的，挖掘学生生活中的德育资源，让学生面对真实生活中的道德问题与思想困惑，激发学生参与道德践行的需要，并在教师价值引导的前提下，让学生在活动中获得正面经验和积极体验，鉴别生活中的"假、丑、恶"，帮助学生通过生活化的道德践行熟悉可能出现的道德情境，加深对德育的内容理解，体会在不同道德情境下的真实道德情感，在日常生活中"知善、

---

① 《马克思恩格斯全集》第 6 卷，人民出版社 1961 年版，第 152 页。

② 《荀子·劝学》。

行善、积善"，实现从对道德知识的认识到知识内化为良心再到"凭良心做事"的飞跃。同时，"由于良心是一个可以指涉个人全部生活领域的概念，所以个人的整个社会生活也构成了良心教育的整个领域"①，生活世界中的道德践行不应封闭于"象牙塔"之内，而应是开放的、完整的、持续的生活。要将道德践行扩展到学生的社会生活、家庭生活、网络生活之中，通过开放的、完整的、持续的道德践行逐步形成良心。只有以学生的真实生活为背景形成的良心才是真正的良心，也只有在这样的背景下，学生才能够形成真知、真情，才能够不断丰富道德图式，形成道德良心，提升道德直觉能力的水平。

需要注意的是，无论何种形式的道德践行，都应该避免当前道德践行中存在的问题，比如功利的践行、被动的践行、形式化的践行等，这些都是虚假的践行，其践行过程充斥着虚假的表演和对功利的追逐，培养出的往往是道貌岸然的伪君子，而不是真正具有良心的道德个体。这样的人在复杂、急迫的道德情境下，作出的往往是与其在平时看似道德的行为相违背的行为，而一个从日常生活中真实践行道德，有着较高层次良心水平的人，才能在类似的道德情境下发挥道德直觉能力，作出道德的行为。

因此，我们需要的道德践行应该是真正的主体性的道德践行，即学生作为主体参与其中，是自觉、自愿、主动参与的道德践行，是主体能动地与他人、群体、社会的互动过程，要克服依从性、被动性的道德践行带来的学生知行不一的弊端；道德践行应该是有深度的，应明确道德践行的目标，避免形式化、表面化、走过场或机械训练式的假践行，要注重理论教育与实践养成的有机结合，使学生通过践行验证理论，加深对理论的理解，形成对理论的积极情感，形成对理论的信仰；应该是全时、全域、全程的道德践行，注重学生实践的连续性和持久性。只有如此，学生才能加深对道德知识的理解，积累道德经验，形成道德情感和信仰，建构完整的道德图式，形成和坚守良心，形成道德自律，按良心选择和实施道德行为。这必然有助于学生道德直觉能力的形成与发展。

2. 通过道德反省培育学生良心，提升直觉能力水平

"所谓道德反省，指的是道德主体对自身道德过失的追悔和觉

---

① 石中英、余清臣：《论良心及其可教性》，《集美大学学报》2005年第2期。

醒。"① 古今中外诸多思想家都对反思、反省在德育、在个体德性养成中的重要作用予以了肯定。"中国历史上，众多的思想流派，从迥异的思维框架和价值体系出发，探究了不同的道德修养方法。但是儒家的'内省'方法，经宋明理学家在儒、道、释合流基础上的系统化，具有不可动摇的主导地位。"② "自省是品德形成和修养的依据，是涉及道德认识、道德情感、道德意志的综合修养方法。"③ 良心也好，道德直觉能力也好，都是道德认识、道德情感、道德意志的综合体，主体通过自我反省，以已经被内化的社会道德价值标准为准绳，实现对自身在道德关系中的再次定位，对自身道德情感的再次体验，对自身道德行为的再次审视，对道德关系的再次认识和对道德情境的再次把握。通过道德反省，主体能够进一步明确道德认识，评价自我的道德选择的正当性，进而强化或修正原有的道德图式（包含道德认识、情感、行为倾向等多种因素），形成内涵更为丰富的、指向未来的道德图式，实现良心层次的提升和道德直觉能力的发展。

本书第一章"在道德反思与省察中形成和发展学生的道德认识能力"部分探讨了道德反省对提升学生道德认识能力的重要作用和具体做法，并指出道德反思与省察"一方面使学生对经由积极思维和探究，对话与讨论，解决道德问题，进行生活体验与社会实践所获得的道德知识升华为一种内在的、更深刻的理解与把握；另一方面使学生通过反省与反思还有可能实现对道德知识的创造性的理解与构想，使道德认识能力得到进一步发展"。虽然道德认识能力不能等同于良心或是道德直觉能力，但却是良心或道德直觉能力的基础，因此，通过道德反省的方式，提升道德认识能力，修正错误的道德认识，形成新的道德认识，是提升良心层次的重要方式，也是道德直觉能力发展的必要途径。

在本章前面的"开展道德联想与道德想象训练"探讨了道德反思在学生道德直觉能力提升中的具体做法，虽然该处的探讨侧重于道德联想、想象等思维训练中的反思，但是"反思是道德反省的实质"④。所以，反思过程同样是良心提升和道德直觉能力提升的过程。

---

① 曾钊新、李建华：《道德心理学》（上卷），商务印书馆 2017 年版，第 267 页。
② 同上书，第 14 页。
③ 王海明：《新伦理学》，商务印书馆 2001 年版，第 652 页。
④ 曾钊新、李建华：《道德心理学》（上卷），商务印书馆 2017 年版，第 270 页。

因此，反省的相关具体的做法可参照以上两部分内容，此处不再赘述。需要指出的是，反省的方法虽然是提升学生良心层次和道德直觉能力水平的重要方法，这一方法在古今中外也已有诸多的论述可以参考，所以，此处我们的重点不是要阐述学生如何反省，而是要说明教师要正确认识反省的重要意义，以及在德育中如何引导学生学会反省。

第五章

道德移情能力培养

道德移情能力，作为道德智慧的重要组成部分，是道德主体在自身的认知与情感经历的基础上对于他人情感的替代性反应能力。当前，在德育理论研究与实践中，人们对道德移情能力的研究与探索还不多。在当今多元、多样、多变的社会，人们面对的道德情境更加复杂，要使学生在纷繁复杂的道德情境中作出正确、及时的道德选择，更要重视对学生道德移情能力的培养。道德移情能力培养是德育和学生道德智慧发展的一条重要途径。

一 道德移情能力及其相关概念的阐释

（一）道德移情能力概念解读

1. 道德移情能力的含义

要弄清道德移情能力的含义，首先需要理解移情、移情能力的含义。当前国外学界对移情、移情能力的界定有三个维度或者说三种取向。第一种是情绪取向，强调移情的情绪反应，认为移情是对他人情绪的替代性反应，是一种情绪感染的形式。如，巴特森认为移情是别人取向的情感，巴耐特认为移情是一种情感上的共鸣，汤普森认为移情是旁观者对他人情感的分享。第二种是认知性界定，强调移情的认知特征，强调情感的认知和社会认知等因素在移情中的作用，认为移情是一种角色获得和社会性认知能力，有的学者甚至将移情与等同于社会理解和角色获得。第三种是多维或综合性界定，强调认知和情感在移情中的作用，如霍夫曼认为移情是由于对他人内在状态的感知而产生的一种对他人的情绪体验，是一种觉知到他人情绪的一种设身处地的情绪反应。艾森伯格也认为移情是一种来自对他人的情绪状态或处境的认知而产生的与他人感受相似或相同的情绪性反应。索兰德也持这种观点，认为移情是由于知觉到另一个人正在体验或要去体验一种情绪而使观察者产生的情绪性反应。

我国学者寇彧、张文新认为，"有关移情的概念主要强调了不同意义的两个方面，其一是社会认知方面，其二是情绪情感方面。但是，不管是从认知方面，还是从情绪情感方面，移情都强调在个体对事物进行判断和行为抉择之前，会考虑到他人的心理反应，理解他人的态度和情感"①。

还有的学者，从道德的维度理解和界定移情，将移情看作是道德情感之一，是个人对他人的态度。如霍夫曼从个体情感发展以及它作用于个体使之产生具有道德意义的动机的维度界定移情，认为个体最初的移情性情感唤起是非随意的，谈不上道德的含义，"随着成长个体通过语言的作用或设身处地的思考之类的认知活动可以激发人的移情性情感唤起，这时它就具有某种道德意义"②。霍夫曼将其称为"移情性道德感"（empathic moral affect）。

在对移情的研究中，有的学者从动态的心理活动过程的维度界定移情，将移情看作是一种情感反应，如上面所述的巴特森、巴耐特、霍夫曼等人的观点。有的则从静态的心理特征的维度界定移情，将移情看作是个人将自己处在他人的位置，预测他人情感的能力，如霍根认为，移情是个人为自己建构与他人一致性的心理图式的能力；克拉克认为，移情是体验到他人的感受、需要和各种情绪状态的独特能力。有的人则从以上两个维度界定移情，认为移情既是一种动态心理活动过程，一种情感反应，也是一种静态的能力，一种心理特征。

我们认为，虽然有的人将移情作为一种能力运用，但实际上移情与移情能力还是有区别的，因此，我们从动态的维度理解移情，将其作为一种心理活动过程，而对人们从静态维度理解的移情称为移情能力。移情能力是在对他人的情绪状态或处境认知的基础上产生的与他人感受相似或相同的替代性情感反应能力。

虽然学者们所言移情能力有时实际上指的是道德移情能力，但是，移

---

① 寇彧、张文新：《思想品德教学心理学》，北京教育出版社 2001 年版，第 174 页。

② 李丹：《儿童亲社会行为的发展》，上海科学普及出版社 2002 年版，第 174 页。

情能力并不完全等同于道德移情能力，移情能力并非在任何情况下、在任何时候都是道德移情能力，移情能力的外延更广，只有具有道德意义的移情能力才能称为道德移情能力。

道德移情能力与移情能力和道德能力相关，既是一种移情能力，也是一种道德能力。道德移情能力是人类道德能力的一部分，它是由道德主体的道德情感与道德认知交互作用而产生的，是对他人的一种替代性情感反应能力。道德移情能力在日常生活中很常见，但由于对其研究不够深入，以及道德移情能力的复杂性，使其没有一个统一明确的定义。

笔者认为，道德移情能力是个体在对他人所处情境和情感认知基础上，发挥自身的想象力，把自我放置于他人的位置，体验他人的情感，产生与他人情感状态相同或相近的替代性道德情感反应的能力。道德移情能力既包括认知成分，也包括情感成分，是理性与感性两种力量相互协调、相互作用的结果。首先，道德移情能力是道德范畴内的移情能力。道德移情能力与移情能力不同，移情能力关涉的对象可以是人、物、事件，不一定涉及道德现象。道德移情能力则是道德范畴内，道德主体在面对道德现象时，所产生的移情能力。其次，道德移情能力是感性与理性共同作用的结果。在道德情境的刺激下，道德主体的道德认知与道德情感共同作用于道德主体，使道德主体产生道德移情，从而促进道德移情能力形成与发展。因此，道德移情能力不同于一般的移情、移情能力，而是在道德范畴内，道德主体自身理智与情感协调作用而形成与发展的。道德移情能力在道德主体处理道德问题，建立和谐的人际关系方面发挥着催化剂、润滑油的作用，所以德育过程中，培养学生的道德移情能力是十分必要的。

根据他人对移情能力类型的划分①，我们将人的道德移情能力分为三种水平：（1）麻木不仁水平。道德移情能力处于这种水平的人很难与他人产生道德情感共鸣，对他人的痛苦麻木不仁，缺乏同情心，很少设身处地为他人着想。（2）被动体验水平。道德移情能力处于这种水平的人能够与他人产生情感共鸣，但不太敏感，在体验他人情感方面缺乏主动性，但易受他人情感的影响。（3）善解人意水平。道德移情能力处于这种水平的人易与他人产生情感共鸣，能够设身处地地为他人着想，富于同情心，乐于帮助处于困境中的人。

---

① 许远理、李亦菲：《情绪智力魔方》，北京广播学院出版社 2000 年版，第 131—132 页。

2. 道德移情能力与相关概念的比较

（1）道德移情能力与道德能力

国内外对道德能力概念的研究较少。美国的约翰·罗尔斯在他的《正义论》中探讨道德主体的特征时用到了"道德能力"一词，指出道德能力为大多数人拥有，而描述道德能力的特征是困难的。国内的学者在20世纪80年代后期开始对道德能力有所关注，胡守棻教授的《德育原理》对"品德能力"进行了阐述。这里的"品德能力"与"道德能力"在外延上具有一致性。很长一段时间以来，道德能力的概念一直没有一个公认的权威的界定，学者蔡志良、蔡应妹在《道德能力论》中，通过比较、综合目前已有研究指出，"道德能力是人的本质的体现，是人的一种本质能力，是每个人顺利地完成道德的行为所必需的心理特征，是个人的自主意识和责任感的体现"[1]。

道德移情能力具有道德能力所具有的特征，道德移情能力是道德能力的构成要素之一，道德能力除道德移情能力外还包括其他能力，如道德认识能力、道德判断能力、道德选择能力、道德直觉能力、道德行为能力和道德创新能力等。

（2）道德移情能力与同情

道德移情能力最初的研究起源于国外，国内关于移情这一词语的应用来自英语empathy，我们通常把它翻译为移情，但是该词语本身也有同情的含义。亚当·斯密的《道德情感论》中empathy一词，不同的翻译者有不同的理解。在查阅英汉词典时发现，它有同情、移情两个汉语解释。所以，在西方学者的研究中，移情与同情是相同的概念。这样就会有人问，与移情非常相近的"同情"是什么意思，与道德移情能力又什么区别，首先我们要明确的是何为同情。

"同情就是把我们自己与别的人或物等同起来，使我们也分有他们的感觉、情绪和感情。"[2] 同情是人们对于遭受苦难者和弱小者一种怜悯与关心爱护的情感，是对他人的痛苦表示怜悯，不是把自己放在高高的位置俯视他人、施舍他人，而是对他人的关心和爱护之情。朱光潜在《悲剧心理学》中指出，"当我们发现别的人或物处于那种特定情境时，我们就

---

[1]　蔡志良、蔡应妹：《道德能力论》，中国社会科学出版社2008年版，第106页。

[2]　朱光潜：《悲剧心理学》，张隆溪译，人民文学出版社1983年版，第57页。

设身处地，在想象中把自己和他们或它们等同起来，体验到他们或它们正在体验，或我们设想他们或它们正在体验的感觉、情绪或感情"①。从以上的论述我们得知，同情的主体——人，只有具有与被同情者相似或相近的经历，同时遇到同情产生的情境刺激，才会产生同情。同情是人的一种天性，是关心他人命运，希望他人幸福的情感。同情的对象既可以是人，也可以是物，在此，我们指的是人。

道德移情能力与同情既有区别又有联系。两者具有明显的区别：第一，两者的性质不同。道德移情能力是人在道德生活过程中表现出来的能力，是道德能力的一部分。同情是一个心理活动过程，是一个人面对他人时产生的感受。第二，两者的外延不同。道德移情能力中的情感反应的外延比同情更广，同情是指面对他人痛苦与不幸时产生的情感，是一种消极情感，而道德移情能力不仅包括消极情感也包括积极情感反应。我们会对乞丐痛苦的遭遇表示同情，却不会对付出艰辛劳动后获得巨大财富的人表示同情，因为他们没有表现出值得我们同情的痛苦。然而，道德移情能力就会使我们不仅同情乞丐的痛苦，也会使我们为付出艰辛劳动而致富的人感到高兴。第三，主客体关系不同。高水平的道德移情能力是主体积极主动地对客体的处境、情感作出判断，把自己想象成客体的样子，把客体情感投射于自身的能力。同情则是主体被动地接受外界消极情绪的刺激，在自身产生的痛苦情感。

道德移情能力与同情也具有密切的联系。同情是道德移情能力发展的基础。第一，两者都是情感共感性的表现。道德移情能力与同情都是主体对于客体的情感反应。道德移情能力是各种情感反应能力的综合，包括积极的也包括消极的，同情是针对消极情感的反应。因此，同情有助于道德移情能力的发展。第二，道德移情能力和同情都会促使主体作出助人行为。道德主体同情他人的痛苦，往往尽自己的所能给予帮助。道德移情能力的主体在亲社会行为方面表现得往往更加积极主动。

道德移情能力与同情的区别与联系，要求在德育过程中，既要区别对待，又不能割裂其联系。

（二）道德移情能力的特征

道德移情能力具有以下几个鲜明的特征。

---

① 朱光潜：《悲剧心理学》，张隆溪译，人民文学出版社 1983 年版，第 57 页。

1. 道德情感与道德认知的统一

从心理机制而言，道德移情能力是道德情感与道德理性的统一体。在道德移情能力中，道德理性往往表现为道德认知，所以，道德移情能力既是一种感性的存在，也是一种理性的存在，是理性与感性相互作用的产物。

道德移情能力是对他人的情感产生的替代性道德情感反应的能力。道德主体想象自己处于他人的处境，从而产生与他人相同或相近的道德情感反应的能力是建立在认知基础上的。这种认知包括表情识别、情境理解和角色承担等。[①] 表情识别是对他人表情的识别；情境理解是对引起他人特定情感的情境的含义，以及对情境与其所引起的他人情感之间的关系的认识；角色承担又称角色采择，是对他人在某种情境中的思想、态度和情感的理解、采纳和承担。通过道德认知，道德主体理性思考移情所指向的对象是否值得同情、关爱，从而产生与其相同或相近的道德情感体验，形成道德共鸣。这样，道德移情能力才能形成。

2. 道德判断与角色承担的统一

从道德移情能力产生的过程来看，道德移情能力是道德判断与角色承担的统一。首先，道德移情能力中包含理性的认知、判断与感性的情感态度；其次，移情的产生离不开道德主体的角色承担，是从他人眼中看世界，进行换位思考的结果。

道德判断是主体对社会道德现象作出的是非善恶的评判，通常反映出道德主体的道德倾向性。角色承担是"个体将自己置于他人的立场，想象和推论出他人的观点、意图、感情、动机或需要的行为"[②]。角色承担要求个体对他人的想法、情感等进行了解，把自己想象成他人，使自己按照他人的思考方式去了解他人的情感态度及行为方式。一些学者认为，角色承担是人区别于动物的显著标志，是人类独有的特质。动物作出任何行为都是基于本能，人类则可以通过同等对待自己与他人，站在他人的角度思考问题、作出反应，这就是角色承担。角色承担的过程是：第一，存在阶段。在这一阶段，主体发现他人与自己就某一事件或情境持有不同的观

---

① 李伯黍、岑国桢：《道德发展与德育模式》，华东师范大学出版社 1999 年版，第89—91 页。

② 林崇德、杨治良、黄希庭：《心理学大辞典》（上卷），上海教育出版社 2003 年版，第657 页。

点，认识到自我与他人的差别性。如果一个人认识不到自己与他人观点、情感等的差异，就不会用别人的观点看问题，就不会产生移情。第二，推断阶段。主体推断在某一特定情境下他人角色的具体特征，即推断在这种情境下他人的想法、情感、意图等。第三，应用阶段。主体从他人的情绪体验的角度理解他人所处的情境，从他人的角度去看问题，设身处地地为他人着想，做到共享愉悦，分担忧愁。

　　道德移情能力是道德判断与角色承担的统一，道德判断是道德移情能力的应有之意，道德移情的产生要判断所指向的对象是否真的处于被同情与怜悯的地位。同时，道德移情能力也只有在不断地采择他人观点，在角色转换的过程中才能够提升与发展。

　　3. 道德主体的想象与道德情境的统一

　　道德移情能力与道德主体的想象与联想是分不开的。道德移情能力是对他人情绪情感的反应，指向的对象是他人，道德主体要以旁观者的身份去理解他人不是一件容易的事情。对于他人的移情是基于自身对他人处境的所思所想，是对发生的事情或未发生的事情的联想与想象。道德主体想象自己是当事人，处于与他人一样的境遇，进而去理解、体会他人情感并产生与之相同或相近的情感。例如，一个学生曾经在一次轮滑过程中摔伤双腿，经历了痛苦。因此，当他看到他人摔倒受伤流血时，会联想到自己的痛苦过去，产生痛苦的表情，内心变得难过，对受伤的人产生移情并伸出援手，帮助伤者。

　　道德移情能力的形成与发展需要有客观的道德情境。道德移情能力是道德主体对他人的关怀、理解与同情的能力，是对他人情绪情感的一种反应能力。但是，只有当他人处于一定道德情境时并且道德移情能力的主体对这一道德情境产生认知，道德移情才可能产生，道德移情能力才能在这一过程中形成和发展。道德情境包括很多种，从时间的维度看，有当事人过去经历的道德情境，此时此地的道德情境，将来有可能面临的道德情境。在这些道德情境中，人们更容易对此时此地情境中的人产生道德移情。从人际关系的亲疏程度看，有亲人的道德情境、熟人的道德情境以及陌生人的道德情境。在这些道德情境中，人们更容易对与自身关系亲密的人产生道德移情。因此，要培养学生的道德移情能力，就要注重选择和创设合适的道德情境。

　　因此，道德移情不仅需要有引起人们道德情感反应的客观的道德情境及此情境中人的情绪情感，还需要有道德移情能力的主体在自身经历基础上的联想与想象，才能产生与当事人相同或相近的情感。道德移情就是主体对处于一定道德情境中的人，通过联想和想象而产生的与之相同或相近的道德情感反应，是道德情境与人的联想和想象相互作用的产物。道德移情能力就是在道德情境与人的联想和想象相互作用的过程中形成与发展的。

4. 先天遗传与后天教育的统一

许多研究结果显示，人的移情能力具有先天性。霍夫曼提出了关于儿童移情发展的五个阶段：第一阶段是新生儿的反应性哭喊。第二阶段是自我中心的移情忧伤。儿童对他人的忧伤作出反应，仿佛自己处在忧伤之中一样，这个阶段的移情最显著的特点是自我与他人的之间的界限不够明显。第三阶段是准自我中心的移情忧伤。在这个阶段，儿童了解到自我与他人在情感上的区别，但是内心深处还是把自己与他人混淆，希望通过对他人的帮助使自己感到安慰。第四阶段是真实的移情。儿童真切地体会到他人的情感是与自己无关但又真实存在的。第五阶段是对超出当前情境的人的情感的移情。从霍夫曼的研究中可以看出，个体的移情能力的发展是个由内向外、由己及人的过程。人们更容易对熟悉的人、此时此地的人产生移情。最开始的移情不会区分自我与他人，随着年龄的增长，认知的发展，开始以自我为中心的移情，为了更好地适应社会和发展自己，开始理性的移情。道德移情能力与一般移情能力密切相关，是具有道德意义的移情能力，虽然它不是先天的，但是它是在先天因素的基础上形成的，不同的人由于先天的移情能力不同，其道德移情能力也往往有区别。

道德移情能力虽然与先天因素有关，但它主要是在后天的教育影响下形成和发展的。有的学者坚信，父母道德移情能力的水平与孩子的道德移情水平之间呈现正相关的关系。父母道德移情能力的水平高会使孩子的道德移情能力水平也是高的；相反，则是低的。父母的道德移情水平对孩子道德移情能力的影响开始于婴幼儿时期。霍夫曼的研究表明，道德移情能力的唤醒最初开始于婴幼儿对父母情绪情感的复制与模拟，父母面部表情丰富，情感表达合理，对他人的同情与关怀较多，会使孩子具有相同的情感特点，产生高的道德移情能力。并且儿童早期的这些移情反应对日后道德移情能力的发展具有基础性的作用。

霍夫曼还指出，父母的教养在其道德移情能力的培养过程中有重要作用。道德认知是道德移情能力中不可缺少的部分，但是在移情产生的最初阶段，即婴幼儿时期，个体的认知体系是不存在或者不规范的，在这个阶段父母通过纪律规范、言传身教等方式，把社会性的道德规范施加给孩子，使他们形成产生道德移情能力的基础。

学校教育对个体道德移情能力的养成具有重要作用。学校是个体在成长过程中最重要的生活环境，在学校生活期间是学生道德移情能力养成的关键时期。作为道德移情能力基础的系统知识主要来源于学校。学校是个体习得知识的最主要场所，道德认知与道德情感的知识大多来源于学校的教育。因此，个体道德移情能力的培养主要来源于学校。

（三）道德移情能力的结构

道德移情能力是个复杂的系统。为了准确把握和正确培养学生道德移情能力，对道德移情能力结构进行分析是十分必要的。笔者认为，道德移情能力应该包含观点采择能力、想象能力、道德情感分享与共鸣能力以及情绪调节能力。

1. 观点采择能力

观点采择研究开始于国外的学术界，他们主要有以下观点。

"美国学者香茨（C. Shantz，1983）形象地将观点采取比喻为'从他人的眼中看世界'或者'站在他人的角度看问题'。"[①] "鲁宾（K. Rubin）认为，观点采择是指把个体自己的观点和他人的观点加以区分并协调起来的能力。"[②] "塞尔曼（R. Selman）认为，观点采择是区分自己与他人的观点以及发现这些不同观点之间关系的能力。"[③] "希金斯（Tory Higgins，1981）认为，观点采择是一种独立于情境所提供的信息和个人所持的观点而对他人作出的推断。"[④]

需要指出的是，对于角色承担和观点采择概念的关系，学者们有不同的看法。有的学者将其看作是具有相同含义的概念，如塞尔曼有时把社会角色承担称为社会观点采择，学者寇彧、张文新的《思想品德教学心理学》指出，观点采择又称角色采择（role taking，role taking 又译为

---

① 转引自杨韶刚《西方道德心理学的新发展》，上海教育出版社 2007 年版，第 71 页。
② 同上书，第 72 页。
③ 同上。
④ 同上。

"角色承担"）。有的学者则认为这两个概念虽存在重叠，但也有区别。"角色采择是指个体对自己和他人角色的设想，因而与观点采择的概念有部分重叠。其主要区别在于，观点采择的认知内容是他人的思想、意图、看法、动机、视觉经验等心理特征，而不包括角色采择涉及的行为或行为方式。"①

通过以上学者分析可知，观点采择能力的基本含义是个体把自己的观点与他人的观点区分并协调起来的一种能力，即个体将自己放在他人的立场，以他人的角度来看事物的能力。

观点采择能力分为空间观点采择能力和社会观点采择能力。空间观点采择能力又称为视觉观点采择能力，是指从他人所处的物理空间去看待问题，了解他人对问题看法的能力。社会观点采择能力还可以进一步划分为认知性的观点采择能力和情感性的观点采择能力。认知性的观点采择能力指的是对他人就某一问题的思想或认识的一种推断和认知能力，即考虑他人的思想、意图的能力。情感性的观点采择能力是旁观者在自己与他人的角色设想的基础上对他人情感进行判断的能力，即理解他人情感的能力。

观点采择能力的发展与提高会使道德主体的行为逐渐呈现"去自我中心化"，因为在对他人的观点进行采择时，第一，意识到自我与他人存在着差别；第二，根据自己已有的知识对他人的观点进行判断；第三，在这个过程结束后，自己对他人作出恰当的回应。通过观点采择的整个过程，道德主体会更加理解他人，与他人之间的交流交往会更加密切，推动与他人建立良好的社会关系。

道德移情能力是人所具有的体验到他人的情感、感受、需要和各种情感状态的独特能力，也是感受他人的情感后产生与之相同或相近的情感反应，即替代性的情感反应能力。观点采择能力，是决定道德移情能力产生与发展的核心。观点采择能力使道德主体能够区分自我与他人，站在他人的角度看待道德问题。在这里需要强调的是，道德移情能力就是观察者把自己的情感与他人的情感进行匹配，但又能明确区分自我与他人的区别，站在他人的视角去思考当事人情感的能力。因此，缺乏观点采择能力的个体的道德移情能力一定是低水平的甚至是缺乏的。

---

① 杨韶刚：《西方道德心理学的新发展》，上海教育出版社 2007 年版，第 73 页。

2. 想象能力

想象能力是人们根据已有的形象在头脑中创造新形象的能力。想象能力是人类的独有的能力，是人类创新的源泉，如果没有想象能力，社会就会没有发展与进步。想象能力不仅对科技创造发明方面有重大的贡献，而且也是道德移情能力的不可或缺的要素。道德移情能力要求道德主体对于当事人的情境、情感进行想象，进而使自身产生与当事人相一致的情感。缺乏想象能力的个体不能体会到当事人的情感，更加不会产生道德移情能力。首先，想象能力是道德移情能力产生的中介与纽带。他人的道德情感通过想象引起道德主体产生情感共鸣。道德主体道德移情能力之所以产生就是因为他想象自己处于当事人的境遇，把自己放到同样的处境中，去思考、体会他人的情感态度。其次，想象能力是道德移情能力产生的关键环节。道德移情能力的本质决定想象能力不可或缺，道德移情能力是一种替代性的情感反应能力，这一本质要求道德移情能力的主体要将自身的情感在想象中与他人情感进行匹配，才能产生一致的感受。所以，想象能力是道德移情能力的重要构成要素。

3. 道德情感分享与共鸣能力

分享在汉语中的基本含义是与他人共同享受、使用、行使。共鸣原是声学的概念，是指物体因共振而发声的现象，同时也多指思想与感情上的相互感染、相互影响而产生的情绪。道德情感的分享与共鸣是指道德主体在面对道德情境时产生的与他人相一致的道德情感。

道德情感能够被分享，引起共鸣，是因为：第一，道德情感具有普适性。学者们对道德情感的分类各执己见。有些学者认为，个体道德情感包括内疚与羞愧、同情与尊重、正义与报复、爱与友谊、焦虑等。[①] 有的则认为个体道德情感"大体无过于义务感、正义感、荣辱感和良心等方面"[②]。亚当·斯密把同情、正义感、责任感、悔恨感作为基本的道德情感。笔者认为，尽管学者们对道德情感的种类划分不同，但是同情、正义感、荣辱感等基本情感在不同种族与文化中是通用的。第二，表达道德情感方式的相似性。东德出版的《语言学及语言交际工具问题手册》指出，世界上查明的有 5651 种语言。但是人们之间的交流没有因为语言的不同

---

① 肖雪慧等：《守望良知：新伦理的文化视野》，辽宁人民出版社 1998 年版，第 352—360 页。

② 陈法根：《心灵的秩序：道德哲学理论与实践》，复旦大学出版社 1998 年版，第 44 页。

而受阻，即使是语言不同的人也可通过面部表情、肢体动作等表达自己的情感，在交流者之间产生共鸣。看到苦难者会难过、伤心流泪；遇到不公平的事情，愤恨不满，渴求正义。

　　道德情感的分享与共鸣能力是道德移情能力产生与发展的基础。首先，道德情感的分享与共鸣能力是道德移情能力产生的必要条件。道德移情能力的替代性本质要求道德主体对他人情感进行分享，产生共鸣。道德移情能力离不开道德认知能力，更离不开道德情感的分享与共鸣能力。其次，道德情感的分享与共鸣能力是道德移情能力发展的动力。道德情感的分享与共鸣能力能够促进个体道德移情能力范围的扩大，对他人道德情感分享与共鸣的能力越高，道德移情能力发展的动力就越大，推动道德移情能力从低水平到高水平不断发展。

　　4. 情感调节能力

　　情感调节能力是个体情感智力的成分之一，是对自己的情感进行调整与驾驭的能力。情感调节过程中，通过一定的策略和机制，使个体在主观体验、表情行为等方面发生一定的变化。

　　情感调节能力影响的主要是情感的性质、强度、持续时间以及表现形式等。情感调节能力对个体自身的发展有重要的意义。首先，情感调节能力有利于个体情感处于稳定的状态。积极的情感与消极的情感都会影响个体的思维及行动。过分的高兴会忘乎所以，使人迷失方向；而过分的悲伤则会使人失去生活的意义，感到绝望。情感调节能力能够使个体的积极情感与消极情感都处于合理的范围内，形成健康的内心世界。其次，情感调节能力有利于个体建立和谐的人际关系。情感调节能力贯穿与他人交往的始终，是个体与他人进行交往中不可缺少的能力。个体与他人的交往除了合理控制自身的情感，还要在面对他人的情感时，作出合理的回应。对于他人的快乐要做积极的情感反应，对于他人的悲伤要表示同情，重要的是要运用情感调节能力将这些反应控制在适度的范围内，这样才能建立和谐的人际关系。

　　情感调节能力是道德移情能力形成的调节器。具有情感调节能力的人，当遇到一定的道德情境时，会根据对当事人在此情境的遭遇、处境及情感的认知对自己的情感进行调整，使自己的情感性质与当事人的情感性质相一致，并根据当事人的需要、愿望等调整自己情感的强度、持续时间的长短，从而产生情感共鸣。因此，道德移情能力是在情感调节能力的调节下形成、发展起来的。

观点采择能力、想象能力、道德情感分享与共鸣能力以及情感调节能力是道德移情能力的构成要素。观点采择能力是道德移情能力产生的核心与关键要素，想象能力是中介与纽带，道德情感分享与共鸣能力是基础，情绪调节能力是调节器，这四个要素紧密联系，共同影响道德移情能力。同时四要素之间也是相互影响与制约的。观点采择能力是其他要素的理性基础，使其他要素符合道德认知，观点采择能力需要想象能力等要素的支撑，道德情感分享与共鸣能力需要情感调节能力的调控，情感调节能力以道德情感分享与共鸣能力为主要内容。这些要素之间相互作用，共同构成道德移情能力。

二　道德移情能力培养的必要性与可能性

（一）道德移情能力培养的必要性

1. 培养学生亲社会行为的必然要求

建设社会主义和谐社会需要学生有更多的亲社会行为。2011 年版思想品德课程标准要求学生要"养成亲社会行为"，而培养道德移情能力是个体形成亲社会行为所必需的。

亲社会行为也叫积极的社会行为，是人们在社会交往的过程中表现出来的符合社会期望，有利于他人的行为，在社会活动中的具体表现包括：帮助、分享、合作、安慰、捐赠、同情、关心、谦让、互助等。"众多社会心理学家和发展心理学家都一致认为，移情是维系积极的社会关系的重要的社会性动机因素，是人们内心世界相互沟通的心理桥梁，不仅是人际互动的良好补充，而且在人际关系中是绝对不可少的。……能激发、促进亲社会行为的发展，因此，移情在亲社会行为和品德培养中占有极为重要的地位。"[①]

（1）道德移情能力影响亲社会行为

道德移情能力与亲社会行为具有相关性。亲社会行为通常包括助人行为与抑制攻击行为。对于这个问题，学者霍夫曼、艾森伯格与米勒都做过

---

① 寇彧、张文新：《思想品德教学心理学》，北京教育出版社 2001 年版，第 177 页。

相应的研究。他们认为，个体在目睹他人的忧伤与痛苦时，通常会作出移情反应，这些移情推动他们给予他人帮助，产生助人行为。波恩特（Berndt，1979）发现：一群移情的六年级学生讨论了另一个人生活中一件悲哀的事，这些学生比那些讨论自己生活中的一个悲哀事件的移情儿童付出了更多的时间，为住院治疗的儿童制作图画。产生移情的个体在面对他人的不礼貌与侵犯时会表现出更多的宽容与理解。例如，路上的行人被匆忙驶过的自行车撞倒，通常会引起一场纷争，但当了解到车主是因为去医院见病危的家人时，具有道德移情能力的主体往往会采取同情的态度，从而使纠纷得到解决。

道德移情能力影响助人行为。霍夫曼总结自己 20 世纪 70 年代以来的研究，发现移情先于助人行为，激励助人行为。[①] 在日常生活中经常会发生这样的事情，当我们在看一个人即将被物体砸中时，我们会在发生之前就去帮助他人，在作出帮助他人的行为之前，会有心跳加快等一系列的生理反应。这说明在助人行为产生之前道德移情能力就已经发生，并且它与后来的助人行为有密切的关系。

（2）道德移情能力是亲社会行为的信息来源

道德移情能力对亲社会行为具有信息功能。信息功能是指道德移情能力使个体更易察觉到他人的情绪情感，了解他人的需要，这个过程就是信息传递的过程，其结果就是自身产生与他人相一致或相似的情感，激发亲社会行为。

道德移情能力为亲社会行为提供了信息线索。亲社会行为的产生是个体内在的思想与外在的刺激相互作用的产物。个体对他人的帮助，是在意识到他人的痛苦以及需要的情况下作出的。而道德移情能力就为亲社会行为提供了信息线索。道德移情能力使人了解了他人的困境、需要帮助等信息，从而激励道德主体作出亲社会行为。

道德移情能力提供的信息具有直接性的特征，是直接体现他人困难与需要的信息，在推动亲社会行为的产生中作用也是直接的，无须其他中介因素的参与。

（3）道德移情能力是巩固亲社会行为的保障

高水平的道德移情能力使亲社会行为经常化。众多的研究表明，道德

---

① ［美］马丁·L. 霍夫曼：《移情与道德发展：关爱和公正的内涵》，杨韶刚、万明译，黑龙江人民出版社 2003 年版，第 35—36 页。

移情能力的水平与亲社会行为呈正相关关系。高的道德移情水平对应更多的亲社会行为；反之，亲社会行为则较少。个体对他人的帮助并不是全部由移情引起的，有时候会是主体的心血来潮，是偶然的助人行为。但是道德移情能力水平高的个体的亲社会行为则是经常的，他们会在自己能力所及的范围内对需要被帮助的人伸出援手。

高水平的道德移情能力使亲社会行为的范围更广。个体的亲社会行为不仅与个体内部的因素有关，还与外在的环境有关。例如，家庭教育、同伴关系、社会文化、大众传媒等等。这些外在的因素往往使亲社会行为呈现层次性与梯度性。具体表现为个体更易对亲人、熟悉的人作出助人行为，通常是不假思索就伸出援手；相比较而言，对于陌生人的帮助就不会那么及时。但是，移情能力水平高的人在对待处于困境中的他人时，就模糊了这一界限，他们把所有人的困境都当作与自己相关，面对他人痛苦时会引起他们的同情，作出助人行为。因此，道德移情能力扩大了亲社会行为的范围，使人们在更广的范围内表现出亲社会行为。

道德移情能力为亲社会行为提供内在的保障。亲社会行为受到环境、榜样、强化等因素的影响，但是，这些都是外在的影响因素。个体能否表现出亲社会行为主要取决于个体的道德移情能力，道德移情能力是制约个体表现出亲社会行为的内在因素。道德移情能力是个体内在的道德素质，为亲社会行为提供了内在的保障。

2. 提高学生道德智慧的内在要求

道德移情能力作为道德智慧的一部分，它的发展直接关系到道德智慧的发展。提高学生道德智慧需要提升学生的道德移情能力。

（1）道德移情能力有助于道德判断能力的提高

道德移情能力有助于提升道德判断能力的水平。移情能力的水平与道德判断的水平有明显的相关性。道德移情能力水平高的人摆脱了以自我为中心的熟人移情的限制。他们在内心深处对他人的理解与同情是普遍的，同时也是自觉、自愿的。道德移情能力高的人能运用自己的道德价值观念对所面对的道德是非问题进行判断，从而促进道德判断能力的提高。这是因为作为道德移情能力构成要素的"角色承担的发展能为个体带来各种新的社会经验和体验，使他不断深入地意识到他人的观点、社会的期待和普遍的价值的存在，因此便能为其道德判断的发展提供更直接的条件"①。

（2）道德移情能力有助于促进道德选择能力的提高

道德移情能力对道德选择能力具有促进作用，首先体现在道德观念选择上。道德移情能力是他人的道德情感在自身的反射，这个反射过程的结果使个体更加了解他人的需要，在思想上选择帮助他人的意愿变强。道德移情能力可以强化道德主体助人为乐、奉献社会等价值观。如果没有道德移情能力的参与，道德主体在面对道德问题时虽然也可能作出一些正确的道德观念选择，但是，一旦其他的影响因素发生作用，这种道德观念的选择就有可能发生改变。其次，道德移情能力促进道德主体选择积极的道德行为。道德行为是受道德意识的支配的，道德主体在道德移情能力的促使下选择了正确价值观念，就为良好的道德行为的产生奠定了思想基础，从而使主体更愿意通过自己的努力帮助他人。

（3）道德移情能力促进道德行为能力的发展

道德行为能力是人在生活实践中，把自己的道德认识外化为实际的道德行动的能力。道德移情能力是个体对他人情感的替代性反应能力，它能激发道德主体作出助人行为，促进推动道德行为能力的发展。

道德行为是在道德认识和道德情感的推动下实施的。道德移情能力既包含认知因素，也包含情感因素。因此，道德移情能力会促进道德主体的道德行为，从而使道德主体的道德行为能力在道德实践中得到提升。道德移情能力水平高的人，能更多地表现出道德行为，提高道德行为的发生频率，从而促进道德行为能力的不断提升。

3. 扭转当今社会道德冷漠现象的要求

道德冷漠是当前引起人们广泛关注、讨论、担忧的道德现象。"道德冷漠是一个自古以来就一直存在的现象，并不是当前中国社会涌现出的新问题。引起中国社会大众强烈担忧的也绝不是单个的、孤立化的道德冷漠事件，而是道德冷漠现象在中国社会全方位的渗透和蔓延。"② 道德冷漠是社会的一种道德病症，"一般是指个体道德情感的匮乏，以及由此引

---

① 郭本禹：《道德认知发展与道德教育：科尔伯格的理论与实践》，福建教育出版社 1999 年版，第 93 页。

② 熊辉：《道德冷漠现象何以泛滥？——一个基于人与社会环境相互作用的社会学分析》，《湖北师范大学学报》（哲学社会科学版）2018 年第 6 期。

的道德感知、道德判断和道德行为上的迟钝麻木和无动于衷"①。道德冷漠现象在学生中也是存在的。造成道德冷漠的原因有许多，如社会环境的不良影响，家庭和学校教育的不力，个人善心的缺失，道德判断上的是非不分与道德行为上的勇气的缺失，等等；除此之外还有一个非常重要的原因，就是个体道德移情能力的低下。在现实生活中，许多道德冷漠现象的出现，不是由于道德认知缺乏，而是由于无道德移情能力或道德移情能力低下。一个无道德移情能力的人，在道德情感上必然处于麻木状态，缺少同情心，对于处于困境的人视而不见，无动于衷，采取"事不关己、高高挂起"的态度，成为"过客"或"看客"，不能给予他人帮助。而道德移情能力能够使道德主体感受他人的痛苦，以情感上对他人的理解为起点，产生与受害者相同的内心感受，以积极的道德行为为终点，在面对利益选择与道德冲突时，作出正确的道德选择。要扭转当今社会的道德冷漠现象，需要在多方面下功夫，其中一个重要方面就是培养人们特别是学生的道德移情能力。

4. 落实基础教育德育课课程标准的要求

我国教育部颁发的小学和初中专门的德育课程标准，提出了培养学生道德移情能力方面的要求。2011 年版《义务教育品德与社会课程标准》的课程目标部分指出，要引导和帮助学生"学会清楚地表达自己的感受和见解，倾听他人的意见，体会他人的心情和需要"②，2011 年版《义务教育思想品德课程标准》也提出，要让学生"学会换位思考，学会理解与宽容"③。

要践行课程标准的要求，就要注重培养学生的道德移情能力。首先，道德移情能力的本质与德育课程标准的要求具有一致性。道德移情能力是个体的替代性情感反应能力，本质是情感的替代性。这一特点要求个体在社会交往中，要站在他人的立场上思考问题，对他人的情感态度给予理解，在内心产生情感共鸣。德育课程标准要求学生体会和理解他人的需要，学会换位思考。两者都要求学生理解他人的情感态度、换位思考，具

---

① 陈伟宏:《道德冷漠与道德能力的构建》,《道德与文明》2016 年第 5 期。

② 中华人民共和国教育部:《义务教育品德与社会课程标准》(2011 年版), 北京师范大学出版社 2012 年版, 第 6 页。

③ 中华人民共和国教育部:《义务教育思想品德课程标准》(2011 年版), 北京师范大学出版社 2012 年版, 第 11 页。

有一致性。其次，道德移情能力的构成要素与德育课程标准的要求具有共性。道德移情能力包含观点采择能力、情感分享与共鸣能力、情感调节能力等。德育课程标准要求学生学会调节自我情绪，学会换位思考，这与道德移情能力包含的内容具有共性，道德移情能力的培养能够促进德育课程标准的落实，道德移情能力的培养有助于学生理解他人，体谅他人，关爱他人，帮助他人，从而实现德育课课程标准的目标。

（二）道德移情能力培养的可能性

1. 情绪情感具有感染性

道德移情能力培养不仅具有必要性，而且具有可能性。"虽然众多研究结果表明，移情反应是先天性的，并且随着个体的认知能力的发展而发展。但是研究者同时也指出，个体的移情能力可以通过一些情绪情感的激发手段加以提高和促进。"[1]

情绪情感具有感染性，是指情感的"以情传情""以情动情"。情感可以传染他人，可以感动他人。个体的情感会受到他人情感的影响，同样个体的情感也会影响他人，这是一个相互作用的过程。孟子就曾说："所以谓人皆有不忍人之心者，今人乍见孺子将入于井，皆有怵惕恻隐之心，非所以内交于孺子之父母也，非所以要誉于乡党朋友也，非恶其声而然也。"[2]人听到落井孩子的哭声，进而在情感上产生与落井孩子相一致的痛苦，去帮助孩子，其原因不是因为与孩子有亲属关系或者是博得美名，只是因为受到孩子痛苦情感的传染。孟子说的"不忍人之心"指的就是情绪情感的感染性。

情绪情感的感染性包括人与人之间情绪情感的感染性，以及事物对于人情绪情感的感染性。事物对人的情绪情感的感染性在文学作品中有许多描述。比如我国古人在诗词中经常出现的"悲秋""感物伤情"等。如：杜甫的"万里悲秋常作客，百年多病独登台"，柳永的"多情自古伤离别，更那堪冷落清秋节"。在这些诗人的笔下，秋季万物凋零的景象使他们产生无限的悲伤。人与人之间情感的感染性，主要是指个体自身的情感会受到周围人的影响，他人情绪情感的波动与变化会导致自身的变化。例

---

① 寇彧、张文新：《思想品德教学心理学》，北京教育出版社 2001 年版，第 183 页。

② 《孟子·公孙丑上》。

如，好友失恋了，他很痛苦，作为他的朋友也会伤心难过；看到奥运健儿获得可喜的成绩泪流满面时，我们也会感动得哭泣。这就是他人情感的感染性。我们的情感对于他人也会有同样的感染力。大量的实验表明，个体受到他人情绪情感的感染后，更容易产生帮助他人远离痛苦的意愿。情绪情感的感染性是一种动力，促使受到影响的一方了解他人、帮助他人。这种行为表现在道德方面，就是良好的道德行为。情绪情感的感染性使道德移情能力的培养成为可能。

首先，情绪情感的感染性为道德移情能力的培养提供前提。道德移情能力产生与发展的前提是人能够接受他人情绪情感的影响。他人的道德困境以及痛苦的情感，使人产生相同或相近的情感，这就是道德移情。人将道德移情内化为自身的能力，形成替代性的反应能力——道德移情能力。道德移情能力的培养以情绪情感的感染性为前提，没有情绪情感的感染，人不可能出现与之想呼应的情感感受，也不可能形成道德移情能力。

其次，情绪情感的感染性是一种动力，促进道德移情能力的培养。情绪情感的感染性使人在面对他人的悲伤时，内心同样产生悲伤的情感，这种悲伤的情感促进人想办法去缓解他人的痛苦，推动个体作出助人行为。情绪情感的这种动力作用，同道德移情能力推动个体亲社会行为的发展具有相同的机制，在某种意义上来说也是道德移情能力发挥作用的过程。因此，我们可以运用情绪情感的动力作用培养学生的道德移情能力。

2. 能力具有可塑性

能力是人完成某种活动所必需的知识和心理素质。理论研究和教育实践表明，能力虽与遗传有关系，但它主要是后天环境影响、教育及个人努力的结果，能力具有可塑性。

道德移情能力是人的能力的一部分，是个体的移情能力在道德问题上的表现。道德移情能力同样是可以培养的。道德移情能力培养的可能性体现在以下几点：第一，道德移情能力是个体能力的一部分，能力可以培养，道德移情能力同样也可以培养。第二，道德移情能力受诸多因素的影响，会随着这些影响因素的变化而变化。通过改善这些影响因素，可以提高道德移情能力。如国外学者费希巴赫采用"移情训练程序"对小学生进行移情能力训练，经过训练，学生的亲社会行为显著增加，侵犯行为显著减少，表明移情训练使学生的移情能力得到提高。[1] 我国学者李辽对初中生和高中生进行一套移情系列法的训练。实验组的学生进行移情训练，控制组进行正常的教育活动。实验结果表明：实验组经过情绪追忆、情感换位等过程，个体的道德移情能力明显高于实验之前，也高于控制组没有接受移情训练的学生。这表明道德移情能力是可以通过教育和训练得到发展的。"通过一定的移情训练，能够提高个体的移情能力。个体能更敏感地知觉到在想象或真实的社会情境下他人的情绪情感状态及有关线索，并易于唤起在过去生活经验中形成的定型化的情绪反应模式，当其他个体或群体处在困难的不良境地而引起消极情绪时，被试就更可能转换位置去感受他人（他们）的心理反应。这样，个体便能替代他人，产生强度更大的移情体验，从而为自己发出能解除有关个体或群体的不良境况的行为提供了有效的动机基础。"[2]

三　道德移情能力的培养策略

（一）在道德情境中培养学生道德移情能力

道德移情与道德情境有密切的关系。道德情境刺激道德移情的产生。道德移情是由特定的道德情境引起的，是道德主体对处于一定情境中的人的情绪情感的反应。道德情境刺激道德主体产生情感上的共鸣，使道德主体产生道德移情。道德情境是道德移情产生的必要条件。没有道德情境的刺激，个体就不会产生道德移情。因此，在道德移情能力的培养过程中，必须重视道德情境的作用，在道德情境中培养学生的道德移情能力。道德情境包括教师设置的道德情境与真实的道德情境。这两种道德情境各有自己的特点，教师可根据可能与需要灵活运用这两种道德情境培养学生的道德移情能力。

1. 在虚拟的道德情境中培养学生道德移情能力

虚拟道德情境是根据教育需要，人为加工创设的优化的道德情境，具有虚构的性质。在虚拟的道德情境中培养道德移情能力，是学校培养学生

---

①　寇彧、张文新：《思想品德教学心理学》，北京教育出版社2001年版，第185页。

②　杨韶刚：《西方道德心理学的新发展》，上海教育出版社2007年版，第114页。

道德移情能力中常见的方法。在创设的虚拟的道德情境中，学生观察体验，将其感知到的道德情境与自己以往的道德认知进行匹配，从而引起道德情感的变化，产生与他人道德情感的共鸣。伴随道德情感的产生与升华，学生的道德移情能力也得到提高。

在虚拟的道德情境中培养道德移情能力，首先，教师要根据德育目标，针对学生的特点，设置虚拟的道德情境。为了达成德育的目标，教师要创设渗透着教育者意图、富有美感、充满智慧的道德情境。教师设置的道德情境可以排除真实道德情境中的不利因素干扰，使学生按照教师的期望产生道德移情，从而更好地促进学生道德移情能力的发展。其次，教师要适时进行引导。学生感知教育者精心设置的道德情境时，会激起相应的情感反应，"这时，在教师语言提示、语言描绘的调节支配下，儿童情不自禁地将自己的情感移入到教材的对象上，在想象的作用下，达到'我他同一''物情同一'的境界"①。教师的引导会使学生在想象他人所处的情境时更加深刻、深入，更易产生道德移情。教师的引导表现在引导学生理解道德情境和引导学生产生道德情感两个方面。教师要运用语言解释设置的道德情境，提出问题，引导学生运用分析、判断、推理、角色扮演等多种手段主动思考，深入体验，学生对道德情境的理解与体验越深入，容易产生道德移情，道德移情能力发展越好。教师还要根据具体情况对学生情感进行引导，使其不过分激动，也避免道德冷漠。

2. 在真实的道德情境中培养学生道德移情能力

真实道德情境是指在现实生活中真实存在道德情境，在这样的道德情境中，学生作为情境的主体而存在，并且这种道德情境与学生直接相关，更能激起学生的情感。"实验表明情境真实性调节了被试在悲伤移情过程中的主观感受。这是因为行为结果发现，图片情境内容和图片情境真实性的交互作用显著，被试在真实情境图片比在电影情境图片诱发下感受到了更为明显的移情反应。"② 因此，在培养学生的道德移情能力中更应注重真实的道德情境的创设和利用。

德育的根本目的是使受教育者在面对真实的道德情境时，能够产生社会所期望的道德情感，表现出道德行为。道德移情能力培养作为德育的组

---

① 李吉林：《情境教育的诗篇》，高等教育出版社 2004 年版，第 194 页。
② 闫志英、卢家楣：《情境真实性对悲伤移情调节的 ERP 证据》，《心理学报》2015 年第8 期。

成部分，更应该在真实的道德情境中进行，真实的道德情境更能有助于培养学生的道德移情能力。首先，教育者要选择有代表性的真实情境。真实道德情境类型多，内容复杂，要选择有代表性的道德情境对学生进行道德移情能力教育。其次，教育者要以恰当的形式呈现道德情境。教师可以采用语言描绘情境，材料诱发情境，教具触发情境，信息技术再现情境，活动表现情境等方法设置真实的道德情境。再次，引导学生对真实的道德情境进行分析，理解道德情境和此情境中的人的情感。最后，引导学生移情于境，情与境深度交融，产生情感共鸣。

（二）引导学生在与他人的情感共鸣中形成和发展道德移情能力

1. 通过角色扮演与模拟培养学生道德移情能力

美国学者乔伊斯等人认为，每个人都有为人处事的独特方式，"这些人的表现称之为角色。角色是'情感、言语、行为的模式化结果，是与他人有关的独特的习惯性方式'"①。个体要想真正融入社会，必须对自己与他人的角色有准确的认识。如果不清楚自己与他人的角色定位，不了解自己与他人的思想、情感、态度与价值观，就不能很好地进行人际交往。而角色扮演是了解、理解他人道德情感、态度的重要方法。角色扮演"就是要求被试或受影响者在给予的情境中加以表现，从而学习充分地履行角色的方法。换句话说，采用角色扮演技术，就是让受影响者在一种特定的或创设的情境中扮演某一角色，使其认清角色的理想模型，了解社会对角色的期望和自己应尽的角色义务，从而有助于他们去控制或改变自己的态度与行为，以达到改善人际关系和提高工作或学习效率的目的"②。最先把角色扮演法作为一种教学手段的是学者莫雷诺（J. D. Moreno）等人。莫雷诺认为，人有自发性和创造性，人们在选择不同的角色时，既可以表现自我，也可以发展积极情感，改善人际关系，提高解决问题的能力。在真实的社会生活中，人们所扮演的角色是不全面的，角色扮演的目的是让学生可以身临其境，扮演生活中不属于自己的角色，通过不同的角色模式，使自己对他人的角色有更深刻的认识，更加体谅他人的情感态度。

① ［美］乔伊斯等：《教学模式》，荆建华等译，中国轻工业出版社 2009 年版，第 152 页。

② 章志光：《社会心理学》，人民教育出版社 2008 年版，第 56—57 页。

　　角色扮演在培养与发展道德移情能力方面有明显的优势。首先，学生可以通过角色扮演与他人角色互换，与他人产生情感共鸣。在角色扮演时，"一个人把自己置身于别人的位置上，然后试着与那些扮演者进行沟通。在相互作用的过程中，产生出诸如移情、同情、愤怒及爱慕等等情感"①。角色扮演使学生了解不同角色间的关系，了解他们的内心期望与需要。角色扮演可以通过想象把自己置身于他人的位置，从而感知他人的情感，以他人的视角去看待世界，体验他人的痛苦与欢乐，提高个体面对道德问题的观点采择能力。对他人角色的扮演，可以使个体直接地了解他人的感受，与他人分享情感，产生情感共鸣。其次，角色扮演可以提高学生的情感调节能力。角色扮演要求参与者综合运用自己所学的道德知识，对角色扮演中的道德情境进行分析与综合。因为不了解事情的因果关系而出现的情绪化问题，在以他人的角度仔细思考后会得到控制，不会因为情绪的失控作出冲动的行为，参与者的正向情感得以激发。

　　角色扮演的实施，首先要求教师根据需要设计道德情境，学生扮演其中的各种角色。道德情境的设置要符合生活实际，来源于生活，不可以脱离实际，远离生活的道德情境是没有什么意义的。道德情境的设置还要符合学生的实际，与受教育者的年龄、知识水平相符，与其道德认知的发展水平相一致。角色的分配与选择也要符合学生的实际情况。其次，教师要引导学生运用"将心比心""换位思考"等方式，将自己与当事人进行角色互换，学生扮演当事人。通过扮演角色让学生深刻体会所扮演的角色的思想与情感，把这种情感巩固强化，迁移到日常生活中加强对他人的理解。

　　道德移情能力的培养也需要模拟。"模拟是在教室中再现（模拟）真实世界情形的一种教学活动。②"当然，在模拟中，在教室内有些真实世界的情形、过程无法完全再现出来，因此，有必要对真实的现实做简化处理，要排除一些使问题变得模糊的因素。模拟中包含着角色扮演，但是模拟与角色扮演并不完全相同。"角色扮演主要是以反映现实生活的游戏方式来表现，常常带有想象活动的性质"③，而模拟是对真实的社会问题情

<hr />

① ［美］乔伊斯等：《教学模式》，荆建华等译，中国轻工业出版社2009年版，第151页。

② ［美］威尔顿：《美国中小学社会课教学策略》，吴玉军等译，华夏出版社2004年版，第308页。

③ 李伯黍、岑国桢：《道德发展与德育模式》，华东师范大学出版社1999年版，第161页。

境的再现，体现出活动的真实性。模拟比角色扮演的范畴更广、内容更丰富。

在模拟中，教师要首先为学生设置模拟情境。模拟情境必须反映学生道德生活中典型的道德问题。教师要善于抓住发生在学生周围的道德问题，将其设计成模拟情境，提出模拟活动的主题，确定模拟方案，包括模拟活动的目标、过程、角色分配，并对参加者进行训练。然后，让学生按照真实的道德问题的情形或发生、发展过程进行角色扮演，同时，让观察者进行观察、思考。最后，要组织好讨论和评价，分享情感与经验。

角色扮演与模拟是为了培养学生道德移情能力，不是为了表演而表演，因此在运用角色扮演和模拟培养学生的道德移情能力时，对表演前情境和角色的认识，表演中的观察，表演后的讨论、分享不可忽视。

2. 通过情绪情感追忆与升华，提升学生道德移情能力

"情绪追忆是指个体根据一定的目的，有意识地对过去经历过的情绪体验进行回忆，以此强化这些情绪体验，同时以自己切身体验更好地理解他人的情绪体验，激发移情性体验。"[①] 情绪情感追忆要求教育者运用言语指示去唤醒受教育者在过去生活中亲身感受过的各种情绪情感体验，同时对这些情绪情感体验进行归因分析，找到与情绪情感相关的事件、情境进行回忆，强化情绪情感体验与相关情境的联系。使个体想象什么样的情境应该有什么样的情绪情感体验。这些情绪情感体验是移情能力产生的情感基础。

情绪情感追忆有利于强化学生的情绪情感敏感性。追忆要求学生回忆自己过往经历过的情绪情感体验。这些情绪情感包括喜、怒、哀、乐、惊恐、沮丧等。在运用这种方法时，教育者要引导学生讲出自己最深刻的情绪情感体验，不要拘泥于形式，要让学生自由抒发情绪情感。在学生讲述自己情绪情感体验过程中，教育者要让他们阐明体验发生的情境、原因以及具体事件。这些阐述会使学生对他人情绪情感的敏感性增强。

情绪情感追忆有利于学生想象力的发展。情绪情感追忆的对象是自己已有情绪情感体验，在追忆的过程中，要调动自己的想象力回忆当时的情境、当时的感情。随着时间的推移，原有的情感会变得模糊，唯有在想象力的帮助下才能追忆起当时的情绪情感。同时，在这个过程中，想象力被

---

① 李伯黍、岑国桢：《道德发展与德育模式》，华东师范大学出版社1999年版，第90页。

运用也被提升。想象力是激发道德移情能力所必需的，它让学生更能理解他人的感受。

情绪情感追忆有利于道德情感的升华。道德情感是一个多层次的整体系统，包括道德情绪、道德心境、道德感情以及道德情操等。通过追忆，对情绪情感进行合理的控制与诱导，可以使其升华为稳定的道德情操。

情绪追忆法的实施要遵循以下步骤：

第一，引导学生回忆情绪情感。教师制定好德育的目标，在目标的指引下引导学生说出自己体验最深的情绪情感，通过情绪情感的表达再次感受自己的情绪情感。对自己以往情绪情感的感受是对他人情绪情感敏感识别的基础。

第二，在追忆过程中，引导学生与他人进行情绪情感互换体验。追忆的过程是对自己以往情感的反思，也是对自己当时的情绪情感反应是否恰当的评价。教师可以对学生进行假设性的替代性提问，例如，"假如你因为身体的残疾，被他人取笑，你的心情是怎样的？""如果你自己年老体弱，摔倒在路边，无人帮扶的时候，你的心情如何？"这些假设会使学生换位到他人的角色中去，把自己的情绪情感与他人情绪情感进行比较，这样，容易产生移情。

第三，组织集体讨论。情绪情感的追忆不只是追忆已有的情绪情感经历，教育者还要在追忆的基础上，组织学生进行讨论，分析自己与他人的情感是否一致，是否与情境相符。讨论的过程中，教育者要发挥引导作用，让学生与同伴进行探讨，最终达成一致的意见。教育者进行最后总结，肯定正确的情绪情感反应。

以上这些是在教师的引导下进行的具有认知性质的移情训练，需要注意的是，训练不要停留于此，而是要引导学生把这些情绪情感体验转向实践，在现实的道德生活中对他人的痛苦能够移情，帮助他人走出困境。

3. 通过对他人语言表征与微表情的理解培养学生道德移情能力

个体的移情能力最初表现为对他人需要的了解和对他人痛苦的关注，所以培养移情能力需要提高学生对他人言语与处境的理解，增强其对他人面部表情的敏感性尤为重要。

韦斯坦和林格伦指出，对他人的言语活动、身体动作、面部表情等情绪线索越是关注，个体就越有可能产生替代性的情绪体验。斯托特兰德曾经做过这样的实验：在两个被试的参与者中进行言语的诱导，使他们针对同一道德情境产生"关注"与"不关注"两种情绪情感。实验的结果是：产生"关注"的参与者产生了比较强烈的生理反应，更容易对他人产生移情，给他人提供帮助。阿德门的研究也表明，对他人情感具有敏锐的觉察力的人更易产生移情反应，更愿意帮助他人。①

第一，面部表情能够反映人的情绪情感，通过对他人面部表情的识别可以把握他人的情绪情感。尽管世界上有众多的民族以及不同的文化，表达情绪的方式也是不同的。但学者们一致认为，人类具有基本的一致的面部表情。微笑表示个体情绪良好，心情愉快；流泪则一般反映个体伤心、难过。面部表情的变化总是在一定程度反映个人的情绪情感及其变化。因此，一个人可以通过面部表情理解他人的情绪情感及其变化，进而对他人的情绪情感产生移情反应。一个人越能通过面部表情识别他人的情绪情感及其变化，就越能产生道德移情，道德移情能力也往往越高。

第二，言语、体态反映情绪情感，通过对他人言语、体态的识别，可以对他人的情绪情感作出判断。人们在交往时注意力总是集中在别人所说的内容，忽略他人在说时的语速以及在语言中包含的情感，不会注意他人在不经意间流露出来的细微表情。然而，这些细微的表情更能反映出他人的真实情感。一个人不停地赞美他人的优秀与美丽，但在一瞬间微微上扬的嘴角则泄露了他的不屑与虚伪。一个人越能通过言语、体态觉知他人的情绪情感及其变化，就越能对他人情绪情感作出准确的判断，就越能产生道德移情，道德移情能力也往往越高。

对于学生表情识别能力的培养，首先，教师要运用图片、影像资料对学生进行表情识别能力培养。教师要有计划、有意识地在课堂上对学生进行表情识别训练，将常见的、基本的喜、怒、哀、乐等通过图片与影像的展示，要求学生进行归类与分析，让他们真正了解这些表情产生的原因以及背后的含义。在以后的现实情境中，学生会自动调动已有的认知，对他人的表情进行识别，不会对他人的困境视而不见，使他们更加理解他人情感，更会体谅他人，产生替代性的情感，进而逐步提升道德移情能力。

第三，在日常的交流中，教师要多运用言语暗示与表情动作，同时鼓励学生运用。教师在日常交往中的语言暗示与表情动作的运用，会使学生了解基本的非言语沟通的规范。任何理论与知识都来源于实践，并且要在

---

① 寇彧、张文新：《思想品德教学心理学》，北京教育出版社2001年版，第182页。

实践中运用与发展。在实践中，学生会逐步理解某种表情以及特定姿态所传达的他人的情感是什么。透过这些微表情，学生会对他人的情感以及境遇有更细致的体验，对他人的痛苦更感同身受。

学生对言语表征以及微表情的理解与洞察，是他们对他人真正情感、处境理解的前提，只有对他人言语表征以及微表情的理解与洞察，才会在内心深处激活助人的欲望，发展移情能力。

（三）引导学生在实践体验中发展道德移情能力

道德体验是产生道德移情进而形成和发展道德移情能力的重要途径。道德体验有两种基本方式："想验"与"亲验"，即心理体验和实践体验。心理体验是主体在观念上将自身置于他人的位置上，使自己从他人所处的情境、立场、观点去思考问题，从而获得相关认识和情感的体验方式。上面所述的角色扮演和模拟就属于心理体验。实践体验是主体暂时把自己变为他人，以他人的角色直接从事各种实践活动，站在他人的立场和观点去思考问题，获得相关认识和情感的体验方式。例如，为了增进学生对父母的感情，养成尊敬父母的良好行为，教师让家长配合，让学生在家中开展"本周我当家"的实践体验活动，让学生以父母的角色做各种家务活，从中体验父母家务劳动的辛劳，形成对家务劳动和父母角色的认知，产生移情，增进对父母的感情，懂得尊敬父母。实践体验与心理体验不同，心理体验是在设置的情境中去扮演某一角色，而实践体验则是在实际的、真实的情境中去担当某一角色，按这一角色的行为规范去活动。心理体验是心理上的换位，而实践体验则是实际角色的暂时换位。心理体验具有表演的性质，而实践体验则是让学生直接参与社会实践。因此，实践体验的作用要远远高于心理体验。

实践体验不同于一般的社会实践，首先，它主要不是一种改造客观世界的活动，而是一种改造主观世界的活动，其目的在于通过实践体验使学生产生道德移情，提升学生的道德移情能力，发展学生的道德情感。其次，它是暂时以他人角色进行的体验，而不是以学生在生活中实际的角色进行的感性物质活动。因此，要想使实践体验收到实效，教师要精心组织和筹划，特别是要调动学生的参与积极性，引导学生自主设计和实施实践体验，要让学生明确实践体验的目的。在实践体验中要让学生深化对自己所承担的角色的认知，引发他们的角色情感体验，从而产生道德移情，尽量避免为活动而活动的形式主义的做法。

（四）利用情感的感染特性培养学生道德移情能力

在德育中，教师要发挥情感的感染性，以情施教，以情染情，引发学生道德移情，从而发展学生道德移情能力。"道德情感也如人类其他情感一样，具有与人交流、共享、相互生发、相互感染的特性。一个人的情感可以感染别人，使别人产生与自己相同的情感；别人的情感也可以感染自己，使自己产生与别人相同的情感。正因为有人际间的情感感染，才会有道德上的情感共鸣，才会有道德的人际传递及道德的'增值'。"①这种人际情绪情感感染为教师培养学生的道德移情能力提供了依据。

第一，充分利用德育内容中的情感因素，引发学生的道德移情。德育内容对道德理论的阐释，对情境和人物的描述，对事件发生、发展过程的阐述，对人物、事件的评价等都蕴含丰富的道德情感。在德育中，教师要认真分析德育内容中蕴含的这些道德情感，情感性地处理德育内容，通过自己富有表情的讲解、讲述，真实、准确再现德育内容蕴含的道德情感，使自己的喜怒哀乐等情感与德育内容蕴含的道德情感的性质相一致，做到知情并茂，引发学生产生与德育内容要求相一致的道德情感，使学生获得真切、动人的感受，发生道德移情。因此，充分利用德育内容中的情感因素，以情引情是培养学生道德移情能力的重要方法。

第二，以教师自身的情感感染学生，使之产生道德移情。无论教师是否意识到、是否承认，他（她）总是带着一定的情感进行教育教学的。这种情绪情感往往会感染学生，使之产生一致的情绪情感。教师的表情、语音语速语调及其变化，对学生在教育教学中的表现的评价，总是伴随着相应的情绪情感的，教师要善于运用自身的情感去感染学生，以情激情，使学生产生道德移情。

第三，通过师生情感交融，引发学生产生道德移情。这主要是利用情感的迁移功能实现的。情感具有迁移功能，一个人对他人的情感会迁移到与该人有关的对象上去。"当一个人对他人有感情，那么对他所交的朋友、对他所经常使用的东西，也都会产生好感，这似乎是把对他人的情感

---

① 李建华：《道德情感论——当代中国道德建设的一种视角》，北京大学出版社 2011 年版，第 76 页。

'迁移'到他所接触的人和物上去了。这便是情感的迁移现象。"① "爱屋及乌"这句成语概括了这种情感迁移现象。在德育中,教师要善于利用情感迁移现象,与学生建立良好的师生关系,使学生热爱老师,进而产生道德移情,使学生爱教师之所爱,恨教师之所恨,与教师形成相同的道德情感,形成道德情感共鸣。

第四,寓情于行,以情育情。即教师以自己高尚的道德情感情操影响学生,激发学生产生道德移情。学生的道德移情往往是在教师实际行动的影响下发生的。某校杨老师的所带的班一名同学因父母早亡,生活艰辛,学习用品也不齐全,夏去秋来,脚上一直穿着凉鞋。杨老师先是为该生申请了最高一级助学金,后又给他零用钱,还从家里拿来衣服、鞋子送给该生。杨老师对该生的情感、杨老师的行为感染了班内的同学们,他们自发凑钱为该生买了文具用品、棉鞋、棉衣。在这一案例中,杨老师对同学的爱感染了同学们,使同学们也产生了与教师相同的情感和行为。因此,要使学生产生道德移情,培养学生的道德移情能力,教师要给学生作出表率,以自己的情感去感染学生。

第五,通过教师道德移情能力的提高培养学生道德移情能力。苏霍姆林斯基认为,"能力、志向、才干的培养问题,没有教师的个性对学生个性的直接影响,是不可能实际解决的。能力只能由能力来培养"②。在对学生产生影响的人群中,教师的影响最为明显。学生大多数的时间是在学校度过的,教师在校园生活中对学生的影响是最大的。教师对他人的关心、同情等移情反应会直接感染到学生。"榜样的力量是无穷的",教师的"身教"胜过"言教"。作为学生模仿的对象,教师自身高水平的道德移情能力,会作为人格魅力的一部分吸引、感染学生,使学生效仿,把提高移情能力也作为自己的目标去努力。因此,教师移情能力对学生的影响是不容忽视的,要培养学生的道德移情能力,教师必须努力提升自身的道德移情能力。

---

① 卢家楣:《情感教学心理学》,上海教育出版社 2000 年版,第 115 页。

② [苏联]苏霍姆林斯基:《给教师的一百条建议》,周蕖、王义高等译,天津人民出版社 1981 年版,第 162 页。

第六章

道德行为能力培养

德育的目的是使受教育者形成社会所期望的思想品德。思想品德是由心理、思想和行为三个子系统构成的完整的立体结构，只有行为与其他要素彼此协调，个体思想品德才能得到很好的发展；同时，道德及德育的本质是实践的，因此在德育中应加强学生道德行为能力的培养。然而，长期以来，由于多方面的原因，我国德育实践中重视的是道德知识的传授，旨在培养"知识人"，将学生的道德学习等同于知识学习，对学生道德行为能力培养重视不够。近些年来，学者和教师虽然从理论和实践层面对如何提高学生道德行为能力这一课题进行过多方面的研究与探索，但是，不可否认，学生的知而不行、知行不一等现象时有发生，学生的道德行为能力与社会期望仍有一定的差距，因此，仍有必要从理论和实践层面对学生的道德行为能力培养进行研究和探索。

一 学理探究：道德行为能力一般理论

研究学生道德行为能力培养，首先需要探讨关于道德行为能力的几个基本理论问题，剖析道德行为能力的含义、特征、构成要素及生成过程。

（一）道德行为能力相关概念解读

概念是相关理论研究的前提与基础，研究一个理论首先要对相关概念进行准确的界定。"我们把关于现实世界的物体或现象的概括的思想叫作概念，利用概念我们就能揭露物体或现象的本质。"① 迄今为止，无论心理学、教育学还是伦理学很少将道德行为能力作为一个独立的概念进行系统阐述。要形成对道德行为能力的正确认识，同时为防止研究的混乱，必须从离析道德行为能力的概念入手，把握其特征，揭示其构成要素，明了其生成过程。

1. 行为的诠释

行为作为主体的外部表现，其主体不仅涉及动物、人类，还包括植物。生物学家们发现：植物也如同动物一般，受到刺激会迅速作出反应。在生物学中，将行为定义为生物体对它所处环境所作出的反应方式。《韦氏词典》将行为分为植物行为、动物行为及人类行为，本章所探讨的行为仅限于人类行为。

在生活中，各种行为类型随处可见，普遍存在于社会各个方面，"行为"一词被广泛应用，同时，各个学科从不同研究角度出发对其进行了不同的解释。哲学家黑格尔称意志表现在外时为行为，且这种意志是主观的或是道德的意志。不同心理学家对行为概念有不同的看法，例如格式塔心理学将行为定义为外部活动，且这种活动受到心理支配。行为主义心理学认为行为是受到刺激所作出的反应。美国心理学家华生用公式 S—R 来表示行为过程，S 代表外部环境的刺激，R 代表有机体的反应，行为就是有机体在外部环境刺激下作出的反应，可见，华生强调的是环境对有机体单向直接的决定作用，他并没有意识到心理和人行为的相互影响关系。直到德国心理学家勒温提出了 B＝f（PE）的行为公式，"在这公式里 B 是指行为，f 是指函数，P 是指人，E 是指环境"②。通过公式可以明确地看出："人类行为（B）是个体（P）与环境（E）交互作用所产生的函数或结果。"③ 由于个体与环境是相互关联的两个变量，环境的变化自然会影响到个体行为的改变，同时由于个体的差异性，面对同一环境，行为也会有所差异。综上所述，心理学维度的行为，指主体在环境影响下，心理、生理发生了一定的变化，这种变化表现在外即为行为。

---

① ［苏联］符·阿·阿尔捷莫夫：《心理学概论》，赵璧如译，人民教育出版社 1956 年版，第 95 页。

② 高觉敷：《西方近代心理学史》，人民教育出版社 1982 年版，第 348 页。

③ 韩晓燕、朱晨海：《人类行为与社会环境》，格致出版社、上海人民出版社 2009 年版，第 1 页。

伦理学作为一门道德科学，将社会中的道德现象作为研究对象。因此，伦理学研究的行为与心理学、哲学有所差异，其关注的重点是与善恶有关的行为。人的行为在伦理学中可划分为道德（善）行为、不道德（恶）行为，"'伦理行为'者、善恶价值判断所加之行为也"[①]。伦理学将道德行为定义为：在道德意识支配下作出的对他人和社会有利的行为，亦称善行；不道德行为是具有负面道德价值的行为，损人利己的行为，亦称恶行。伦理学视角下的行为首先是行为者应具有自由的意志和独立主动选择的权利；其次，行为结果对他人和社会来讲具有利害性。总之，伦理学意义上的行为可以根据社会所倡导的道德原则和道德规范对行为结果进行善恶评判，同时行为者也应在道德意义上负有相应责任。

行为作为人类特有的生存方式，综合各学科的观点，可释义为：个体为维持自身生存与发展同时也为维系他人与社会的和谐共处，在内外因素的影响下表现在外的各种有目的的活动。这个定义表明：行为要有其主体，即有意识的行为者；行为的实施要有一定的目的，目的则会转化为个体的行为动机；主体的行为是在一定内外因素影响下实施的；行为主体和他人、社会要对行为过程及结果进行评价，通过评价来加强或者弱化该行为。

2. 行为能力释义

行为能力从属于行为与能力这两个概念。我们可以从一般能力中离析行为能力这一概念，但从目前文献看，大多是从法律角度对其定义，因而行为能力也称作法律行为能力，指的是具有法律关系的主体通过行为享有权利和承担义务的能力。法律层面对行为能力的界定与我们所要研究的概念差异较大，可以说并不是本章所要研究的行为能力。对于此概念的含义，我们还需要从其他视角去认识，从行为能力关涉的要素去认识。

在对行为能力概念作出厘定之前应明确两个前提条件：第一，行为能力体现在个体的行动中。行为能力是个体实施行为的能力，行为能力水平高低是通过个体日常行为表现出来的。第二，行为能力不仅体现在个体的行动当中，也显示出了人的思维水平。心理学角度的行为能力指的是以解决问题为重点的综合心理特征，它不只是单一能力构成的，而是一种解决问题的综合能力。个体的行为能力是和具体的行动结合起来并体现在行为

---

① 黄建中：《比较伦理学》，人民出版社 2011 年版，第 73 页。

活动中的，只有从个体所从事的具体的实践活动中才可以看出他的行为能力水平，也只有在现实的行动中才可以体现出每个人所具有行为能力的高低；同时，从行为能力的结构来看，包括了对行为方式进行选择的能力和结果预测的能力，这些都是在个体思维活动中逐步形成的，可见行为能力不只包含一种要素，而是行为与认知、实践与思维相结合的能力。根据上述分析，我们认为，行为能力是指人在行动之前能够作出方式选择和结果预测，在过程中通过反思对其加以调整，并通过意志来排除各方面干扰从而实施行为的能力。

3. 道德行为能力释义

当我们从行为能力离析道德行为能力这一概念时，其作为一个独立的研究对象也就凸显出来，从目前文献看，这一能力已经引起了学者的关注，但表述此种能力时名称各异，有的学者采用的是道德实践能力，有的则用道德践履能力，本文则采用的是道德行为能力这一表述。

所谓道德行为能力，是保证个体按照道德认识去选择道德行为方式，预测行为结果，调控道德行为过程及解决道德行为中遇到的困境的综合能力和稳定的心理特征，是主体在道德行为过程中的躬行能力，是主体在道德生活中按照一定的价值标准采取一定的行为方式来处理道德问题的能力。对道德行为能力含义可以从以下几方面来理解：第一，道德行为能力与道德行为是密切相连的、相互作用的关系，道德行为能力是实施道德行为所必需并在道德行为中表现出来的，是实施道德行为的心理条件，而反复的道德行为会促进道德行为能力的提升。但二者又有相异之处，道德行为可以通过外显的活动被人们所观察到，而能力作为人的内在的心理特征需要通过外部行动才能体现出来，内在的道德行为能力不易被人们所直接观察，但这种内在能力一旦形成会对主体的外在道德行为具有促进作用。第二，道德行为能力不仅是个体的道德智慧的构成要素，更是衡量个体品德素质的重要指标，反映出个体的道德水平程度，真实的道德行为能力是"衡量一个人道德品质优劣的尺度"①。

（二）道德行为能力的结构

道德行为能力作为主体在实际道德生活中处理各种道德行为问题的能

---

① 黄惠萍：《当代大学生道德行为能力探析》，《发展研究》2012 年第 9 期。

力，作为个体完成一定的道德活动所具备的心理特征，无疑是一个较为复杂的结构系统。对道德行为能力定义的分析是为了把握道德行为能力的本质，而对其结构进行研究是为了更具体地认识该能力。

"结构"一词源于拉丁语，原意是指部分构成整体的原理和方法，后来的结构主义利用结构这个词来表达组成系统各个要素之间一定的关联和由这种关联构成的稳定作用形式。皮亚杰认为，结构是"具有普遍的、并且显然是有必然性的某几种特性，尽管它们是有多样性的"①，皮亚杰认为结构具有三个特性，即整体性、转换性和自身调整性。现在，人们认为结构是指构成事物的要素及其组合方式和有机联系。

以行为主体的道德行为发生的整个过程为视角，对道德行为能力作线性考察，可以看出，道德行为能力是由道德行为方式选择能力、道德行为结果预测能力、排除内外干扰的能力、道德行为调控能力和道德行为实施能力等要素构成的。

1. 道德行为方式选择能力

道德行为方式选择能力是道德行为能力的基础。所谓道德行为方式选择能力是指主体在对多种道德行为方式判断的基础上，自愿自主地进行取舍的能力。特定的行为过程会有多种可供选择的行为方式，不同的主体会依据主客观条件选择所需方式实施行为，相异的个体往往会选择不同的行为方式。道德行为选择亦是如此，在多种可供选择的道德行为方式面前，依据什么标准选取，如何选取，都需要主体斟酌和筛选，这时主体所依靠的力量就是道德行为方式选择能力。首先，道德行为方式选择是个体自主的选择，迫于外在压力所作出的行为方式选择不具有道德的意义。道德行为方式选择是主体在多种道德行为方式中作出的自主选择，性质上是自由、自觉的。其次，道德行为方式选择是一种具有道德意义的选择，一种基于一定的道德原则和规范的选择。在道德行为方式选择中虽然个体有自主选择的自由，但是，这种选择是超功利性的，这种选择与一般的选择不同，一般的选择是为了实现自身的利益，而道德行为方式的选择是按照一定的道德原则和规范进行的，是利他、利社会的选择。再次，道德行为方式选择是一种社会性选择，总会受到社会条件的制约，是在社会提供的多种可能性前提下进行的选择。个体的道德行为方式选择离不开一定的道德

---

① ［美］皮亚杰：《结构主义》，倪连生、王琳译，商务印书馆1984年版，第2页。

情境，总是在一定的具体的道德情境中进行的。同一个人在不同的道德情境中会有不同的道德行为方式的选择，同一道德情境中不同的人也有不同的道德行为方式选择。个体能否作出自主的道德行为方式选择，个体的道德行为方式选择是否真正具有道德价值，能否在具体的道德情境中作出合适的道德行为方式选择，一个重要因素就是个体的道德行为方式选择能力。具有较高的道德行为方式选择能力的人能在具体的道德情境中，按照社会主流的道德原则和规范，自觉自愿地作出合适的道德行为方式的选择。

2. 道德行为结果预测能力

道德行为方式选择完成以后，主体还要对该道德行为方式实施后产生的结果进行预测，预测的目的是在头脑中评价道德行为的结果是否符合预期的目标，当符合目标时便开始实施道德行为，如果预测的结果与目标不相吻合，则需要主体重新选择新的有助于目标实现的道德行为方式。对道德行为结果预测的理解要注意：第一，预测的时间维度是未来，是尚未发生的行为结果；第二，预测的内容则是道德行为可能产生的多种情况；第三，预测并不是毫无根据的猜想，而是道德行为主体根据自身的实际情况和客观的现实环境作出的"猜想"。由此可见，道德行为结果预测能力是主体对自身道德行为可能产生的结果所作出的有根据的判断的能力。

3. 排除内外干扰的能力

道德行为虽是外显的活动，但却与道德意志密切相连。在道德行为过程中往往会出现行为结果与目标的不一致性甚至是相反的现象，造成这种局面的原因之一就在于个体在道德行为过程中受到来自内外多方面因素的干扰，这些干扰影响道德行为按预期的方向发展。内在因素的干扰主要是行为主体头脑中的不同道德价值之间的冲突、道德认识的改变等，外在因素主要是自然环境的影响。因此，需要主体在行为过程的始终有足够的勇气和意志面对内外因素的干扰，排除这些干扰以使行为顺利进行下去，最终使行为目标得以实现。主体的这种能力就是抗干扰能力，而这种能力主要是个体的道德意志。"意志是为了实现这样或那样的目的，对克服在达到目的的途径上的外界障碍或内部障碍有积极作用的能动的主观条件。"[①]道德意志是道德主体在道德行为过程中排除各种因素干扰，从而使道德行

---

① 宋希仁等：《伦理学大辞典》，吉林人民出版社 1989 年版，第 1107 页。

为达到预期目标的能力。

4. 道德行为调控能力

道德环境是复杂多变的，每个主体的道德行为总会受到各种因素的制约，影响着行为的顺利实施，有的因素甚至会使道德行为发生偏离，难以实现预测的行为结果；同时主体在实施道德行为过程中也往往会根据环境和自身的现实需求对道德行为进行调整，最终达到预期的目标。为了实现一定的价值目标，为了与预期的行为结果相吻合，个体往往对道德行为进行调整，而能够自觉地调控道德行为的内在力量就是道德行为调控能力。道德行为调控能力一方面能够使行为主体调控自己的情绪情感，排除妨碍价值目标实现的障碍因素；另一方面能够使主体依靠这种能力来监督自身行为的整个过程，根据预测的行为结果及时调整行为的方向和进程，以保持实现道德价值目标的道德行为的有效性和连续性。总之，道德行为调控能力可以保证道德行为始终按照选择好的方式，沿着预定的目标进行，不致出现偏差。具有较高的道德行为调控能力的道德主体在道德行为过程中会随时对自己道德行为进行监控，当其发现自己的行为违背了社会道德规范、偏离了道德目标时会产生内疚感，从而调整道德行为，使道德行为回到正确的轨道。而一个缺乏道德行为调控能力的人必然难以调整自己的行为，不能有效地把握行为的进程，最终难以实现自身的道德追求。

5. 道德行为实施能力

道德行为实施能力是指主体将头脑中选择的行为方式变为外在的、实际的道德行为的能力，是将主观的道德愿望变为客观的实际结果的能力。个体的道德行为仅停留在对道德行为方式选择、结果预测等意识层面，还不是真正的道德行为。因此，道德行为实施能力是道德行为能力结构中的最重要的构成要素。道德行为实施能力是在道德行为的实施过程中逐步形成和发展起来的。

道德行为方式选择能力、道德行为结果预测能力、排除内外干扰的能力、道德行为调控能力、道德行为实施能力这些要素紧密相连，相互作用，共同构成了道德行为能力的整体。道德行为方式选择能力是这个有机整体的基础，其发展水平的高低直接影响着道德行为能力发挥的程度；道德行为结果预测能力、排除内外干扰的能力、道德行为调控能力是联结道德行为方式选择能力和道德行为实施能力的中介，其发展水平直接影响道德行为实施及道德行为实施能力的发展；而道德行为实施能力则是以上诸种能力的综合表现，此能力的发挥受制于以上四种能力要素，反过来，道德行为实施能力又会影响其他道德行为能力的发展。

　　每个道德行为主体都具有一定的道德行为能力，但是，能力的高低却不相同，能力的发挥水平不一，造成这种差异的一个重要原因在于以上五种要素的协调程度和配合情况不同，例如，这五种要素都处于较低水平，那总的道德行为能力水平也不会太高；这五种要素参差不齐也会影响整体能力的水平和发挥程度；相反，如果五种要素协调得当、发展平衡且各五种能力水平均较高，主体整体的道德行为能力就强。可见，构成道德行为能力的各个要素之间是密切关联的。

（三）道德行为能力的特征

1. 多样性与差异性

　　从内容角度看，道德行为能力是多样性与差异性的统一。道德行为能力不是一个要素单一的能力，而是包含了广泛而多样的要素，且要素之间相互联系、相互作用，构成了复杂的系统。就不同个体而言，由于每一个体先天的素质不同，所受的教育不同，外部环境的影响不同，道德行为能力发展水平各不相同，具有明显的差异性。就同一个体而言，由于多方面因素的影响，其各种具体的道德行为能力的发展程度和水平都不可能完全一致，而是处于参差不齐的状态。道德行为能力的多样性与差异性特征告诉我们，在德育中要根据学生道德行为能力发展的差异因材施教，特别要注重发展学生整体道德行为能力中发展水平较低的能力，从而促进各种道德行为能力构成要素的协调发展。

2. 相对独立性与相互制约性

　　从结构角度看，道德行为能力作为完整的系统具有各要素相对独立与相互关联的特征。道德行为能力是一个由五个要素构成的复杂整体，其中每一要素都有其特定的内涵，在个人道德行为能力发展过程中发挥着特有的功能。道德行为能力作为完整系统，各个要素缺一不可，例如，道德行为方式选择能力为人们在多种可供选择的道德行为方式中选择自己道德观念所认可的行为方式，道德行为调控能力使人们在行为过程中调节行为使其更趋向于目标，道德行为实施能力则使人在现实生活中实现自己的道德行为选择。道德行为能力每一要素从不同方面保证道德行为的完成，五种要素构成了完整的道德行为能力，每个要素都不能孤立存在于整体中，它们之间相互联系、相互贯通，其中一种要素的薄弱则会影响其他要素功能的发挥，并最终会使整个道德行为能力综合系统的发展受到影响，例如，个体道德行为调控能力水平较低，便不能有效地在道德行为的过程中根据内外因素的变化，采取相应的对策来调整正在实施的道德行为。又如，个体道德行为方式选择能力较强，便能在多种可供选择的道德行为方式中选择最佳的行为方式，但是，如果道德行为实施能力较弱，二者呈现不平衡状态，这样最终也会影响个体道德行为能力的和谐发展。因此，道德行为能力具有各个要素既相对独立又相互贯通，具有相互相对独立性与相互制约性的特征。道德行为能力的相对独立性与相互制约性特征，要求我们在德育中既要注重发展每种具体的道德行为能力，也要注重它们之间的联系，在相互联系中发展每种具体的道德行为能力，而不能撇开其他要素，单独去发展某一要素，从而促进整体道德行为能力的发展。

3. 稳定性与可变性

从存在和发展角度看，道德行为能力具有稳定性与可变性相统一的特征。道德行为能力是个体的直接影响道德行为的稳定的心理特征，稳定性是其基本特征。这种稳定性表现在外就是道德行为主体惯常的、前后一致的行为方式，它使道德行为主体在不同场合、不同道德情境中表现出一贯的行为倾向，而不至于出现相互矛盾的行为。因而，道德行为能力具有稳定性。但是，任何事物都是发展变化的，道德行为能力的稳定性也是相对的，因而是可变的。随着人类社会和人类实践的发展，社会道德原则和道德规范会随之发生变化，对人提出一些新的道德行为要求，对人原有的道德行为能力提出新的挑战，要求人提升道德行为能力，从而使人的道德行为符合变化了的道德原则与道德规范，适应新的道德环境，解决新出现的道德问题。因此，人的道德行为能力是随着社会的发展变化而发展变化的，不会停留在一个水平上。所以，道德行为能力是稳定性与可变性的统一。道德行为能力的可变性为德育中的道德行为能力培养提供了可能性。

4. 形成与发展的实践性

从过程角度看，道德行为能力的形成与发展具有实践性。从心理学视角看，道德行为能力虽是人的稳定心理特征，表现为静态的一面，但是，从过程的视角看，道德行为能力却是动态的。这是因为，道德行为能力总是与道德实践活动联系在一起的，主体进行道德实践活动需要有相应的道德行为能力，同时道德行为能力通过实践活动表现出来。道德行为能力是主体在面临道德情境时，作出道德行为选择并最终落实到行为当中的能力，是以一定的道德认知为基础，通过不断的道德实践活动，在解决道德问题的过程中逐步生成和发展的。因此，形成与发展学生的道德行为能力，要以道德实践为主要途径。

（四）道德行为能力形成、发展过程与规律

1. 道德行为能力形成与发展过程

道德行为能力的形成与发展既不是单纯的主体内部因素作用的结果，更不是单纯的外部客观因素作用的结果，而是主客观因素交互作用的结果，是主体在道德实践的过程中主客观因素相互作用的产物，是外部因素影响下主体内部因素相互转化的过程。

（1）外部因素影响过程

主体道德行为能力生成与发展离不开外部因素的影响。这些外部因素主要有家庭、学校、社会。

外部因素的影响具有如下特点：第一，影响内容的全面性。外部因素对主体道德行为能力的所有构成要素都会产生影响，因此，这种影响是全面的。第二，影响时间的持久性。受教育者生活在家庭、学校、社会中，生活在外在因素的"包围"中，他们无时无刻都会受到这些外部因素的影响。第三，影响方式的隐性和显性同时并存性。家庭、学校、社会对受教育者道德行为能力的影响有时是显性的，受教育者能意识到，而更多情况下是隐性的，受教育者并不能明确意识到这种影响。

外部因素主要是通过以下途径对主体的道德行为能力发生影响的：第一，规范与导向。外部因素通过目标导向、舆论导向、制度导向等引导主体的道德行为，进而影响主体的道德行为能力的形成与发展。第二，强化。通过正强化，增强主体的符合社会道德要求的行为；通过负强化，否定主体不符合社会道德要求的行为，从而影响主体的道德行为能力的发展。第三，感染。通过暗示、情感、榜样等因素影响主体的道德行为，从而影响主体的道德行为能力的形成与发展。

外部因素对主体道德行为能力影响通常有三种情形：第一，外部因素中积极的、进步的因素会强化主体的符合社会道德要求的行为，从而促进主体的道德行为能力的发展。第二，外部因素中消极的因素、落后的因素会阻碍主体的符合社会要求的道德行为，从而妨碍主体的道德行为能力的

发展。第三，外部因素中矛盾的、冲突的因素会干扰主体的道德行为，使主体无所适从、不知所措，会影响主体的道德行为，进而会阻碍主体道德行为能力的发展。

外部因素对主体道德行为、道德行为能力的发展是通过影响主体的道德需要、道德动机、道德情感等心理因素，影响主体道德行为的方式与频率等发挥作用的。

（2）主体内部矛盾转化过程

完整的道德行为是由一系列环节按顺序进行的，即"道德行为方式选择—道德行为结果预测—道德行为过程调控—道德行为实施"，在这一过程中要排除各种干扰因素的干扰，从而达成道德行为目标。因而道德行为能力是在排除内外因素干扰能力的影响下，主体的内在的道德行为方式选择能力、结果预测能力和道德行为调控、实施能力诸要素均衡发展、辩证运动的过程。主体道德行为能力的形成与发展过程就是主体内在的各种要素辩证发展，由不平衡到平衡又到新的不平衡的循环往复的矛盾运动过程，也是主体的道德行为能力由较低层次到高层次的发展过程。

2. 道德行为能力生成规律

根据对道德行为能力生成过程的分析，我们可以将道德行为能力形成与发展规律概括为：主体道德行为能力是在道德生活实践基础上，在外在客观因素与主观内部因素相互作用及主体内在因素矛盾运动的过程中形成和发展的。主体的道德行为能力不是先天就有的，也不完全是外在因素影响的结果，而是主客观因素相互作用的结果。外在因素虽对主体的道德行为能力的生成有着重要的影响，但是主体并不是被动地接受外界一切因素影响。在现实道德生活中，我们可以看到在相同的道德情境中不同主体最终表现出来的道德行为、道德行为能力的水平是不同的。可见，对主体道德行为能力是否产生影响，产生影响的大小主要不在于外部因素，而在于主体自身的状况，在于主体的主体性发挥的程度。总之，主体的道德行为能力是主体因素与客观因素互动的辩证统一过程的产物。

在道德行为能力形成与发展过程中，外在因素与主体内在因素的相互作用是在道德实践基础上实现的。在实践中，外部因素的影响造成主体原有道德行为能力与社会新要求的道德行为能力的矛盾，及主体各种道德行为能力之间的矛盾，从而促使主体通过实践提升自己的道德行为能力以解决这些矛盾。道德行为能力作为主体相对稳定的心理特征，是在长期的道德实践中形成的。例如，主体排除内外因素干扰的能力需要主体有顽强的意志力作依托，意志力的培养需要长期的实践磨炼，因而道德实践影响着主体的抗干扰能力。道德行为实施能力更加离不开平日的道德实践，主体的道德行为实施能力是随着实践发展而增强的。由此可见，实践是道德行为能力形成与发展的原动力与持续动力，实践中遇到的问题、实践的需要激发主体形成与发展道德行为能力的动机。实践具有发展性，新的实践对主体道德行为能力提出新的要求，从而促进主体道德行为能力的提升。道德实践是主体道德行为能力形成和发展的基础与途径。实践的过程就是主体道德行为能力发展的过程，实践使道德行为能力得到锻炼，使各种道德行为能力要素相互转化，使其由低到高，由弱到强。

二　应然选择：学生道德行为能力培养的现实考量

道德"不仅仅是价值，更是实现价值的行动，是有目的的行动"①。道德是一种实践精神，而"实践精神要成为道德的，就必须转化为一定目的和在这目的支配下的行动，就必须干预、调节人们的目的，并通过调节目的而达到调节行为"②。可见，道德的本性决定了以培养学生德性为宗旨的德育也具有了强烈的实践特性，因此，学校的德育应当特别重视学生的道德行为能力的培养。但是，实际上，由于种种因素的影响，长期以来，学校德育关注较多的是学生对道德知识的掌握，对学生道德行为训练及道德行为能力培养重视不够，即使涉及道德行为，也往往是让学生知道怎样做，熟记怎样做，而较少引导学生实际去做，其结果是造成学生道德认识能力较强，道德行为能力较弱。这种德育背离了道德的本性和德育的初衷。在学校德育过程及学生思想品德形成中，道德知识固然重要，但其不是德育和学生思想品德的全部，德育的宗旨是使学生具有良好的思想品德，表现出良好的道德行为。知识掌握并不是学校德育最终的目标。欲实现学校德育目标，应大力培养学生道德行为能力；欲提高学校德育实效，克服当前学校德育弊端，应重视学生的道德行为能力的培养；欲改变学生在道德方面的现状，应重视其道德行为能力培养；欲使学校德育顺应当今

---

① 李春秋：《新编伦理学教程》，高等教育出版社 2002 年版，第 33 页。

② 同上。

时代的发展趋势，应关注学生的道德行为能力的培养。

（一）培养学生道德行为能力是学生德性全面发展的诉求

德育的根本旨归是使学生的德性全面发展。道德行为能力的提升对于学生德性全面发展具有促进作用。第一，道德行为能力在品德结构中起着举足轻重的作用。品德结构是由行为、思想和心理三个子系统根据一定方式组合而成的，是具有稳定性的立体结构，心理系统则包括道德认知、情感、信念及意志等要素，而道德行为则是在这些心理因素的指引下的实际道德活动，可以说对学生知、情、信等的培养最终都是要落实在道德行为中。同时，衡量一个人道德品质水平的最重要标准是道德行为、道德行为能力。可以说，道德行为能否顺利实施影响着学生思想品德结构的完善，但是学生的个别道德行为有时很难判断其思想道德水平，只有道德行为反复训练才能形成习惯，道德行为习惯则较容易地评判个人的品德状况和德性发展程度，而道德行为能力是在不断的道德行为训练中形成的，在行为习惯中提升的，因此，道德行为能力对于品德结构的发展有着重大作用。第二，只有学生的道德能力整体提升才会促使其德性的全面发展和完善，而道德行为能力在道德能力结构中同样具有重要意义。道德行为能力是道德认识能力、判断及移情能力的升华和综合，是真正落实到道德行为方面的能力，只有道德行为能力发展了，道德能力才能得到发展，这又会使学生德性得以发展。可见，要使学生的德性得到完善，必须重视道德行为能力的培养。

1. 德性的定义及特征

当前学者对德性有两种不同的解释。一种解释认为，德性不同于美德，是一个中性概念，"德性实际上是一个中性词，是主体在长期的、一系列的道德行为中表现出来的综合的稳定的特征的状态"[①]。另一种解释将德性看作是优良的、值得赞美的品性。本章采用第二种解释。德性不是与生俱来的；德性表现在行为方面，也表现在道德认识、情感、意志、信仰等方面。亚里士多德在《尼各马科伦理学》中指出："人的德性就是种使人成为善良，并获得其优秀成果的品质。"[②] 德性作为人类品质善的状

[①]　王国银：《德性伦理研究》，吉林人民出版社 2006 年版，第 5 页。

[②]　［古希腊］亚里士多德：《尼各马科伦理学》，苗力田译，中国人民大学出版社 2003 年版，第 32—33 页。

态，对主体的认识和行为活动具有稳定的规范作用，并且德性是通过主体的活动表现出来的某种稳定心理定式，正是由于人类的德性使人的行为成为好的行为，使人成为人。我们通常所说的"至德"意味着人的德性达到了理想的境界，是人类修养所追求的目标。

德性具有以下特征：第一，多维性。德性本身是一个系统，是由不同的要素构成的，包括德性认识、道德情感、道德信仰、道德意志与道德行为。德性的知、情、信、意、行是一个有机的统一体。第二，实践性。德性是通过人的实践活动形成的，德性也只有通过实践活动才能表现出来。我们应从它所指向的人类活动、实践、人们生活的意义方面来诠释德性，德性是通过主体的行为表现出来的，因此，德性是实践性的。第三，倾向性。德性不是通常的心理现象，而是作为一种心理定式作用于人的各项活动，具有规范和指引作用，它不同于法律、政策等通过强制力量起作用，而是通过内在力量即心理定式作用于人。第四，稳定性。德性作为道德的品质是主体在长期的道德实践中形成的心理定式，一旦形成便不易改变。第五，统一性。德性的统一性体现在不同德性构成要素之间相互作用、相互促进、相互强化。

2. 道德行为能力对德性的作用

德性具有实践性，德性不仅需要通过道德行为体现出来，更重要的是需要通过不断的道德行为来发展和完善。学生的德性是在反复的道德行为中养成的，德性养成的必经环节是道德行为，离开了道德行为是无法造就德性的。大量实践证明，学生德性形成与发展的根本途径在于道德实践，单纯的思维不会形成完善的德性。因此，道德行为能力对学生的德性的形成与发展具有重要意义，主要表现在以下两个方面。

第一，道德行为能力是德性生成的条件。道德行为是德性形成的主要途径，道德行为能力是在不断的道德行为中形成的一种稳定心理状态，这种稳定态势也是德性生成不可或缺的因素，道德行为能力的提高有助于人的德性的形成与发展。道德行为选择能力可以使主体选择符合社会要求的道德行为方式，从而使主体的德性按照社会需要的方向发展；道德行为结果预测能力能使主体预测行为可能产生的结果，如果预测的结果能达到道德的效果，主体则会继续这种行为，显而易见，这种道德的行为则会促使主体德性的生成；主体根据预测结果调整自身行为以求达到良好效果，这种道德行为调节能力促进着德性的形成，由此可见，主体德性的生成离不开道德行为能力。美国著名心理学家詹姆斯·尤尼斯通过大量研究证明了道德行为能力对德性生成的作用。尤尼斯回顾 20 世纪 70 年代至 90 年代的研究发现，那些参与过各种政治和道德活动的人在多年以后面对自愿的活动方面，积极性明显高于没有参加过活动的人。他在研究 1.3 万高中生参加社会服务情况时发现，经常参与社区服务者在日常的道德行为中积极性明显高得多。通过尤尼斯的研究，我们不难发现，经常参与道德活动对学生德性会产生积极的、持久的影响，原因之一就在于这些人经常参加道德活动，在活动的过程中逐步形成了道德行为倾向甚至形成了稳定的习惯，继而形成行为主体的道德行为能力。道德行为能力具有一种稳定的状态，此能力在学生身上长久发挥作用，最终使学生的德性得以形成。

第二，道德行为能力是德性发展与完善的条件。德性并非永恒不变的品质特性，一旦形成也并不意味着永不发展，实际上德性从形成到完善是一个过程。这一过程离不开道德行为能力各个要素的参与。道德行为方式选择能力能保障学生在面临多重选择机会时作出正确的抉择，道德行为实施能力则会使学生面临复杂的道德生活开展道德活动，使其朝着预定的目标顺利发展，排除干扰能力能够锤炼学生强大的意志力来面对困难与挑战，道德行为能力的这些要素都直接影响着学生德性的完善，可见道德行为能力是德性发展与完善的条件。

通过以上两点可以看出，学生道德行为能力对自身德性具有重要价值和作用。要全面发展学生的德性必须注重道德行为能力的培养。

（二）培养学生道德行为能力是克服当前德育中存在的问题的需要

长期以来，在我国学校德育中，一些教师重视的是道德知识的传授，割裂了道德知识与行为之间的联系，培养的往往是知识人，而不是真正具有道德行为的道德人，学生道德行为能力不高。尽管近些年来，学校实施生活德育、实践德育，这种局面已大为改观，但是，由于传统德育观念的影响及其他方面的原因，忽视道德行为和道德行为能力培养的现象仍然存在，主要表现有：

1. 实际德育目标忽视道德行为能力培养

目前，我国德育中，教师德育目标的设定与以前相比有了较大进步，主要表现为：注重学生的道德行为的训练，开始逐步由道德认识能力的培养转变为道德认识能力与道德行为能力相结合。但不可否认的是，目前，仍有教师在德育目标中忽视道德行为能力的目标，一些教师虽然在制定德育目标时将学生道德行为能力的培养作为德育的目标之一，但是，在实际德育过程中却没有落实这一目标，造成了道德行为能力目标的虚化，形成了道德认识能力与道德行为能力不能协调发展的局面，培养出来的学生往往是夸夸其谈的"知识人"，在日常道德生活中不能很好地处理道德行为问题，不知如何调整道德行为过程，不知如何排除道德行为过程中各种因素的干扰等，道德行为能力水平欠佳。

2. 德育过程以教师口头传授为主，缺乏实践性

由于有的教师制定的德育目标忽视学生道德行为能力的培养，或培养学生道德行为能力目标的虚化，导致德育过程以口耳相传为主，忽视学生的道德实践，忽视学生道德行为能力的培养。而道德行为能力作为稳定的心理特征，需要在实践活动中生成，学生缺乏道德行为的训练，很难将在课堂所学的道德知识转化为道德行为，自然会影响其道德行为能力的生成，例如，课堂中教师告诉学生实施道德行为要有坚强的意志，使学生理解和记住了实施道德行为需要有抗干扰能力，但是，遇到真实的道德困境，学生凭借头脑中所熟记的知识往往并不能有效实施道德行为，这就意味着学生并没有真正形成道德行为抗干扰能力。又如，教师在课堂中口头传授给学生如何进行道德行为结果的预测，讲授多种预测的途径和方法让学生熟记，但不引导学生真正地运用这种预测方法，不进行实际的训练，导致学生仅仅会熟记这些方法，但并没有形成真正的道德行为结果预测能力。再如，教师在课堂上告诉学生在实施道德行为过程中，要根据内外条件的变化及时调整道德行为，以使其取得预期的结果，但并没有引导学生进行这方面的实践，当学生在单独实施道德行为过程中，由于没有日常实践的经验及相应的能力，并不知如何对道德行为进行调控。由此可见，德育过程只注重口头传授，忽略道德行为的训练，最终会影响学生道德行为能力的生成。

3. 德育评价内容与方式单一，忽视道德行为能力评价

近些年来，我国德育理论提出了许多新的德育评价的理念和方法，教育部颁布的中小学德育课的课程标准也都提出了德育评价改革的建议，广大教师也进行了许多德育评价改革的有益探索，取得了一些成效，但是，由于多方面的原因，一些教师的德育评价仍沿袭传统的理念和做法，主要表现在德育评价内容单一，方式简单化，以笔试为主，忽视对学生道德行

为能力评价等方面。

目前，一些学校、一些教师在德育评价中，仍将学生对道德知识的理解和掌握作为德育评价的主要内容甚至是唯一内容，没有将学生道德行为能力发展情况纳入评价内容中。例如，有的教师评价学生的标准就是对于道德知识的掌握程度、道德认识能力的高低，道德知识掌握好的学生，道德认识能力强的学生往往被列入教师眼中的优等生，即使有的所谓优秀生道德行为表现不好、道德行为能力不高也是如此。这种内容单一的评价发挥了不良的导向作用，使学生将学习的重心放在对道德知识的理解和掌握，忽视道德行为的训练，忽视道德行为能力的生成。一些学校的德育评价方式仍以闭卷笔试为主。这种评价方式主要评价的是学生对道德知识的理解和掌握，尽管现在有的闭卷笔试也重视能力的考察，但是，闭卷笔试自身的特性决定了它仅能考查学生部分能力，而难以对道德行为能力作出准确评价。即使闭卷笔试有这方面的试题，那么评价的也主要是与道德行为能力有关的知识与方法，而不是对学生实际的道德行为能力的评价。例如，以闭卷笔试方式来考查学生对道德行为结果预测方法的掌握程度，大部分学生可能很容易答出预测的方法，如果闭卷笔试改为实际的道德行为考察，恐怕就不会有那么多学生能够有效地进行结果预测。闭卷笔试导致的更为严重的问题是，它使学生平时只注重道德知识的学习以应对闭卷笔试，而不注重自身道德行为的实践和道德行为能力的提升。

要解决当前德育存在的以上诸多问题，发展学生的德性，就必须重视学生道德行为能力培养。

（三）培养学生道德行为能力体现当代国外德育发展趋势

当代西方德育理论突出的特点之一是强调学生道德能力（包括行为能力）的培养。为了摆脱传统德育理论与实践带来的困境，西方许多德育理论家不约而同地将研究视角投向了学生道德行为能力的培养。

著名教育家杜威主张让学生直接地参加社会活动，在这一过程中接受道德的训练。认为如果只是单纯地对学生讲解、灌输道德知识而不练习，就如同教练讲解游泳动作而不让学生下水实际练习一样，最终学生在道德上也会沉沦。杜威将德育与学习游泳作比较，意指德育中引导学生进行道德实践，培养学生道德行为能力更重要。杜威指出："一切能发展有效地参与社会生活的能力的教育，都是道德的教育。"① 他认为只有在生活中让学生"做中学"，亲身经历、经验，与环境相互作用，才能获得能力的发展。

美国学者纽曼的社会行动德育理论提出培养学生的社会行动能力是德育的目标。道德行动是一种社会行动，因此该理论的德育目标包含着学生道德行为能力的培养。这一德育理论提出德育重在培养学生的"环境能力"（environmental competence），特别是社会行动能力。纽曼提出，在道德冲突中，人要把自己作为一个道德代理者来行动。而要作为一个道德代理者来行动，首先必须具有影响环境的能力。纽曼提出的环境能力包括实质性的能力，即影响具体事物的能力；影响人际的关系能力，即影响他人的能力；公民行动能力，即影响公共事务的能力。纽曼认为，一个人的环境能力越强，那么其作为道德代理者的信心也就会越强。环境能力特别是社会行动能力是道德行动的一个前提条件。纽曼还提出了具体的步骤和方法来培养学生的行动能力，这些方法主要是学生的各种实践活动，以让学生在实践活动中提升包含行为能力在内的影响环境的能力。

拉思斯等人倡导的价值澄清理论将帮助学生澄清他们的价值观，让学生能更好地整合其选择、珍视和行动作为教育的目标，该理论旨在帮助学生"提高个人智慧——不只是那种诸如书本知识之类的智慧，而是那种深入了解完整的生活或整合理性、情感和实际行为的智慧"②。该理论认为，只空谈某事而从不躬行实践的个体所处理的绝不是价值，而是别的事物。可见，价值澄清理论也肯定了培养学生道德行为能力的重要价值。

当代美国著名教育家内尔·诺丁斯在 20 世纪 80 年代提出了学会关心德育理论。该理论提出教育的主要目的在于让学生学会关心，提高学生关心的能力，培养有能力的、关心人的人。诺丁斯认为，关心是一种关系，也可以代表某些能力，她指出"人们可以拥有关心的能力。这种能力帮助人们建立关心的人际关系"③。诺丁斯在 2002 年阐述了行为与关心之间的关系，列出了关心行为的公式：（1）A 关心 B；（2）A 发生与（1）相

① ［美］杜威：《民主主义与教育》，王承绪译：人民教育出版社 2001 年版，第 379 页。

② ［美］路易斯·拉思斯：《价值与教学》，谭松贤译，浙江教育出版社 2003 年版，第 13 页。

③ ［美］内尔·诺丁斯：《学会关心：教育的另一种模式》，于天龙译，教育科学出版社 2003 年版，第 26—27 页。

符合的行为；（3）B 承认 A 关心 B。可见，诺丁斯也是将关心作为一种行为来看的，她的培养学生关心的能力实际上包含着学生道德行为能力的培养。她的理论强调德育要生活化，避免空谈道德知识，要重视对学生道德实践的训练。诺丁斯认为，不应仅仅试图让学生记住一些原则以及如何应用这些原则，而应当为学生提供机会，引导学生进行关心的实践活动，通过实践培养学生的关心能力。

20 世纪 80 年代起，美国掀起了声势浩大的新品格教育（Character education）运动。[①] "品德教育寻求培养智慧——我们作出好的选择和过美好生活所需的实践智慧与道德洞察力"[②]。瑞安、博林认为，好的品德包括知善、爱善与行善。知善意味着发展判断形势的能力，深思熟虑，对正确的事作出选择后去实施；爱善意味着发展全方位的道德情感和情绪，包括爱善恶恶以及对他人的移情能力；行善是有行动的愿望。知善、爱善、行善涉及头脑、心灵和双手，是三者结合成的统一体。里克纳也认为，良好的品德由道德认知、道德体会与道德行为构成。道德体会指的是道德情感，由良知、自重、同情、崇尚善、自我控制和谦虚等构成；道德行为包括能力、愿望和习惯，能力即道德能力，"是把道德判断和体会转化成实际道德行为的能力"[③]。品格教育联盟提出的有效品格教育的 11 条原则中提出，品格必须包括认识、情感、行为，学校必须采取措施帮助学生知善、爱善、行善，依据对核心价值观的认识行事，实践核心价值观。可见，美国的新品格教育将培养学生的道德行为能力作为德育的重要目标。

英国著名教育哲学家威尔逊认为，道德最终表现为行为，没有行为的道德在逻辑上是不存在的，理智、情感和行为是道德不可或缺的要素，他提出一个在道德上受过教育的人至少应具有如下品质：尊重和关心他人的态度，对情感的觉识能力，掌握有关知识，运用以上各要素的能力即将上述各要素转化为行动的能力，等等。可见，威尔逊也是将培养学生的道德行为能力作为德育目标的。

---

① Character education 又译为品德教育或品性教育。

② ［美］凯文·瑞安、卡伦·博林：《在学校中培养品德：将德育引入生活的实践策略》，苏静译，教育科学出版社 2010 年版，第 90 页。

③ ［美］托马斯·里克纳：《美式课堂：品质教育学校方略》，刘冰等译，海南出版社 2001 年版，第 58 页。

综观当代西方德育学者的理论，我们发现，重视培养学生道德行为能力是当代国外德育理论与实践发展的趋势。我们的德育必须符合世界德育理论与实践的这一发展趋势。

三　实施策略：培养学生道德行为能力的策略选择

"道德行动的前提，是有采取行动的能力。道德教育的关键，在于培养和提高学生的行动能力。"[①] 本部分以当前德育存在的问题为出发点，根据学生道德行为能力形成规律与特点、道德行为能力结构及特点，探寻培养学生道德行为能力的策略。

（一）根据道德行为能力形成规律培养学生道德行为能力

如上所述，主体的道德行为能力是在道德生活实践基础上，在外在客观因素与自身内部因素相互作用及主体内在因素矛盾运动过程中形成和发展的。因此，我们应遵循道德行为能力形成的这一规律来培养学生的道德行为能力。

1. 引导学生正确认识外在因素的影响，充分利用外在因素的积极影响

外在因素对学生道德行为能力的形成与发展起着重要作用，不过这种作用有积极和消极之分。为了培养学生的道德行为能力，教师需要引导学生对外在因素的作用进行分析，分清哪些影响因素是积极的，哪些影响因素是消极的，认清消极影响因素的危害性，并自觉抵制消极因素的影响。同时，要引导学生明白外部积极因素对自身德性发展、对社会发展的影响，自觉接受这种影响，从而按照外在积极因素的要求发展自己的道德行为能力。另外，教师要积极协调学校与家庭和社会对学生道德行为能力的影响，使之形成正向影响的合力，发挥影响的最大功效。

2. 引导学生积极参与道德实践，在实践中提升道德行为能力

实践是学生道德行为能力形成与发展的基础、动力、途径，学生的道德学习是在实践中进行的，学生道德行为能力的各个构成要素的发展都是通过实践实现的，离开了实践，道德行为能力的形成与发展就会成为无源

---

① 黄向阳：《德育原理》，华东师范大学出版社 2000 年版，第 261 页。

之水，无本之木。因此，形成与发展学生道德行为能力必须以实践为突破点。关于实践的具体方法参见本节后面的内容。

3. 发挥学生主体性，引导学生在情感体验和意志磨炼中发展道德行为能力

（1）引导学生进行积极道德情感体验以促进道德行为能力的发展

"德育的目的就是通过道德教育，将个体的知识经验转化为外在的行为表现。在这个过程中，情感体验和道德成长之间有着天然的亲缘关系。"① 道德情感是人类所特有的高级情感，它不是自发地产生的，而是在道德实践中通过不断地升华形成的。道德情感对人的道德行为具有动力功能。情感具有"放大"内驱力的功能，在由需要引起动机行为过程中，道德情感起着重要的调节作用。在道德认识转化为道德行为过程中，道德情感起着催化剂的作用，是驱动道德行为的重要条件。道德情感具有预测功能，对培养学生道德行为结果预测能力具有积极影响。道德情感是道德行为意志力的基础。道德情感可以促进人的道德意志力的形成与发展。"没有积极情感的支持……不会形成积极的道德态度和控制自己的道德行为的意志力。"② "道德情感常常以特殊的形式（希望的、可能的、应当的、预测的）预见人自身的发展和社会道德生活的变化趋势，从而使道德经验上升为道德生活的理论指南。"③ 人的道德情感是理解道德世界的一种方式，它经常以特殊的方式预测世界与主体的关系，预测自身发展的趋势，这在无形之中为主体对自身的道德行为结果的预测提供了经验。学生的道德行为受到自身道德情感的调节和引发：第一，道德情感使学生道德认识有了动力，从而一定程度能够保证道德认识和道德行为的统一，进而促进学生道德认识能力转化为道德行为能力。心理学家认为，当学生经过长期实践积累了道德情感体验后，会产生某种定向的道德行为和道德习惯，从而转化为某种道德行为力量即道德行为能力。第二，由道德情感构成的道德心境是学生道德行为的心理背景。20 世纪 80 年代以来，心理学家将道德行为过程分为解释情境、作出判断、道德抉择、实施道德计划四

---

① 郑满利：《道德情感体验：德育实效性的促力》，《华北水利水电学院学报》（社科版）2010 年第 3 期。

② 朱小蔓：《中小学德育专题》，南京师范大学出版社 2003 年版，第 54 页。

③ 李建华：《道德情感论——当代中国道德建设的一种视角》，北京大学出版社 2011 年版，第 188 页。

个阶段，道德情感可以调节和控制这几个阶段的发展。道德情感对于道德行为具有引导作用，而道德行为能力又是在主体的道德行为过程中逐步形成和发展起来的，因此，可以说道德情感影响着学生道德行为能力的养成和提高，所以我们应重视学生积极道德情感的体验，采取有效途径引发他们实施道德行为的积极情感。

积极的道德情感可以促进道德行为的产生，从而促进道德行为能力的发展。因此，我们可以利用道德情感与行为的关系，来培养学生道德行为能力。

（2）引导学生进行意志磨炼以促进道德行为能力的发展

主体在实施道德行为的过程中经常会遇到各种各样的障碍，如果没有顽强的道德意志，就不可能很好地对行为过程进行调控，更不会排除内外因素干扰而完成道德行为，所以主体的意志是道德行为能力最为重要的心理因素，它对于整个道德行为过程和道德行为能力的发展具有举足轻重的作用，"没有意志力，人就不可能获得足够的道德力量去实践自己的道德选择"[1]。道德意志具有自觉性、坚韧性、强制性、长效性等特点，正是由于这些特点支撑着行为主体排除各种障碍，将选择的道德行为方式坚持下去，最终取得预期的行为结果。日常生活中我们发现，凡是道德行为能力水平高的学生均具有顽强的道德意志；相反，那些道德行为能力较弱的学生道德意志也比较薄弱。因此，要培养学生道德行为能力，应从其道德意志的培养着手。

第一，给学生提供直接道德意志磨炼的机会。学生的道德意志是在克服内外因素干扰时体现的，并在抗干扰的过程中提升的。当学生决定实施某种道德行为时，从最初的道德行为方式选择到最后的道德行为实施过程中都会受到来自内外因素的干扰，抵抗这些干扰正是对学生道德意志的现实考验和磨炼。磨炼道德意志一定要从日常道德生活中的小事做起，使学生的道德意志在日常生活的小事中得到磨砺和升华。道德活动的具体目标的设置要得当，即符合社会的需求及学生的能力水平，如果目标过高，超出学生能力范围，会挫伤其意志，适得其反。活动结束后，师生要及时进行总结，共同分析在活动过程学生道德意志品质的表现。学生在道德活动中提升了道德意志力，会以更大的力量来处理道德行为过程中面临的问

---

[1] 蔡志良、蔡应妹：《道德能力论》，中国社会科学出版社2008年版，第123页。

题，作为道德行为能力构成要素的意志力的发展会促进道德行为能力的生成和提高。

第二，引导学生进行道德意志的自我磨炼。首先，引导学生设置道德意志磨炼的情境，即自我设置困难，在这样的困难情境中，让学生通过对行为的自觉调节，培养顽强的毅力。其次，引导学生自我激励。通常道德行为中的困难与内心冲突很容易引发学生思想上的摇摆和行为上的动摇，面临这种情况时，教师要引导学生积极地调动自身潜能来战胜来自内外因素的干扰。再次，要引导学生对道德意志进行自我评价。这种评价有助于学生根据评价的结果认识自己道德意志的优缺点，从而有针对性地进行自我调节。总之，要通过道德意志的磨炼来培养学生的道德行为能力，因为无论是在意识层面的行为方式的选择，还是外在实际实施道德行为都需要道德意志的作用，因此应以道德意志为着眼点来培养学生道德行为能力。

（二）按照道德行为能力的结构培养和提升学生道德行为能力

道德行为能力是由许多要素构成的统一整体，各种构成要素相互影响、相互作用，道德行为能力的每一构成要素都会影响整体能力的形成与发展；同时，道德行为能力的总体水平也会影响各个要素的生成与发展。因此，培养学生道德行为能力应从其构成要素入手，通过对各种内在要素，即道德行为方式选择能力、道德行为结果预测能力、抗干扰能力及道德行为实施能力的培养来形成和发展学生的道德行为能力。

1. 在真实的道德情境中提升学生道德行为方式选择能力

道德的本质是实践，它总是与一定的道德情境相关联，道德行为总是产生于具体的道德情境中，学生对道德行为方式的选择及学生道德行为方式选择能力的培养也需在具体的道德情境中进行。

道德情境从真实度划分可为虚拟的与真实的道德情境。科尔伯格在德育中运用的道德两难问题大多是虚拟的情境。这种情境中培养的学生往往只会讲一些大道理，导致学生选择的道德行为与实际道德行为的不一致。因此，必须运用具体真实的道德情境来培养学生的道德行为方式选择能力。真实的道德情境是真实发生过的，包括过去发生的及正在发生的道德情境，这种形式的道德情境具有直接性、真实性的特点。在真实的道德情境中，学生能够感受到道德行为的真实性，能够不断在真实道德生活中对道德行为方式进行选择，从而促进道德行为方式选择能力的形成与发展。

另外，道德多元化已成为当今社会不可忽视的现实，道德相对主义、道德标准多样化导致了人们现实道德生活中道德行为的多样化，这种多元化的道德标准与价值取向会使学生在面临道德问题时难以取舍，造成道德冲突。"道德冲突，是指人们道德选择过程中遇到的一种特殊矛盾情境。具体表现为，当按照某种道德原则、规范的要求作出道德选择时，就不得不放弃或妨害按照其他道德原则、规范的要求作出另外的道德选择，一方面实现了某种道德价值，但同时又牺牲了另一道德价值，从而使选择者陷入一种两难的矛盾境地。"① 在多种可供选择的行为方式中如何选择最佳的行为方式，也是学生要面临的道德困境，这就需要学生运用自己的道德行为方式选择能力进行选择。在这一过程中，学生的道德选择能力会逐步得到提高。

2. 运用道德行为结果预测法来提高学生道德行为结果预测能力

如前所述，学生的能力是在不断地训练与实践中形成与发展的，学生的道德行为结果预测能力也是如此。只有在道德生活中让学生对道德行为的结果进行预测，才能形成和发展他们的道德行为结果预测能力。

要提升学生道德行为结果预测能力，关键在于让学生掌握道德行为结果预测的方法，并运用这种方法进行预测训练。道德行为结果预测法指的是以假设某个道德行为能够持续到未来为前提，对预测的对象即道德行为可能引起的结果或是可能出现的情况进行有根据的推测。需要指出的是，道德行为结果预测虽是主体对行为结果作出的猜想和推测，但并不意味着胡乱地和毫无根据地遐想，而是主体依据自身的能力和对情境的理解作出的预测。道德行为结果预测法具有范围广、使用灵活、能够及时有效地预测道德行为带来的结果等特点。这种方法运用起来简便，不受条件的制约，只要是对道德行为未来产生结果的预测都可使用这种方法。道德行为结果预测法的实施步骤是：第一，要让学生确定预测的对象是什么，即学生实施的某种道德行为可能产生的多种结果；第二，让学生找寻影响结果发生的多种因素；第三，具体分析行为结果的性质，即有利于或有损于个人、他人和社会；第四，确定最终的预测结果。以上步骤并不是一成不变的，在实际的道德行为结果预测训练中，可根据道德情境和学生的实际有

---

① 王敬华：《道德选择研究：以价值论为视角》，中国社会科学出版社 2008 年版，第127 页。

所变化。

3. 以道德实践为途径来加强学生道德行为抗干扰能力

学生在实施道德行为过程中经常会遇到主客观因素的制约和阻碍，没有较高的抗干扰能力和顽强的意志力就无法获得力量去践行所选择的行为方式和实现所预测的行为结果，所以，培养学生的道德行为抗干扰能力尤为重要。与其他道德能力的形成与发展一样，道德行为抗干扰能力的形成与发展也需要以现实的道德实践为途径。传统德育缺乏道德实践的缺陷，造成了学生在实施道德行为过程中受到内外因素干扰时不知如何应对。根据这些实际，应以社会道德实践为基础，让学生积累较丰富的排除内外干扰的实践经验来养成抗干扰能力，学生只有在道德实践中亲身感受到来自内外因素的干扰，才能想出一些办法来排除干扰，长期有意识的道德实践定会使学生形成一种稳定的心理态势。因此，我们要引导学生走出课堂、课本，直面活生生的道德情境，在道德实践中学会排除干扰因素的干扰，形成道德行为的抗干扰能力。关于道德实践，请参见本书后面的相关内容，在此不再赘述。

4. 以生活德育为突破点来提升学生道德行为实施能力

主体在对道德行为方式进行选择，对行为结果进行预测之后，就要开始真正地实施道德行为。如果说主体的选择和预测属于心理范畴的道德活动，那么，实施道德行为则是表现在外的现实道德活动，使道德心理顺利过渡到道德行为需要主体的道德行为实施能力来保障。传统德育重视道德知识的传授和道德认识能力的培养，而道德知识与学生道德生活、学校德育与实际道德活动、学生道德能力的生成与道德实践的关系被忽略，导致学生道德行为实施能力不高。学生道德行为实施能力与现实的道德生活密不可分，它通过现实的道德生活得以表现，并在现实生活中得以生成与提升。因此，我们应按照生活德育的理念，通过实际的道德生活来培养学生的道德行为实施能力。

生活德育主张从学生的实际道德生活出发，在现实的道德生活中培养学生，目的是为了引导学生过道德的生活。这种德育具有较强的实践性，它不是通过教师对生活的讲解进行教育，而是通过引导学生积极地体验道德生活，在体验过程中引发自身道德情感和需求，过有道德的生活，实施道德行为，在道德生活中逐步形成和发展道德行为实施能力。学生道德行为实施能力与道德认识能力有所区别，学生的道德认识能力可以在脱离现实生活的情境下获得某种程度的发展，但是，离开道德生活来培养学生道德行为实施能力只能是南辕北辙。

为了使生活德育在培养学生道德行为实施能力中发挥更大的作用，教育者应特别注重以下几点：第一，引导学生过自主的生活。"道德与主体的关系已经紧密到这样的程度，即不但没有主体，便没有道德，而且即便有了主体，但如果主体并不敬仰和服膺道德，也同样没有道德。"[①] 学生的道德行为实施是在生活中实现的，生活的过程实际上也是学生实施道德行为的过程。而生活应该是自觉自愿的，只有自觉自愿的生活才具有教育价值，学生在这样的生活中充分发挥自主性，切切实实地、认认真真地实施道德行为，道德行为实施能力会在这一过程中得到发展；而被迫的、非自愿的生活中，学生只是应付了事，自然难以达到发展学生道德行为实施能力的目的。因此，教师要善于调动学生参与生活的主动性和积极性，力戒强迫学生参与的形式主义做法。第二，引导学生面对新的生活，过开放性的生活。生活是不断发展变化的，道德也是不断发展变化的。当今社会，越来越多的新的道德问题需要人们去解决。教师要引导学生勇敢地去面对新的道德问题和道德情境，使道德行为实施能力在这一过程中获得新的发展。"在学校教育中，可以通过开展各种活动、加强学校和社会的联系、及时反映生活中的新变化等措施来拓展学生的生活空间，在面向社会和未来的双重维度上设计生活，让孩子在实际的开放性生活中获得道德的发展。"[②] 当然，也包括学生道德行为实施能力的发展。第三，引导学生过多样的生活。生活是多样的，从不同的维度看，有日常生活与非日常生活，家庭生活、学校生活与社会生活，制度生活与非制度生活，儿童生活与成人生活，当下生活与未来生活，现实生活与虚拟生活等。每一种生活都有其特点，对道德行为实施能力的要求也不相同，但都具有发展学生道德行为实施能力的价值。引导学生过多方面的生活，有助于使学生道德行为实施能力得到发展。

（三）构建完整的培养学生道德行为能力的德育体系

德育体系是由德育目标、德育内容、德育方法及德育评价等构成的。

---

① 夏伟东：《道德本质论》，中国人民大学出版社 1991 年版，第 149 页。

② 唐汉卫：《生活道德教育论》，教育科学出版社 2005 年版，第 151 页。

这些要素都制约着学生道德行为能力的发展，因此要发展学生的道德行为能力需要建立一个以培养学生道德行为能力为核心的德育体系。

1. 将发展学生道德行为能力作为德育目标

"学校道德教育对个体道德实践能力的培养，是道德教育的核心。"①德育目标是德育的出发点和落脚点，对德育活动具有导向、凝聚与调控等功能。在德育中要想有效地培养学生的道德行为能力，首先必须在德育目标上有明确的指向，必须将培养学生的道德行为能力作为德育的目标。

教师在制定和实施德育目标时要注意以下几点：首先，应从思想上意识到培养学生道德行为能力的重要性，在制定德育方案时，自觉将培养学生的道德行为能力作为目标，根据道德行为能力的构成要素将道德行为能力分解为不同的具体目标。其次，根据培养道德行为能力的具体目标，采用不同的策略和方法，使培养学生道德行为能力的目标落到实处。道德行为能力是由五个具体能力构成的系统，每一种具体道德行为能力的培养方法也往往不同，教师要根据具体的德育目标选用不同的策略与方法，例如，培养学生道德行为方式选择能力可采用比较法；培养学生道德结果预测能力可采用道德行为结果预测法。最后，每次德育活动培养的具体的道德行为能力可以有所侧重，但要注意各具体道德行为能力之间的联系，在培养某一具体道德行为能力时兼顾其他能力，以使各种具体的道德行为能力协调发展。

2. 德育内容要有利于学生道德行为能力发展

要实现培养学生道德行为能力这一目标，教师对德育内容的选择和安排应注意以下两点：第一，根据培养学生道德行为能力的目标，选择德育内容。要选择需要学生进行道德选择、道德预测、道德调控、道德实践的德育内容，以使学生道德行为能力各构成要素得到培养。第二，德育内容的设计与安排应有利于学生道德行为能力培养。要将选择来的德育内容设计成需要学生参与的各种情境、各种活动、各种需要学生解决的问题，让学生在活动中、体验中、实践中，在解决具体的道德问题中发展各种道德行为能力。

3. 改进德育方法以培养学生道德行为能力

培养学生道德行为能力的方法是多种多样的，但最主要的方法是实

①　朱小蔓：《中小学德育专题》，南京师范大学出版社2003年版，第54页。

践。学生的道德行为能力是在实践中、在行动中得到发展的。因此，在发展学生道德行为能力过程中，必须高度重视实践法的运用，必须加强学生道德行为的训练。学生的道德实践、行为训练必须注意以下几点：第一，道德实践与学生的生活相结合。"社会生活在本质上是实践的。"① 学生生活的过程就是学生道德实践的过程。将道德实践与学生的生活相结合可以使道德实践场所具有广泛性，时间具有持续性、持久性，可以使学生的道德实践随时、随地进行，从而使学生的道德行为能力不断得到锻炼和发展。离开实际的、具体的生活，单纯进行的所谓道德实践和行为训练，是难以取得预期效果的。第二，教师引导与学生发挥主体性相结合。学生道德实践包括教师精心组织与学生自己组织的道德实践。前者的道德实践活动在活动之前有明确的活动目的、方案等；在道德实践过程中，教师对学生进行一系列具体指导；在活动后，要求学生对自己的道德行为进行反思等。对学生自行组织的道德实践，教师也必须根据学生的特点加以指导。无论哪种形式的道德实践都需要发挥学生的主体性，只有这样，学生才会积极主动参与，自觉自愿践行道德规范，否则，学生就会应付了事，道德实践就会走过场，道德行为能力的培养就会成为一句空话。第三，实践要有深度，即在道德规范指导下进行道德实践。道德实践不仅仅是做，而且必须是在道德规范指导下的做，离开道德规范的指导，道德实践就会形式化、表面化，道德行为能力的培养也就无从谈起。第四，领域广泛的实践。要形成与发展学生的道德行为能力，实践的领域要广泛，包括处理与他人、集体、社会、自然关系的实践，做人、做事、处世、立身的实践。只有这样，学生的道德行为能力才能得到多方面的锻炼。

总之，在培养学生道德行为能力中，要摒弃传统的德育方法的弊端，改变单纯的教师口头传授的方法、学生记诵现成的道德行为方式与策略的方法、做道德行为练习题式的道德训练的方法等，要将道德知识学习与实践相结合，让学生以道德规范为指导，在实际的道德实践中进行道德行为方式选择，掌握预测道德行为结果的方法，学会排除道德行为中的干扰因素，调控好自己的道德行为，按道德要求实施道德行为，从而形成和发展道德行为能力。

4. 改进学校德育评价以促进学生道德行为能力的发展

我国目前德育评价侧重对学生道德知识掌握情况的评价，这种评价不

---

① 《马克思恩格斯选集》第1卷，人民出版社2012年版，第139页。

仅无法对学生的道德行为能力作出准确评价，而且也不利于学生道德行为能力的发展。为了实现培养学生道德行为能力的目标，我们应改变现有的德育评价内容与方式，将更多的关注点放在学生道德行为能力的评价上。

首先，要将学生道德行为能力的发展作为德育评价的内容。道德的实践本质决定德育评价的实践性。应将学生道德知识掌握与现实生活中的道德行为、道德行为能力发展评价结合起来，将道德行为能力作为评价的重要内容。缺少对学生道德行为和道德行为能力的评价是不全面的评价，因为对学生道德知识理解、掌握的评价，及认知能力的评价并不能反映学生道德行为能力发展情况。如果评价内容只涉及道德知识，会对学生平时的道德学习产生不好的导向，使学生的注意力与着力点放在道德知识的记诵上，强化知性德育，影响学生道德行为能力的发展。因此，德育评价应将学生道德行为能力作为评价内容。这样，会使学生把道德学习的重点放在道德行为能力的发展上。

其次，改变评价方式，在学生的道德行动中评价学生道德行为能力。传统的闭卷笔试很难测量学生道德行为能力，难以对学生道德行为能力作出准确评价。因此，要准确评价学生的道德行为能力，必须转变评价方式，运用观察、成长记录等方式，在学生的现实表现中评价学生的道德行为能力发展情况。

第七章

道德创新能力培养

社会转型促进了我国的经济、政治、文化等各个方面的发展。与此同时，社会转型中新旧制度、观念交织碰撞，使得社会道德生活日益复杂、多样、多变，新的道德问题、道德冲突不断出现，原有的道德观念、道德原则、道德规范已不足以解决新的道德问题。现实的社会生活要求人们进行道德创新，以形成与新时代相适应的道德体系；要求德育要培养学生的道德创新能力，以使学生能创造性地运用道德规范，灵活应对各种道德问题，对原有的道德进行改造和更新，创新道德自我，创造美好的新的道德生活。本章将以社会转型为视角，探讨学生道德创新能力培养问题。

一 道德创新能力的理论探讨

（一）道德创新能力的解析

当前，无论国际和国内都出现了一股"创新热"，创新已不再专用于技术领域。经济、教育、科技、文化、军事等各种领域的学者都在探讨"创新"。创新是"抛开旧的，创造新的"[①]。它包含更新、改变和创造新的东西等多重含义。由此看来，创新是联结旧事物与新事物的关键环节，是对旧事物的超越，是一个破旧立新的活动。创新中的"新"应该是指符合社会发展方向的，有利于人的全面发展的新事物。创新这一概念比创造的运用范围更为广泛，它被用于更多的领域，例如提出新的思想，称之

---

① 中国社会科学院语言研究所词典编辑室：《现代汉语词典》，商务印书馆 2005 年版，第 214 页。

为思想创新、观念创新；提出新的制度，称之为制度创新；对教育的改革，称之为教育创新。在这些创新中，有的是"除旧布新"，有的则是"有中求新"。道德领域也需要创新，道德领域的创新即道德创新。"道德创新，即依据社会生活变革的客观需要，在对传统道德进行批判继承的基础上，实现道德价值观念的更新，并以此为指导，实现社会道德和个体道德的革故鼎新。"①

创新是主体应具备的一种能力。创新能力是产生新颖而具有价值的产物的能力，这种新颖而具有价值的产物既可以是新理论、新思想，也可以是新方法、新发明等，它是改变现存事物，创造新事物的能力。社会的各个领域都需要创新能力。道德及道德教育领域同样也需要创新能力，这种创新能力就是道德创新能力。

道德创新能力是根据社会道德生活的需要，在对既有道德批判继承的基础上，实现道德的改造、更新与超越，实现社会道德和个体道德的除旧布新的能力。道德创新能力是一种高级能力。道德创新能力是一般创新能力在道德这一特殊领域的体现。道德创新是一个复杂的过程，对道德主体的各种道德能力均有较高的要求。它不仅要求道德主体能够灵活运用各种能力，而且必须具有整合各种道德能力的能力。因此，道德创新能力是一种综合能力，是主体道德智慧的最高体现。与其他道德能力不同，道德创新能力是对道德生活进行除旧布新的能力，它不是对既有的道德遵从的能力，而是在面对新的道德生活、新的道德情境时，对既有道德进行改造、更新的能力，其实质是主体在既有道德基础的超越，除去其中的不符合时代要求的一些要素，使道德与时俱进。处于社会转型期的中国，道德生活发生了翻天覆地的变化，人们要面对许多前所未有的道德冲突与道德问题。这就要求人们要具备根据道德生活和社会发展需要，对既有道德进行改造和创新的能力。只有这样，人们才可以在复杂的道德生活中从容应对各种道德问题。

道德创新能力是人的创新性的表现。创新性是人与动物的根本区别。动物只会占有、消耗资源，只会与生存环境保持"同一"，而不会通过创新改善自己的生活和生存环境。而人则不同，人以自己的行动改变世界。人在创新中发展，"人是不会满足于既成的存在和既有的生活的，总要追

---

① 窦炎国：《伦理学原理》，中国社会出版社 2010 年版，第 370—371 页。

求更新的存在，奔向更高的生活，从有限进入永恒"①。生活在本质上就是人们不断创新、不断超越的过程。人们通过实践，把自己的意图物化到对象中，在改造对象的过程中，自身也获得了改造，实现了自身的否定之否定，使"旧我"变为"新我"。从这个意义上说，整个人类世界都是人类实践的产物，但这里的实践不是指一般的活动，而是具有革命性的实践活动，是连续不断地创新性活动。创新性由创新精神、创新能力等要素构成，其中，创新能力是创新性的核心。

在道德生活中创新性包含两个方面：第一，对既有道德的超越。道德不是从来就有的，而是人在生活实践中创造的。道德产生于调节人们之间各种关系的需要。人的道德生活是具有多种可能性的未完成过程。近年来，新的道德问题不断出现，使得既有的道德无力应对，给人们的道德生活带来困境。人的创新性使其可以按照社会的需要，对既有的道德进行创新，促进人与社会的关系、人与人的关系、人与自然的关系的和谐发展。第二，对道德主体自身的超越。对于人来说，道德生活不是固定不变的，它是指向未来，充满不确定性的存在。基于此，人也有两种存在，一种存在于现实的道德生活中，另一种存在于可能的道德生活中。人在道德生活中一方面了解社会的真实现状；另一方面，在思想中描绘出可能的形态，通过创新达到自己的美好理想。人的创新性使他不断地追求"人所应是"的存在，超越自身的局限性。一直以来，人们都是在智力和能力范畴内认识创新性，几乎没有人把它作为人的一种基本德性。实际上，创新性"是人的一种基本的、必不可少的德性，它关系到我们每一个人是否得以走上成人之路，关系到生活的整体方向和对待生活的根本态度"②。人们在道德创新的活动中不仅能动地改变道德观念与道德规范，也改变自身，在创新道德观念与道德规范的同时，也创新自身的本质，推动自身在创新中不断完善，提升自己的道德境界。也正是通过创新，使人自身趋向于一种无限的可能性，包括在道德生活中的各种可能。创新性使人超越自身的道德规定性，达到道德上的自我完善，走向道德的最高境界——道德自由。

道德创新能力是人对既有的道德的超越及对道德主体自身的超越这两

---

① 高清海：《中国传统哲学的思维特质及其价值》，《中国社会科学》2002 年第 1 期。
② 鲁洁：《创造性是人的一种基本德性》，《教育研究与实验》2007 年第 5 期。

个方面的创新性的表现。只有具备道德创新能力，人才能根据道德生活的需要，改造旧的道德观念与道德规范，提出新的道德观念与道德规范；才能从道德他律阶段跃升到道德自律阶段和道德自由阶段，不断更新自身道德，不断超道德自我，成为一个道德新人。

(二) 道德创新能力的特征

通过对创新、创新能力概念的阐述，我们可以看出，道德创新能力虽然与创新、创新能力有相同点，但是，它是主体在道德领域的创新能力，必然有其自身的特殊性。

1. 求善性

创新能力是人类创造某种新颖的、有价值的产物的能力，既包括思想、理论上的创新，也包括产品上和技术上的创新。一般的创新能力主要指创造某种有价值产品的能力，道德创新能力与一般的创新能力不同，它是指对道德的创新和改造的能力，具有求善性的特点，这种创新能力会促进社会新道德的形成和主体对自身道德的超越。

2. 综合性

传统的观点将创新能力看作单维的认知结构，近些年来，"随着研究的不断深入，人们越来越重视影响个体创造力水平的自身人格因素，并把这种人格因素作为创造力静态结构的一个有机组成部分"①。也就是说，创新能力不是一种单一的结构，而是一种复合的结构。道德创新能力同样也不是一种单一的结构的能力，而是由多种要素构成的复杂的系统，是主体的多种能力相互整合、贯通而形成的一种内在的综合能力。首先，从动态的角度分析，道德创新能力要求主体具有发现问题的能力、分析问题的能力以及解决问题的能力。主体要进行道德创新，首先必须有一双善于发现的眼睛，在道德生活中能够发现原有道德规范的局限性和社会对新的道德规范的需求。只有发现了问题，才能够去寻找相关信息，对问题进行分析，在分析的基础上根据社会的需要及相关的标准，提出新的道德规范，创造性地解决复杂的道德问题。其次，从静态的角度分析，就宏观层面而言，道德创新能力由道德创新精神与道德创新性思维能力构成。道德创新精神包括道德创新的需要、情感、动机、信念、价值观、意志、性格等非

---

① 俞国良：《创造力与创新能力》，华艺出版社 1999 年版，第 119 页。

智力因素，它对道德创新起着动力与导向作用。道德创新思维能力是在道德创新活动中表现出来的一种思维能力，是主体在道德思维活动中产生具有社会价值和个人价值的新概念、新观点、新理论的能力，它既是发散式思维和聚合式思维的统一，又是形象思维和抽象思维的统一。道德创新性思维能力是道德创新能力的核心。具体而言，道德创新能力由赋予传统道德新内涵的能力、创新地运用已有道德规范的能力、提出新的道德规范的能力、创新道德自我的能力、创造美好道德生活的能力构成。道德规范并不是一成不变的，随着时代的发展，一些过时的道德规范不能再调节社会关系，但是道德创新并不是要完全推翻已有的道德，对已有的道德规范的批判继承是创新的逻辑起点。任何的道德规范上的创新，都是以已有的道德规范为起点和前提的。所以道德创新能力不仅包含创造新的道德规范能力，还包含赋予传统道德以新内涵、创新性地运用传统道德规范的能力，以及不断地创新道德自我，使人过上新的、理想的道德生活的能力。由此可见，道德创新能力是一种综合性的能力。

3. 可塑性

有些人认为，创新道德是伟人、领袖的事，与普通人无关，这是一种错误的想法，道德创新能力是每一个道德主体的基本素质。但是，道德创新能力不是生来就有的，与一般创新能力不同，道德创新能力的获得更需要通过后天的培养与塑造。另外，每个人进行道德创新的能力是不同的，有高有低，这与主体的道德人格的完善程度、道德知识水平、道德思维发展水平等息息相关。这些道德创新能力的影响因素都是可能通过德育培养的。学校通过德育特别是通过德育中的实践活动，可以促使学生道德知识水平和道德思维水平不断提高、道德人格不断完善，并在道德生活中不断解决新的道德问题，这样就会使人的道德创新能力得到提高。因此，道德创新能力是可塑的、发展的。当然，道德创新能力的培养不能仅仅局限于课堂内，更重要的是体现在道德实践中。

（三）道德创新能力的结构

道德创新能力是一个复合的结构，它由以下要素构成。

1. 既有道德规范改造更新能力

道德是反映社会存在的一种特殊的社会意识形态，不能脱离社会生活而独立存在，这就决定了道德随着社会生活的变化而变化。道德作为一种特殊的社会意识形态是社会上层建筑的组成部分，它反映了一定的社会经济基础。经济基础的发展必然带来道德的变化。一些既有的道德规范随着社会的发展会过时，落后于时代、落后于社会的需要，但社会往往并不是完全抛弃这些道德规范，建立一套全新的道德规范，而是根据社会发展的需要赋予既有的道德以新的内涵，让其焕发新的生机和活力。道德创新能力就是主体按照社会的新要求赋予旧道德以新的内涵，使之与社会发展新要求相适应的能力。具有道德创新能力的主体能依据社会生活的新需要，保留那些能够有效指导人们道德生活的道德规范，对那些虽有一定价值但在某些方面已落后于时代的道德规范提出新的要求，赋予新的内涵，使之具有新的特征，焕发新的生机和活力。例如，我国自古以来就把勤劳节俭作为美德，把贪欲奢靡作为恶行，形成了黜奢崇俭的消费道德观念，倡导消费上的"节欲"和知足常乐。中华人民共和国成立后，人们仍长期坚持"新三年，旧三年，缝缝补补再三年"的消费理念。这些消费领域的道德理念就当时的生产力发展水平而言是有其合理性的。但是，改革开放后，在我国实行社会主义市场经济，生产力得到了极大的解放，"中国居民特别是城镇居民的消费生活发生了翻天覆地的变化，以至于被国外学者称之为中国的'消费革命'。在这场'消费革命'中，有消费水平、消费方式和消费观念的变革。而其中消费伦理观念的变革，又特别引人注目"①。这时，传统的消费道德理念的局限性就凸显出来了，如果再倡导传统消费道德理念，不仅不利于人们生活的改善，也不利于社会经济的发展，但是，传统的消费道德理念中的节俭还是值得倡导的。所以，根据现阶段我国的国情，有的学者提出了适度消费、绿色消费、科学消费的新消费道德观。主张将崇尚节俭和适度消费统一起来，以文明健康的方式进行消费，消费的方式和行为要有利于生态环境的保护。这种消费观既继承中华民族勤俭节约的传统美德，反对享乐主义和奢侈浪费的消费方式，同时又超越了传统的消费道德观，鼓励人们适度消费，以利于人民生活的改善和社会经济的发展。这一新的消费道德理念的提出就是赋予传统道德以新内涵的能力发挥作用的结果。

2. 创新性地运用已有道德规范的能力

人既是道德规范的制定者，也是道德规范的执行者。道德创新能力不

---

① 周中之：《全球化背景下的中国消费伦理》，人民出版社2012年版，第12页。

仅包括主体创造新的道德观念、道德规范的理论方面的能力，还包括灵活地、创造性地运用已有的道德规范，解决道德问题的实践方面的能力。

　　道德是处理人与人、人与社会、人与自然关系的规范，尽管道德规范看起来很具体，但它们仍然是概括性的，而具体的道德情境是多种多样的，道德规范并没有规定某种具体的道德情境中人如何去做。因此，就需要主体根据具体的道德情境灵活地运用道德规范，这样才能够完美地解决道德问题。"机械地利用人人都应遵守的规范是不能解决道德任务的。……人总是应该个性地行动，个性地解决生命中的道德任务，应该在自己生活的道德行为里表现创造才能，一刻也不能变成道德机器。"① 我们都知道，说谎是不道德的，但是坚持"不说谎"这一道德准则在一些道德情境中就会产生不道德的结果。比如面对病危的病人，"说谎"就成为使他坚持治疗、不放弃自己的一种好办法，这时候"说谎"就变为了善意的谎言，成了一种道德的行为。道德规范的使用有赖于人们之间的理解，道德规范在不同的道德环境中，在人们的理解下被赋予了新的道德意义。拥有道德创新能力的主体不拘泥于道德规范，他们不是道德规范的机械执行者，而是道德规范的灵活运用者。具有创造性地运用道德规范能力的人面对具体的道德问题时，能根据有利于他人、社会、自然的原则灵活地运用抽象的道德规范，以有效地解决所面临的道德问题。道德主体面临的道德问题是多种多样的，道德情境是千变万化的，这些道德问题、道德情境往往是在道德学习中未曾遇到的，这就需要主体以自身已经掌握的道德规范为基础，根据面对的实际情况，根据人自身以及人与人关系的变化，赋以原有道德规范新的意义，并对其进行创造性的应用。

　　3. 创造新道德的能力

　　道德是不断生成的，它不是某种千古不变的神圣设定，而是由人在实践中创造出来的。追溯人类发展的历史，自从道德产生以来，每个时代都会出现新的道德观念、道德原则、道德规范。这些新的道德观念、道德原则、道德规范的提出就是人的道德创新能力发挥作用的结果。创造新道德的能力是道德创新能力的最高层次。当今的时代，社会生活发生急剧变化，随着社会的转型，随着经济全球化和多元化的发展，人们的道德生活

　　① ［苏联］尼古拉·别尔嘉耶夫：《论人的使命》，张百春译，上海人民出版社 2007 年版，第 137 页。

日趋复杂、多样、多变，传统道德与现代道德、后现代道德交织并存。一些原有的道德已不适应新的社会道德生活，导致一些人在复杂、多样、多变的道德生活中迷茫失落，不知何去何从。因此，亟须创造新的道德，形成新的道德体系，以规范、指导、引领人们的生活。例如，在生态环境领域、网络领域、人工智能领域、消费领域、生命伦理等领域，都遇到传统的道德无法很好解决的问题，亟须人们根据这些领域的道德生活的需要创造新道德，建立适应消费、生态、科技等领域新要求的新的道德体系，以很好地解决新出现的各种道德问题，破解各种道德困境，处理好各种道德关系。因此，在当今时代，创造新道德的能力是道德能力构成要素中的一个非常重要的要素。创造新道德的能力包括提出新的道德概念、道德观念、道德规范等的能力。

4. 创新道德自我的能力

从内容上看，自我包括道德我、知识我、欲望我、情感我、意志我等。把这些方面综合起来，就构成了完整的自我。其中道德自我指的是在道德层面的自我，是道德主体发挥自己的主动性，在一定的道德体系中调整人与人、人与社会、人与自然之间的关系中表现出来的自我。人同动物一样有着自然的欲望、本能、冲动，但是，人与动物不同的是，人不仅仅是一种自然的存在，更是一种精神的存在，有着一种永恒超越的境界，从而使人能够超越自然存在中的必然规定。道德自我体现着主体对内在自我完善的追求，只有这种道德自我才最能够体现高尚人性和完美的人格。

人是未完成的存在，永远处于完成过程中，道德自我是在道德创新中不断生成和发展的。拥有道德创新能力的人是一个行为主体，拥有不断塑造、超越自身现有德性的能力。当道德主体在发挥其道德创新能力的时候，不仅改变了外在的道德世界，同时也改变了内在的道德自我，推动了个体内在的精神成长，使个体成为一个有内在追求并能进行自我改造、自我更新的人。个体道德创新的过程就是一个自我认识及自我改造的过程。个体要成为一个在道德上不断完善的人、一个不断超越道德自我的人，就必须具有创新道德自我的能力。要不断地学习并内化道德规范，不断进行道德反省，参与道德实践，解决新的道德问题。这样，个体才能够克服自身道德上的弱点与不足，推动自身德性的进步，使旧我转变为新我，实现自身的否定之否定，使个体成为一个具有高尚的道德情操的人，把自身的创新潜力变为现实能力，在建构新的道德生活的同时提升内在自我。所以，个体道德创新能力还表现为道德自我的不断超越，不断赋予道德自我以新质的能力。由此可见，只有拥有道德创新能力，个体才能够进行道德的自我创造，使自己成为一个不断具有新质的道德自我。

5. 创造美好道德生活的能力

"创造就是人用自己的行动改变世界，建构起一个现实中并不存在的、更适合人生存发展需要的生活世界（包括对象和自己）；创造就是对于更加美好生活的追寻，人总是在追寻这样的生活。创造的要义，是赋予生活新的价值和意义，是新的生活的建构。……不断地索寻更为美好的生活，实现更为美好的生活，是人学范畴'创造'的基本涵义。"① 道德生活是社会生活的一个重要的方面，它是人所特有的。人不同于动物，不是为了活着去生活，而是对生命质量或价值有着更高层次的追求。道德生活本身就具有创造性，人们通过道德生活的不断创造，使道德自我得以完善，使每个道德主体都过上幸福美好的有意义的生活。

道德生活不是亘古不变的，它是随着社会生活的进步而进步的一种生活。中国社会进入转型期之后，新的道德体系有待确立。基于这种现实情况，提高道德创新能力，重新建构适应社会发展的美好道德生活就成为每个道德主体的必然选择。道德创新能力是道德主体对更适合社会发展的道德观念、道德规范的一种追求，即主体对美好道德生活追求的一种能力。它可以帮助道德主体建构更加美好的道德世界，人们以自己的生活经验和道德知识为前提，通过创新道德，赋予道德生活以新的意义。从这个意义上说，如果没有道德创新能力，现代人根本无法过上美好的道德生活。如今的社会开放而多变，人际关系也日趋复杂，缺乏道德创新能力的主体无法解决社会的道德冲突，内心必定感到恐慌焦虑。道德创新能力使主体能根据社会的变化和需要调整已有的道德规范，舍弃过时的道德规范，提出新的道德规范，从而能够更好地协调人与人、人与社会、人与自然的关系，创造出前所未有的美好道德生活，提高生活、生命的质量。人们通过创新与改造道德，使道德体系的发展适应社会生活的需求，从而使人与人、人与社会之间关系和谐，社会秩序稳定，这种和谐的外部环境与人际关系给人们带来幸福，使人过上有意义的、美好的道德生活。在为他人带来了幸福生活的同时，人也实现了自身的社会价值，得到社会的认可，在

---

① 鲁洁：《创造性是人的一种基本德性》，《教育研究与实验》2007 年第 5 期。

创造行为中感受到享受与幸福。

这些道德创新能力既包括社会道德的创新能力，也包括个体自身道德的创新能力；既包括道德思想、观念等的创新能力，也包括道德生活的创新能力。

（四）道德创新能力发展与其他道德能力的关系

道德创新能力是道德能力的高级表现形式，是道德能力中的一种高度发展的能力，是推动社会道德与个体道德发展的根本力量。道德创新能力的发展与道德认识能力、道德判断能力、道德直觉能力、道德行为能力等道德能力都有密切关系。

1. 道德创新能力发展的基础——道德认识能力

道德认识能力是道德主体对调节社会关系的道德观念和道德规范的认识与把握的能力。道德认识能力不仅仅包括主体掌握道德知识的能力，还包括主体反映道德现象的能力。

道德认识能力虽并不能决定道德创新能力的发展，但对其发展具有基础性意义。道德认识能力强的人并不一定道德创新能力强，但是道德认识能力不强的人是不可能具有较强的道德创新能力的。道德创新并非凭空想象，而是理解与把握已有道德观念、道德原则基础上的创新。它是对这些方面的独特加工、整合、创新的能力。但这种独特的整合、创新能力是建立在对道德知识有深层次的理解，在道德规范间建立了丰富的联系的基础之上的，也就是说，是建立在道德认识能力基础上的。如果道德主体头脑中没有这些道德知识，即便有再强的创新能力，也是无法进行道德创新的。只有主体具备了对道德规范认识与把握的道德认识能力，才能够对其灵活地加工、整合与创新，道德创新能力才能得到发展。

2. 道德创新能力发展的前提——道德判断能力

道德判断能力是道德主体在道德认识的基础上，对道德现象加以辨析，作出是非善恶判断和评价的能力。道德主体是具有能动性、自主性、超越性的主体。当原有的道德规范无法解决新的道德问题时，道德主体会发挥自身的能动性，对道德规范进行创新。主体拥有道德创新能力的前提就是必须具备对道德现象的善恶辨析的能力，即具备道德判断能力。只有判断出善与恶，判断出原有的道德原则、道德规范能否解决新的道德问题，主体才能够确定其解决方案——选择已有的道德规范或创造新的道德规范。主体只有具有较高的道德判断能力，才能够确保自己创造的新的道德是善的。如果主体无法对道德问题进行基础性的善与恶的判断，那么，道德主体的道德创新可能就是不道德的。所以，道德创新能力发挥的前提就是要具有道德判断能力。

3. 道德创新能力发展不可忽视的因素——道德直觉能力

道德直觉能力是主体在一定的道德情境中凭借直觉对道德情境进行整体把握，对道德现象作出迅速判断，对道德行为作出快速选择的能力，具有直接性和顿悟性的特点。

道德创新能力包含理性的道德创新能力和非理性的道德创新能力。人的道德创新既需要道德理性，也需要包括道德直觉在内的非理性的参与。道德创新能力的构成要素，即赋予传统道德以新内涵的能力、创新性地运用已有道德规范的能力、提出新的道德规范的能力、创新道德自我的能力、创造美好道德生活的能力，都与道德直觉能力有关。以创造美好道德生活的能力为例，"直觉在现实生活中确实不可忽视。若纯粹以一种理性的方式来说明人的日常道德生活，道德生活本身就会失却色彩，人亦会通过一系列环节成为机械的存在"①。因此，创造美好的道德生活需要道德直觉，道德直觉能力有助于人创造美好的道德生活，有助于人的创造美好道德生活能力的形成与发展。

4. 道德创新能力的保障——道德行为能力

首先，道德行为能力使主体增加道德创新的宝贵经验，提高其道德创新能力。主体的道德创新能力是建立在对道德实践经验积累基础上的，道德经验越多，其发现、分析、加工道德问题的能力就越强，道德创新能力也就越强。其次，道德行为能力可以增强主体道德创新的动力。当主体创新的道德规范在道德实践中被证明能促进自身发展和社会进步时，其内心会有一种愉悦感和成就感，从而使主体对道德创新活动充满信心，激励其不断进行道德创新，进一步提升道德创新能力。最后，道德行为能力激发主体道德创新的动机。道德问题不是主体冥想出来的，而是主体在实践中发现的。道德行为能力促进主体在实践中发现道德问题，促使主体为解决问题进行道德创新，激发主体道德创新的动机。

---

① 高兆明：《伦理学理论与方法》（修订版），人民出版社 2013 年版，第 268—269 页。

二　培养学生道德创新能力的必要与可能

本部分我们将以社会转型为视角分析培养学生道德创新能力的必要与可能。

社会转型起源于西方的现代化理论和社会学理论，它是一个打破旧秩序，建立新秩序的十分复杂的过程，是一种社会形态向另一种更高级的社会形态的变革过程。它对社会的影响范围大、深度强，其实质是指社会形态、结构的综合性变化过程。社会转型不仅包括社会经济、政治、文化、教育等各层面的深刻变化，还包括社会主体的重大变化，即主体的存在方式、思维意识、价值观念、社会关系的变化。"社会转型既包括社会制度的更替，即彻底的转型、质变；也包括同一社会形态中社会制度内部的转型、量变。"①

改革开放以后，我国的社会转型就进入了加速期。我国的社会转型是传统向现代、封闭向开放、一元向多元的转型。社会转型是经济、政治、文化、教育等各方面的新旧交替。在这种交替中，新旧体制胶着，旧体制依旧发挥着一些作用，新体制尚未完全确立。这种新旧交替容易引发各种社会问题，出现道德冲突、道德失范，使一些人无所适从。在这种复杂的局面中，道德创新能力的培养就显得尤为必要。

(一) 政治转型要求培养学生的道德创新能力

在探讨政治转型时，我们必须清楚，我国的政治转型并不是社会制度的根本改变，而是对社会主义制度的完善与创新。我国的政治转型还存在一些问题，制度与法制的不健全引发了许多道德问题，解决这些道德问题的途径之一就是培养学生的道德创新能力。而且，在我国政治转型过程中，政治民主化进程加快，人民的民主意识逐渐增强等，也为学生的道德创新能力的培养奠定了基础。

随着社会转型的深入发展，我国由计划经济转入市场经济，市场经济强调保证个人利益，鼓励人们追求正当的个人利益。但是，由于我国政治制度的转型落后于经济发展的需求，调整人们利益的制度还不完善，导致

---

① 杨森：《中国社会转型的特殊性分析》，《甘肃社会科学》2003 年第 1 期。

一些人钻制度的空子，从而引发了腐败和道德失范。面对这一情况，我们不仅要进一步完善我国的政治制度与法治建设，还应该加强道德建设，以道德来规范人们的行为。道德不应游离于政治生活之外，我们应当通过道德创新能力的培养加速道德更新，使道德与时俱进，适应我国政治发展的要求。

在社会转型期，社会生活发生了很大的变化，各种利益冲突随时发生，人们在制度不健全时便会转向寻求道德。然而，在有些情况下，原有的道德不能很好地解决这些问题，而新的道德还未形成。要解决这些问题，需要培养学生的道德创新能力。培养学生的道德创新能力，一方面有助于学生灵活地、创造性地运用已有的道德，解决新的道德问题；另一方面，也有助于学生的道德创新，为新的道德体系的建立奠定基础，使道德调节社会关系的功能得到充分发挥。

我国实行社会主义市场经济后，社会阶层状况随之改变，不仅传统的社会阶层发生分化，而且还产生了许多新的阶层。虽然我国是社会主义国家，各阶层的根本利益是一致的，但是不同的社会阶层有不同的具体利益。个人在追求自身利益的过程中可能会对其他阶层的利益造成损害，从而加重社会矛盾。社会分层必然对学生产生影响，每个学生的家庭出身不同，身上必然有其家庭所属社会阶层的影子，反映出一定社会阶层的生活品位、道德观念，带有其家庭所属社会阶层的特征。不同阶层的学生如何相处？一个重要的途径就是培养学生的道德创新能力。我们的德育不是为了培养循规蹈矩的"机器人"，而是要培养学生的反思与质疑精神，使其能灵活地运用已有的道德规范，形成新的道德共识，认同适应社会发展的新的道德规范，对不同阶层的道德进行意义整合。道德创新能力能使学生在了解自己与社会及他人关系的基础上，调整自身的交往准则，建立起一种普遍的道德共识，在完善自身的同时构建起美好和谐的社会生活。

进入社会转型期后，我国政治转型进入深入发展的阶段，政治民主化取得了重大进展，民主观念日益深入人心，为学生道德创新能力的培养提供了可能性。民主制度的确立，使人民成为真正意义上的国家的主人，人民的思想得到解放，人民的意愿得到了尊重，人民的权利得到了保护。与此同时，学生的思想也随着时代而发展，他们不再是随波逐流的个体，而是关注自我实现、自我发展，思想上要求进步的一代。民主精神的确立为培养学生的道德创新能力奠定了基础。民主精神的发扬，是对于道德主体意志自由的高度发扬，它使学生成为具有自我决定能力，能够独立思考的道德主体。民主精神的发扬、民主制度的确立使学生逐渐不再屈从于权威，不再服从于僵化的教条，也不再拘泥于过时的道德规范。它在很大程度上解放了学生的思想，给予了学生进行道德创新的权利，促进了学生的怀疑精神、探索精神和创造性思维能力的发展，使学生敢于否定过时的道德，创造新道德。

（二）经济转型要求培养学生的道德创新能力

1. 社会主义市场经济需要培养学生的道德创新能力

经济制度是规定人们的利益关系的一种制度，而道德就是调节人与人之间的利益关系的体系，它能满足人的合理需求并抑制过高需求，平衡物质生活与人的欲望，实现社会和谐。在不同的经济制度下人们的利益关系不尽相同，所需要的道德体系也是不相同的，经济制度的变更要求道德体系的调整。计划经济时期的一些道德规范已不适应当今社会发展。首先，在计划经济时期，行政权力决定社会利益，导致利益主体单一，而市场经济是一个利益主体多元化的时代，所以道德规范必将随之变化。其次，计划经济时期的一些道德规范讲求绝对的平均和集体本位，抹杀人们对自身正当利益的追求，压抑个性发展，因而与市场经济的诉求不相适应。再次，由于市场经济需要的新的道德尚未完全确立，导致出现许多新的道德问题，导致拜金主义、享乐主义、个人主义流行。我们必须明确，这些问题并不是由市场经济带来的，而是因为市场经济带来的利益意识缺乏与之相适应的道德与法律制度的规范而形成的，所以现阶段建立与之相适合的道德体系就显得尤为重要。学生是我国社会转型期新一代的生力军，他们思想上不够成熟，道德能力尚不够高，很容易受到金钱的诱惑和不良道德环境的影响。因此，需要培养学生的道德创新能力，使他们具有分析新的道德问题的能力，认识到原有道德的局限性，能够对不适应社会发展的道德规范和道德自我进行更新，创造出和谐经济生活。

社会主义市场经济自身发展也需要新的道德。市场经济打破了传统的利益格局，摆脱了过多的行政干预，其竞争机制使人们的积极性被充分调动，潜能被充分激发，人们奋发进取、竞争意识大大提高，个人权利得到了尊重，推动了公平、效率、平等、竞争、诚信等与之相配的市场经济伦理道德的创新与发展。但是，市场经济道德体系还不完善，需要我们培养学生的道德创新能力，使他们能够自觉抵制市场经济的趋利性带来的不良影响，具备发现道德问题的能力、分析道德问题的能力及破旧立新的能力，并能根据外在的经济环境不断创新自我，调节自己的行为，从而为以后进一步完善社会主义市场经济道德体系奠定基础，促进社会经济生活的发展和进步。

2. 工业化、城市化引发的社会问题需要培养学生的道德创新能力

社会转型期，我国开始由农业社会向工业社会转型。一方面，工业化的发展对于推动社会发展有深远影响；另一方面，工业化也带来了一系列的社会问题。工业化向自然的扩张，造成环境污染；工业化向生活世界的扩张，使社会形成物化的氛围；工业化向文化生活的扩张，使一些人片面追求物质而忽视甚至放弃精神家园的建设。

城市化与工业化的发展密不可分，我国传统社会是以血缘关系为基础的共同体社会，社会人被亲戚关系、熟人关系包围。随着城市化的发展，人员流动频繁，信息化的发展扩大了人的交往范围，交往的匿名化更加削弱了道德的监督作用，传统的熟人社会正在逐渐被陌生人社会所取代，陌生人时代的到来也给道德领域带来了许多问题。

我国工业化、城市化引发的一系列问题都需要道德调节和规范。传统的一些道德不适应工业化与城市化的发展，所以创新道德、培养学生的创新能力是我国工业化、城市化的重要保障。工业化引起的精神危机要求人们对人生的终极价值进行思考，进行生态伦理、经济伦理、生命伦理等一系列创新，要求培养具有道德创新能力的人。道德创新能力赋予学生智慧和道德的力量以进行道德上的创新，使他们能按照社会的新要求去改善道德世界，获得道德自我的成长，等他们走出学校，成为社会的中流砥柱，通过充分发挥自身的道德创新能力，创造出人与自然、人与人和谐相处的幸福世界。

（三）文化转型要求培养学生的道德创新能力

在中国的社会转型中，文化转型是社会转型的一个重要方面。社会转型所带来的社会问题实质上是深层的文化问题。传统文化与现代文化及后现代文化、外来文化与本土文化、精英文化与大众文化，在当今中国这个大舞台上对峙与博弈。学生们在面临强烈的多元文化冲击的同时，信息技术、转基因技术等高科技的发展也让学生感到无所适从、眼花缭乱，从而

引发了一系列的道德问题。

1. 文化冲突造成的个体价值迷失需要培养学生的道德创新能力

在我国的社会转型中，人们的思想观念呈现多元化的趋势，不同观念交融碰撞，呈现出一种鱼龙混杂的状态，文化冲突也日趋明显，出现了传统文化与现代文化、后现代文化、本土文化与外来文化、精英文化与大众文化之间冲突与交融并存的局面。青少年学生喜欢新鲜刺激，思想前卫。面对当前如此激烈的文化冲突，他们极易感到迷茫困惑，观念上难以分辨对错，行为上容易走向极端。文化冲突对学生的影响具体表现在以下两方面：第一，西方文化冲击学生的价值观。一方面，西方文化体系的理论支柱是个体利益，而我国的传统文化重视整体利益。随着西方文化的传入，我国传统价值观受到强烈冲击，一些学生个人主义的价值观膨胀，过分关注自己而不顾集体，过分强调个人自由而不顾团体规则。另一方面，西方以金钱为本位的价值观的流入，使得攀比风气盛行，一些学生在一起不是比学习成绩，而是比吃比穿，或许一些家境贫寒的学生能够奋发图强，改变命运，但有的学生则会因为自己家庭经济状况不佳而对社会产生敌对仇视心理，极易走上歧途。第二，大众文化对学生思想的冲击。大众文化传播的目的是吸引关注度从而获得经济利益，因此存在着一些非理性甚至低级趣味的东西，严重影响了学生的身心健康。

文化冲突对于辨别能力较弱的未成年学生来说是一个巨大的挑战，我国当前这种不同文化的错综交织的态势极易使学生产生道德困惑，陷入道德迷茫。为了应对文化转型的这一挑战，德育必须培养学生的道德创新能力。道德创新能力能够使学生在面对文化冲突带来的新的道德问题时保持清醒的道德认识，对文化现象作出冷静分析，在纷繁复杂的文化冲突中保持警惕，自觉抵制不良文化的侵袭，积极吸纳各种文化中有益的因素更新道德自我，不与文化中的消极因素同流合污，出淤泥而不染，创造美好的道德新生活。

2. 道德文化的变迁要求培养个体的道德创新能力

文化内在地包含着道德文化，文化的转型必然带来道德文化的变迁。道德文化的变迁是新旧道德体系的交替过程。当代道德文化的变迁引发了许多道德问题，需要培养学生的道德创新能力以保障道德文化的健康发展。

道德是上层建筑的组成部分，随着经济基础的变化而改变。当前社会转型虽然没有改变我国的社会主义社会形态，但却是史无前例的一次伟大转变，家庭作坊式的生产模式为社会化大生产取代，城市化、全球化的进程加速了人们的交往，市场经济使人们的利益关系复杂化。如此深刻的社会变革必然会使反映一定经济基础的道德观念发生转变。"社会在发展，新的道德因素规范不断出现，人只能记住原有的道德规范而不能接纳理解新的道德因素规范，在道德上便没有进步。道德上的进步不仅是能够依据原有的规范行事，而且应有接纳新道德的意识和能力。"① 因此，人们必须顺应道德文化的发展，并且在转型社会中积极探索，培养道德创新能力，建立起符合时代要求的新的道德体系。

3. 科技进步引发的道德难题的解决需要培养学生的道德创新能力

我国社会转型进一步推动了经济、文化进步，这些都为我国的科技文化的发展提供了物质保障和精神动力。核能、人工智能、航天工业、电子工业、生物技术产业、信息产业等高科技的发展把我们带入一个新时代，但科技这一"潘多拉宝盒"的开启，带来的不仅仅是巨大的物质财富，还带来了许多灾难。温室气体的排放，使我们的家园遭到破坏；核武器的发明，可能使人类濒临毁灭。马尔库塞就曾指明，科学技术已经成为一种异己的力量，使其创造者最终成了受害者。

科技的发展何以会给人类带来灾难，从道德方面审视，其原因有至少有两个方面：第一，忽视了科技与伦理道德的结合。当人类社会进入新科技时代的时候，工具理性也得到空前扩张，以至于人类开始觉得自己可以主宰整个世界，试图用工具理性替代伦理精神。但实际情况是，没有伦理道德的规范作用，科学技术的负面效应就会不断扩大，甚至会推动人类走向灭亡。第二，忽视了伦理道德的创新。科技日新月异，总是处于创新过程中，这种创新必然会给生活带来新的变化，带来社会关系的变化，所有的变化都向传统的道德观念提出挑战，要求道德观念的更新。但是，与科技不断创新相反，伦理道德处于一种比较稳定的状态之中，不能解决科技创新带来的道德问题，无法应对社会现实的挑战。因此，必须对道德进行创新。综上所述，伦理道德不仅是科技的内在维度，更是科技发展和良好社会生活的精神保障，如果我们不主动对其进行创新，那么道德的惰性力

---

① 颜培红：《论一个在道德上受过教育的人》，载鲁洁主编《德育现代化实践研究》，江苏教育出版社 2003 年版，第 83 页。

量不仅无法满足科技对道德的需求，反而会制约科技自身的发展。

为了应对科技带来的危机，学校应加强学生道德创新能力的培养。拥有道德创新能力的学生在面对科技带来的新的道德问题时，能将科学知识与伦理道德紧密结合，对科技带来的经济后果、生态效益、社会效应及伦理后果进行综合性的考量，创新科技伦理道德，使新的伦理道德与科技相互促进，共同发展；能对科技的工具理性作出反思，使科技创新突显其伦理价值，增强科技的正面作用，减少其负面影响；在科学技术的发展中不断创新自我，正确运用科技于生活，真正地造福人类，使人们在科技时代过人性化的道德的生活。

（四）人的转型要求培养学生的道德创新能力

人的转型是我国社会转型的核心，人是推动社会发展的主体力量，人的转型的程度直接影响我国社会转型的进程。应试教育培养出来的学生往往是书本的"搬运工"，他们只会背诵书本上的道德规范，墨守成规、安于现状。而社会转型的发展推动了当代学生自主意识和创新意识的发展，使学生思维开阔，个性独立，为学生道德创新能力的培养提供了基础。

社会转型就是从传统社会向现代社会的过渡，在这一时期，传统的东西受到了冲击，但没有完全消失；现代化的东西迅速生长，但又没有成熟。置身于社会转型期的中国人，正在经历从"传统人"向"现代人"的转变。社会转型的主体就是"过渡人"。"过渡人"就是指那些处于传统社会与现代社会之间的个体，同时兼有"传统人"和"现代人"的一些心理文化素质和性格特征。"过渡人"具有以下特点：

第一，思维开放。"过渡人"身跨传统文化和现代文化，不同程度地接受了两种文化的价值观和意义系统。他们一脚刚从"传统"中拔出，另一只脚就踏进了"现代"。"过渡人"身上既保留着中国文化的某些遗传因素，又在一定程度上接受了西方文化的某些特质。全球化与网络社会的发展使社会由封闭转向开放，缩短了人们之间的距离，人们交往日益频繁，信息交流量日益增大。"过渡人"同时吸收了传统文化与现代文化、东方文化与西方文化。新观念、新信息不断冲击着他们的大脑，开阔了他们的视野，使"传统人"的封闭保守式思维逐渐转化为"过渡人"的开放活跃式思维。

第二，双重人格。"过渡人"拥有"传统人"和"现代人"的双重人格。他们既保存了某些"传统人"的人格品质，又融入了"现代人"的人格内涵。从传统文化的角度看，他们已经不再是"传统人"，因为他们背离了传统文化对他们的角色期盼；从现代文化的角度看，他们也不是"现代人"，因为他们在心理上和行为上还带有很多"传统人"的特征。"过渡人"身上兼有新旧两种人格特点，成了非此非彼或亦此亦彼的人。

第三，个性独立。"传统人"受传统观念的影响，具有依赖性和等级观念。随着社会改革的大潮一浪高过一浪，"过渡人"的思想也随之发生转变，他们破除了等级意识和依赖心理，逐渐摆脱对集体和权威的依附，自我概念不断强化，成了个性独立、自尊自强的主体。

第四，自主意识与创新意识强烈。市场经济强调竞争意识、自主意识，在市场经济中，主体要进行自主管理、自负盈亏、优胜劣汰。市场经济主体能够掌握自己的命运，参与市场竞争，这些在无形中推动了"过渡人"创新、开拓、自主等素质的发展。

第五，惶惑与迷茫。社会转型是社会的一个过渡时期。在这一时期，社会呈现出瞬息万变的特点。人们在各种价值观相互冲突，利益矛盾加剧的转型期中感到惶惑与迷茫，感到不理解、不适应，失去了支撑生命活动的意义归属，不知何去何从。

学生是"过渡人"中的一部分，其自身也必然具有"过渡人"的特点。在学生身上透露出中国人从"传统人"向"现代人"转型的信息，反映了中国的青少年正在发生的蜕变。不同于"传统人"，他们身上具有的时代气息是培养道德创新能力的内在条件。

第一，开拓性的思维促使学生道德创新能力的形成。开拓性的思维使学生的想象力丰富，在遇到道德问题时，能迅速把相关的道德规范相整合，触类旁通、举一反三，快速适应不断变化的道德环境，用新颖的方法解决道德问题。另外，开拓性的思维可以引导学生去获得新知识，从而使学生不受或少受固有道德与道德习惯势力的消极影响，能够打破常规，沿着非传统的方向、角度，从多方面思考问题，寻求道德问题的答案。

第二，双重人格使学生具备发展道德创新能力可能性。"过渡人"兼有"传统人"与"现代人"两种人格品质，但这两种人格并非平起平坐，而是呈现此消彼长的发展态势，即"传统人"的人格品质逐渐减弱，"现代人"的人格品质逐渐增强。"过渡人"的这两种人格品质，使其能够融合两种道德文化的精华而成为富有创造力的人。学生通过对传统道德文化的"扬弃",弃其糟粕保留其精华,并赋予传统道德的精华以新的时代内容,从而促使其道德创新能力不断提升。

第三,创新意识是道德创新能力发展的动力。在当代社会,没有创新意识,只迫于外界压力去进行道德创新,要发展道德创新能力是不可能的。社会转型使得主体具有了创新意识,从而可以使道德主体打破旧道德的条条框框,发挥自己在道德上的创造性思考能力。

第四,自主意识和个性独立是道德创新能力形成的基础。"过渡人"具有独立的思想,他们不会照搬书本也不会盲目崇尚,而是用自己的思维去思考道德问题;不再被动地遵守道德规范,而是主动积极地吸收道德知识,并根据社会转型的需要,追求道德的自我完善。从道德上的"遵从者"转向"创造者",为道德创新能力的形成奠定基础。

"过渡人"自身的种种特性决定了他们有能力进行道德创新,形成道德创新能力。与此同时,道德创新能力也可以推动"过渡人"的进步。通过道德创新能力的提高,"过渡人"能够超越自身,提升道德境界,树立崇高的精神追求,更好地适应转型社会,过上幸福的道德生活。

(五) 德育的转型要求培养学生的道德创新能力

德育转型是我国社会转型的必然要求。社会转型使我国社会从封闭向开放转变,一些西方不良思想侵入我国,造成道德价值观的多样化,道德环境开始恶化。市场经济强化了学生的利益意识,使一些学生丧失对理想信仰的追求。网络的普及使不少学生沉溺于虚幻的网络世界而忘记自己的社会角色和社会责任;一些色情、暴力内容易使好奇心强、自律性差的学生进行尝试而走向犯罪。同时,随着社会转型的深入发展,新的道德观念的出现以及国外道德观念的涌入使我国的道德观念呈现出相互冲突的态势,导致了道德价值标准的多元化。学校、家庭、大众传媒等对善恶的评价标准常常不一致,各载体难以形成合力,使学生无法分辨善与恶,直接导致了一些学生思想上的困惑、行为上的失范。

社会转型带来的这些挑战是传统德育根本无力应对的。传统德育重知识而轻能力,把道德与能力分割开来,造成学生道德创新能力培养的缺位。教师只注重知识的填鸭,以把学生培养成"知识人"为目标。虽然对学生的知识传授无可厚非,但是,传统德育片面强调知识的授受,知识被扩张为人性的全部,道德能力的培养被边缘化。在社会转型中,一些学生在不断发生的新的道德冲突面前手足无措，只会背诵道德规范的学生在复杂多变的转型社会中只能被动适应，而不能对道德生活进行主动创造。

传统德育是让学生去适应现实的社会生活，放弃培养学生的能动性与创造性，放弃培养学生追求道德生活的能力。德育应该是面向未来的教育活动，其要义就在于引导学生超越现实的道德生活，创造尚不存在的理想世界。除了对外在世界的超越，德育还要引导学生不断实现对自我的更新、超越，促使学生从实然的我转向应然的我，从现实的我转向理想的我。而传统德育却反其道而行，在传统德育的教导下，学生仅学会了顺从与适应，创新性思维都被否定。如果德育的目的就是适应现有的道德生活，那么何来对道德的创新、对自我的超越？传统德育剪断了现实生活与可能生活的纽带，使学生丧失了追求可能生活的勇气和能力。

培养学生的道德创新能力是德育时代精神之所在，道德创新能力能使学生由被动的"守法者"变为主动的"立法者"，使其超越原有道德生活，超越道德自我，推动人类向至善方向前进。另外，培养学生的道德创新能力能使学生更好地适应我国的社会转型。当前，道德环境日益多样化，仅仅具有适应性人格的学生无法应对复杂的道德生活，他们会在混乱的道德观念、负面的道德环境中随波逐流，失去本真的自我。现代德育应当转变"适应性"传统，使德育面向无限的可能性，应该关注学生的道德创新能力的培养，使其能超越而不是片面适应现有道德生活，追求一种理想的道德生活。

三　道德创新能力的培养策略

学生是祖国的希望，他们的道德状态直接影响着整个社会的道德水平，是衡量社会转型成功与否的标志之一。进入社会转型期后，道德环境日益多样化、复杂化，使传统的具有适应性人格的学生无法应对复杂的道德生活。因此，必须加强学生道德创新能力的培养。要培养学生的道德创新能力，德育本身必须首先要创新，不断更新德育理念、内容与方法。

（一）转变德育理念，将德育引向学生道德创新能力的培养

德育理念产生于德育实践，又反过来指导德育实践。要有效地进行新的德育实践，必须首先转变德育理念，赋予德育以时代的特征，用新的理

念指导德育，以形成和发展学生的道德创新能力。

1. 树立主体性德育理念

主体性的德育理念就是尊重学生在德育活动中的主体地位与主体人格，发挥学生的主体作用，着力培养学生的道德主体性的理念。传统的德育把学生视为毫无感情的客体，教师向学生强制性地注入道德规范，导致学生不能自觉地履行道德义务，只是迫于外界的压力遵从道德规范，而不能创造性地运用道德规范，不能很好地进行道德的自我更新。现代德育应该树立主体性理念，将学生作为德育的主体，发展学生的道德主体性，形成学生创新性的道德人格，推动学生不断超越自我。

道德主体性与道德创新能力是相互促进的关系。道德主体性包含着道德创新性，包含着道德创新能力，道德主体性的发展意味着道德创新能力的发展，而道德创新能力反过来又会促进道德主体性的发展。道德创新是个体的一种自觉自愿的、主动的行为，是个体的愿为。一个人只有具有主体性，他才能积极主动地进行道德创新，才能在这一过程中获得道德创新能力的发展；相反，没有道德主体性，在外界的压力下，是无法进行道德创新的，当然也就谈不上道德创新能力的发展。因此，要培养学生的道德创新能力必须树立主体性德育理念。

第一，充分尊重学生的主体地位。教师是德育活动的组织者，是使德育活动正常开展的主导者，但这并不等于说在德育活动中，教师是唯一的主体。传统的德育理念将教师作为主体，将学生作为客体。在这种理念指导下的德育是一种"无人"的德育，学生的自主性、能动性与创造性得不到尊重，阻碍了学生道德创新能力的发展。只有确立学生的主体地位，教师才能够激发、培育学生的主体性，把德育的重心放在学生道德创新能力的培养上。教师要在人格上与学生保持平等，只有在这样的宽松氛围中，学生才能敢于思考、勇于创新，不断提高自身的道德创新能力。

第二，充分发挥学生在德育中的主体作用，使德育过程成为学生的自主活动过程。"学生主体性的发展是以活动为中介的，学生只有投身于各种活动之中，其主体性才能得到良好的发展。"① 学生的主体作用也主要体现在学生的自主活动中，离开学生的自主活动，学生主体作用

① 张天宝：《主体性教育》，教育科学出版社 2001 年版，第 46 页。

的发挥就往往沦为空谈。因此，发挥学生的主体作用，发展学生的主体性，发展学生的道德创新能力都必须高度重视学生的自主活动。学生自主活动的过程就是对道德现象进行认识、探究的过程，就是提出新观点、新看法的过程，就是学习创新的过程，就是形成新的道德自我的过程。在德育中，教师要按照发展学生道德创新能力的要求，精心设计各种学生活动，组织和引导好学生的各种活动，让学生进行质疑、观察、思考、批判、探究、体验、想象、反思等内部的和外部的活动。只有这样，学生的主体作用才能真正发挥，学生的道德创新能力才能在这一过程得到发展。

第三，着力培养学生的道德主体性。树立主体性德育观念，就要把培养学生的道德主体性作为德育的重要任务。道德创新能力是人的道德主体性的灵魂，培养道德主体性有助于学生道德创新能力的发展。所以，在德育中教师要通过发展学生的道德自主性、道德能动性和道德选择性培养学生的道德主体性。

2. 树立发展性德育理念

发展性德育理念就是教师相信每个学生都是处于发展中的，有道德创新的潜能，并且这种道德创新潜能能够通过德育加以开发，从而将学生的潜能变为实际的道德创新能力。教师要通过组织开展各种教育活动激发学生创新潜能，使之转化为现实的道德创新能力，在创新外部道德规范的同时创新道德自我，促进学生道德上的可持续发展。树立发展性德育理念，要做到以下几点：

第一，德育的重点要从"规范"转向"发展"。德育包含着两种价值追求，即规范人的价值追求与发展人的价值追求。我们的德育长期以来强调德育的规范作用而忽视了德育的终极目的——人的发展。道德虽然对人有规范、约束的功能，但道德的这种规范、约束不是为了限制人，而是为了促使人完善自身。德育不应该只是教人如何遵守道德规范，而是要教人如何在有限的生命中追求无限的人格完善。传统的德育片面强调道德的规范作用，压抑了受教育者自主性与创造性的发展，忽视了学生道德创新能力发展的要求，使学生道德创新能力的发展受到影响。当代德育应以促进学生道德发展作为目的，培养学生的道德创新能力，促进学生道德人格的完善，使学生拥有超越道德自我的能力。

第二，要视学生为具有无限发展可能的主体。"当代心理学研究已经证明，创造性是人类共有的一种潜能。"① 教师要相信学生的发展潜能，相信每一个学生都具有道德创新能力，并相信这种能力能够通过德育开发出来。教师要通过学生的各种自主活动，将学生道德创新的潜能变成显能，使学生成为富有自我更新能力的道德上的创造者。

3. 树立超越性德育理念

要培养学生的道德创新能力，教师必须树立超越性德育理念。超越是德育的本性。② 德育应该是面向未来的教育活动，其要义就在于引导学生超越现实的道德生活，创造尚不存在的理想世界。我们不能将德育的现实性与超越性完全对立起来。德育的现实性与超越性是一对矛盾，是辩证统一的。德育是适应社会的现实需要而产生和实施的，是为社会现实服务的。离开了为现实社会服务，不去适应现实社会的要求，不去培养适应现实社会要求的道德人，德育便失去了存在的理由。但这只是问题的一个方面，德育还有非常重要的另外一个特性，这就是超越性。"教育是指向未来的。从这个意义上说，教育的任何组成部分都具有超越现实的本性。"③德育就是要引导学生不断超越现实的自我，不断否定旧我，走向新我，向着理想的境界进发。另外，社会道德是不断发展的，道德随着社会的变化发展而不断变化发展。因此，以培养学生道德从而为社会服务的德育必须具有超越性。所以，涂尔干早就指出，一个社会不能只是安心地掌握前人的道德成果，而且要"有所创造"。"教育者必须帮助年轻一代了解他们所模糊地追求的新思想，还应指导他们去实现新思想。仅仅保全过去是不够的，应当为未来作准备。"④ "教师应帮助其学生准备进行这些必要的创造，断不可只向他们传授前人的道德圣经。"⑤ 因此，教师要培养学生的道德创新能力，必须树立超越性德育理念，"按照某种超越于现实的道德理想去塑造与培养人，促使人去追求一种理想的精神境界与行为方式，以此实现对现实的否定"⑥，促进学生个体道德与社会道德的发展。教师只有树立超越性德育理念，才能自觉地培养学生的道德创新能力。

---

① 鲁洁：《道德教育的当代论域》，人民出版社 2005 年版，第 111 页。

② 同上书，第 35 页。

③ 同上。

④ 张人杰：《国外教育社会学基本文选》，华东师范大学出版社 1989 年版，第 396 页。

⑤ 同上书，第 397 页。

⑥ 鲁洁：《道德教育的当代论域》，人民出版社 2005 年版，第 36 页。

4. 树立开放性德育理念

改革开放使我国由封闭社会转入开放社会。在如此剧烈的社会转型中，传统的封闭式的德育理念显然已不适应社会的发展，这种德育理念忽视社会开放与日益多元化发展的事实以及现代社会对学生道德创新能力的呼唤。封闭式德育理念与学生道德创新能力的培养是格格不入的。要培养学生的道德创新能力必须树立开放性德育理念。开放性德育具有生成性、多样性、互动性、生活性等特点。生成性即德育内容和结果在德育过程中可以逐步生成，而非全部预先确定并不可更改。生成性强调过程、生成，注重过程与结果、结论的统一。多样性即容许并鼓励学生提出多样化的、甚至不同于教师和教材的新思路、新看法、解决问题的新方法，注重求同与求异的统一。实行"有统一标准、无标准答案的评价"①。多样性还意味着德育中要采用多样化的有益于学生道德创新能力发展的策略与方法。互动性即变教师单向传递现成的德育内容为教师与学生、学生与学生互动，让学生在教师的引导下，通过自主建构形成自己的观点和看法。生活性即要实施生活德育，让学生走出教室、校园，在社会生活中交往、体验、探究、认识和理解道德，解决新的道德问题，形成对道德新的看法。开放德育要求教师要开放学生的思想。德育中要关注学生知识形成过程中的多种可能思路和结果，以及形成同一结果的不同思路。要为学生的自由探究提供机会，容忍并鼓励学生通过独立思考形成自己的新见解。

（二）改革德育内容，为学生道德创新能力发展提供有利条件

培养学生的道德创新能力就要改革德育内容，为学生提供一个开放的、与时俱进的内容体系，开阔学生视野，帮助学生形成开放的思维方式；同时，加强对学生创新的引导，保证学生道德创新的正确方向。

1. 丰富德育内容，允许多种价值观念进入学生的视野

多种道德价值观的引入可以激发学生的道德思维与道德创新能力。因此，要培养学生的道德创新能力，必须丰富德育内容，德育内容要涵盖主流的与非主流的道德价值观，将这些交给学生去分析、思考、融合、创新。我国传统德育中，许多教师因为害怕多种道德价值观的引入会导致学

---

① 中华人民共和国教育部：《普通高中思想政治课程标准》（2017年版），人民教育出版社2018年版，第42页。

生朝着不符合社会要求的方向发展，这种想法导致德育内容仅包括主流价值观，对其他的道德价值观竭力回避，这种德育内容的局限性导致了学生解决道德问题方式的单一性，忽视了对可能的道德观念和道德生活的探索。实际上，教师对引入多种价值观的担心是多余的，一方面，随着时代的发展，社会的道德价值观是处于不断发展变化中的，而那些与主流道德价值观不同的道德价值观并非全部是否定性的内容，它们也包括时代发展和学生道德发展所需要的精神，丰富德育内容可以开拓学生的视野与思路，在此基础上学生可以运用各种道德价值观进行综合创新；另一方面，学校仅可以在校内禁止学生接触到其他道德价值观，但在信息化时代，学生会或主动或被动地通过各种途径获取这些道德价值观，与其让学生被动地在校外受到影响，不如在学校里主动指导学生鉴别与思考，提高他们独立分析事物的能力、批判性思维能力，能辨善恶、识美丑，吸收有益的道德观念，批判错误的道德观念，在此基础上形成道德创新能力。当然，在对德育内容进行丰富的过程中，教师要强化正确价值观念的引导，避免价值中立，更不能以解放思想、鼓励创新为名，对错误的思想观念听之任之。

2. 更新德育内容，推动德育内容与时俱进

道德创新能力并不是游离于理性知识之外的，对道德知识的掌握是培养学生道德创新能力的前提条件，任何道德创新都是在已有的知识经验的基础上实现的。如果德育内容陈旧、落后，那么，学生就无法冲破传统道德的视野，依旧用传统的道德观念来考虑现实社会的问题，思维狭窄封闭，从而无法进行道德创新。德育内容的更新有利于学生的道德创新能力的提高，与时俱进的德育内容会使学生站在更高更新的角度上看待道德问题，促进学生道德创新能力的发展。

我国进入社会转型期后，经济的转型推动了工业化与城镇化的进程，工业化与城镇化进程的加快在推动社会发展的同时，也带来了环境恶化、资源紧缺及由此而产生的生态伦理问题。市场经济的发展使人趋利性增强，诱发出一系列的不正当交易行为。科学技术的进步在造福人类的同时也给人类带来了网络失德、犯罪等问题。传统的德育内容已经跟不上时代的发展，道德创新能力的培养要求更新德育内容，在德育内容中纳入经济伦理、生态伦理、科技伦理、生命伦理、网络伦理等新内容。只有这样，学生才能在新的社会转型的大背景下及时掌握最新的伦理道德，才能视野

开阔，理解社会转型时期道德问题和道德生活的本质，及时了解社会的各方面信息并在此基础上作出道德规范、道德生活和道德自我的创新，促进道德创新能力的提升。

3. 明确道德标准，引导学生进行道德创新

社会转型带动经济、政治、文化、道德等多方面的转变，人们之间的关系也在社会整体转变之中变得愈加复杂，人们的道德标准也伴随着社会转型而发生着相应的转变，呈现出模糊化的趋势。生活在传统、现代、后现代三重夹击下的学生往往感到困惑。其根本原因就在于，在传统的道德标准消解的同时，社会尚未形成新的具有现代意义、适应时代要求的道德标准，导致了道德标准不一致。这种道德标准的模糊的状态不利于学生道德创新能力的培养，容易导致学生对道德规范、道德生活和道德自我的不良创新。有了明确的道德标准，学生的道德创新就有了可行的衡量尺度与发展方向，推动学生的道德创新向善的方向发展。明确具有现代意义的道德标准，能够引导学生的行为，使他们懂得什么是善，什么是恶，自觉地趋善避恶，作出符合社会主义和集体主义价值观的道德创新。道德标准的确立要遵循以下几点：第一，要有利于社会物质文明、政治文明、精神文明、社会文明、生态文明的建设。第二，要有利于大多数人的幸福与发展。第三，要与社会历史的发展趋势一致，同人类文明的进步相一致，有助于促进社会的进步与发展。总之，"道德创新必须符合'三个有利于'的标准，凡有悖于'三个有利于'标准的价值观念和行为标准，绝不能妄称为道德创新"①。以这样的标准培养学生的道德创新能力才是正确的，才是我们所追求的。因此，教师要加强对学生道德创新的引导，防止学生的道德创新走向歧路。

（三）创新德育方式，促进学生道德创新能力的发展

传统德育采用填鸭式方式，把学生视为"美德袋"，往学生头脑中灌装道德知识，而放弃了培养学生的道德创新能力和追求意义生活的能力。要培养学生道德创新能力，必须改革德育方式，通过新的德育方式鼓励学生进行创新性的道德学习，培养学生道德创新能力。

1. 运用探究式教学，培养学生的道德创新能力

探究式教学是指在教师的指导下，学生围绕一定的任务或问题，进行

---

① 窦炎国：《伦理学原理》，中国社会出版社 2010 年版，第 375 页。

自主探究，自主解决问题、自主建构知识，从而培养道德创新精神，形成与发展道德创新能力的教学。我国传统德育通常用授受式教学，教师通过语言向学生传授现成道德知识，学生不需要自主探究便可获得现成的知识结论。这种教学方式以使学生掌握道德知识为主，压抑了学生创新潜能的发挥，不利于学生道德创新能力的培养。要培养学生的道德创新能力，必须变现成道德知识的授受式教学为教师引导、学生尝试创新的探究式教学。在这种教学中，学生不能直接获得答案，而是要通过自主探究得出结论、解决问题。在探究式德育中，教师通过提出问题、布置探究任务等方式引导学生主动参与到教学过程中，合作探究，互相交流。这会使其发现道德问题、解决道德问题的能力不断提高；会使学生转换角度思考问题，从不同思路尝试解决道德问题，道德创新潜能被激发，道德创新能力得到发展。教师在运用探究式教学时应该注意以下几点：第一，探究的问题与探究任务必须具有复杂性、真实性、开放性。问题应是道德认识和真实的道德生活中的难题，人们有不同看法的道德问题，人们的道德冲突与道德困惑问题。这样才能引起学生探究的欲望，才有探究的价值，才有助于学生道德创新能力的发展。第二，把握好学生自主探究与教师引导的关系。教师指导过少，教育效果不明显；教师指导过多，会影响学生的自主探究。总体来说，探究刚开始时教师要多引导，然后逐渐放开。不同的学生要采用不用的指导方式。第三，提供开放的德育氛围，激发起学生的兴趣。教师要精心设计思路，巧妙引导问题展开，激发学生探究的兴趣。第四，引导学生进行合作探究，使学生们在协作中相互质疑问难，取长补短，共同建构新知识。第五，对学生提出的新观点、新看法和解决问题的新方法要多鼓励，并及时纠正学生认识上的误区和思维上的偏差。

2. 引导学生在实践中提升道德创新能力

"创新能力是人的实践能力的典型表现与特殊形式，创新能力以实践能力为基础并从属于后者。实践能力可分为重复性实践能力与创造性实践能力，创新能力则属于创造性实践能力。"[①] 道德来源于人们的生活实践，道德也必须在生活实践中进行创新。道德创新能力是一种道德实践能力，是道德主体在具体的道德实践中不断形成与发展的能力，道德主体运用道德创新能力，对道德世界进行新探索，并在道德实践中发现新的道德知识

---

① 颜晓峰：《创新研究》，人民出版社 2011 年版，第 115 页。

或创造性地运用原有道德知识。道德创新能力内含着主体创造美好道德生活的能力，它是人们能动地改造外在道德世界的一种能力，它通过道德实践活动体现出来并得到锻炼与提高。追求幸福是人类的终极目标，学生在实践中锻炼，创造性地运用道德规范，为生活创造了善，这种善就是幸福，同时，学生在实践过程中获得了一种由道德理想变为道德现实的幸福的道德情感体验，在创新道德的同时也创造了美好幸福的生活。离开了道德实践活动，道德创新能力只是没有果实的花，毫无实际的道德意义。所以，要想提升学生的道德创新能力，必须强化创造性道德实践活动。需要注意的是，在培养学生道德创新能力的视域中，道德实践主要指的是创新性道德实践而不是重复性道德实践。创新性道德实践活动的具体做法是：

第一，探究式教学与创新性道德实践相结合。探究式教学是以培养学生的道德创新能力为主要目的的一种教学。但是，探究式教学对学生道德创新能力的培养多局限于认知过程，局限于认识问题、理论问题的解决，主要是培养学生理性的道德创新能力，缺乏实践性的创新锻炼，对学生道德自我的不断超越，对学生创造美好的道德生活的作用是极其有限的。因此，必须将探究式教学与创新性道德实践相结合，这样，才能提高学生道德创新能力培养的效果。教师要善于引导学生将在探究式学习中获得的对道德的新认识、新看法和道德问题解决的新方法运用于道德实践，指导道德实践，验证、完善这些新认识与新方法，并深化对道德问题的新认识。

第二，引导学生在道德实践中发现自身道德发展存在的问题，探寻新的道德生活对个体道德发展提出的新要求，以及当今什么样的生活才是道德的生活，从而帮助学生完善道德自我，超越现实道德生活，创造适应社会新需要的美好道德生活，提升创新道德自我的能力及创造美好道德生活的能力。

第三，引导学生在道德实践中，体验当代社会生活的新变化、新的生活与过去生活的联系与区别、新生活对道德的新要求、已有道德在哪些方面已不适应新生活的要求，从而帮助学生赋予传统道德新内涵，创造性运用已有道德规范，提高道德创新能力。

第四，引导学生在实践中了解现实的社会道德生活，发现道德生活中的道德问题，对现有道德生活进行分析，鼓励学生发挥自己的道德创新能力，提出对这些新的道德问题的新见解，创造性地提出解决这些道德问题的新策略、新方法。同时，要重视实践后的道德反思，组织好学生的道德讨论，让学生总结自己的收获与感受，寻找道德创新能力运用中存在的不足，从而促进道德创新能力的进一步提升。

（四）智力因素与非智力因素相结合，培养学生的道德创新能力

"心理学的研究证明，人的创造性的发展程度与他的整个人格发展是高度相关的，包括他所持的世界观、人生哲学、生活方式、伦理准则、思维模式等等。如富有创造性的人总是把世界上的一切事物看作是一种流动、一种运动、一种过程，而不是静止不变的；这种人不会执守过去，而总是展望未来，不是用过去来规定今天，而是善于用未来规划当今；他们不只是着眼于目前的现实，而是刻意发现各种可能；他们总是不满足于先辈们已经做过的，而是努力开拓未知、未开发的领域；他们一定是满怀信心地面对明天，相信自己能使明天变得更好，并且把创造美好的未来作为自己人生的职责；等等。也只有这样的创新性人格培养的基础上，人的创造能力才能得以全面充分地萌发，并在一种健康、正确的指向下，以创造性的方式去从事各种工作和活动，并享受创造人生之幸福。"[1] 因此，要培养学生的道德创新能力，既要注重培养学生的智力因素，也必须注重培养学生的非智力因素。有两点需要特别加以注意：

1. 引导个体突破思维定式，培养学生的道德创新思维能力

一般来说，思维定式可以分为从众型、权威型、书本型。从众型思维定式指的是随大溜，人云亦云，它使个人有安全感，即使错了，也无须独自承担。"权威型思维定式"是指以权威的是非为是非，盲信盲从。书本型思维定式是指唯书本是从，当在道德生活中遇到难题时，不假思索地运用书本中提过的或权威倡导的道德来解决新的问题。它给人思考问题时带来某种倾向性。这种倾向性对人们解决一般的道德问题会起到一定的积极作用，但它对那些新的道德问题的解决来说却是一种障碍。思维定式使人的心理活动表现出惰性，跳不出原有道德的框架，从而阻碍学生道德创新能力的发展。历史上的道德创新都是从冲破权威开始的。从这种角度来说，思维定式是需要突破的。在培养学生道德创新能力过程中，教师要善于引导学生突破思维定式，敢于超越书本与权威，改变思维的路径，敢于独辟蹊径，扩大思考范围，从不同的角度和层次去看待问题，寻求解决道德问

---

① 鲁洁：《道德教育的当代论域》，人民出版社 2005 年版，第 112 页。

题的新视角、新方法，善于全面、综合、整体地去思考问题，从而产生道德认识新成果，提出解决道德问题的新方法，提升个体的道德创新能力。

2. 培养学生非智力因素，给学生道德创新及道德创新能力发展提供动力

"创造型人物除了具有较好的智力因素外，更重要的是他们优秀的非智力因素。强烈的创造动机和期望，对客观世界永远保持浓厚的兴趣，好奇、勇于探索未知世界的冒险精神，克服困难持之以恒的顽强毅力等，是创造型人物所具有的独特的素质。"① 所以，要培养学生的道德创新能力，一方面必须注重培养有利于道德创新能力发展的个人素质，唤醒学生的道德创新意识，强化学生的道德创新动机，激发学生道德创新兴趣，形成学生敢于道德创新的冒险精神，磨炼学生道德创新的顽强毅力，从而使学生在良好个性品质的推动下勇于和善于道德创新，充分发挥自己的道德创新能力，促进道德创新能力的发展；另一方面，要克服影响学生道德创新能力发挥和发展的不良个性因素，如墨守成规、安于现状、缺乏自信、从众心理、迷信盲从、胆怯等。

（五）营造德育氛围，为学生道德创新能力的发展提供良好环境

环境对学生道德创新能力的培养有很大的影响，在一定程度上决定着学生道德创新能力发展的水平与速度。培养学生的道德创新能力必须提供一个良好的环境。在封闭、僵死的环境中，学生的创新能力不可能得到充分发展，只有在开放与宽容的氛围中，学生才能够独立探索与思考，才能孕育出创新的胚芽，道德创新能力才能得到充分发展。

1. 建构"师生对话"的平等师生关系

传统德育中，教师往往具有绝对的权威，甚至会形成畸形的"教师专制"的师生关系。这种师生关系下，学生更多是被动的服从，缺少质疑和发表自身观点的机会，学生的道德创新能力被扼杀在冰冷的说教和条条框框的规矩之下。

"只有在自由探讨、自由交流的环境中，人的创造能力才能得到更好的发展。"② 主体的道德创新能力与其他心理品质一样，它的形成是与外

① 俞国良：《创造力与创新能力》，华艺出版社 1999 年版，第 300 页。
② 甘自恒：《创造学原理和方法：广义创造学》，科学出版社 2003 年版，第 159 页。

部环境息息相关的，是外部环境与主体自身相互作用的结果。"人的创造活动本身就是一种实践活动，它具有客观性。就某一创造活动来看，它具体地存在于一个特定的客观环境中，同时又最充分地反映着这个环境的特征。也就是说，客观环境必然在主体的创造能力上留下自己的烙印。另一方面，从客观环境的形成和发展上，又可以看到创造主体的活动痕迹。"①心理学研究表明，身心自由是学生获得创新能力的基础，而只有在平等的师生关系中，学生才能够获得身心自由，才会有敏捷、活跃的思维，进行自由探讨、自由交流，促使道德创造潜能的迸发。从心理学角度分析，良好的心理环境容易使学生产生道德创新的火花。学生在心理安全与心理自由的情况下才能充分表达个体的思想，勇于提出自己关于道德的新观点、新看法。

　　所以，在德育中，教师要努力建构一种"师生对话"的平等的师生关系。这种"师生对话"的关系，并没有消除教师的作用，而是对教师作用的重新构建，使其向着有利于学生道德创新能力提高的方向发展。教师要相信学生有道德创新的能力。教师要学会与学生平等交流，关注学生的内心世界，了解不同年龄阶段学生的心理特点，只有这样，才能走进学生的内心世界，与学生产生共鸣，拉近师生的距离，使学生积极参与到德育活动中来。在这样一种民主、平等、宽松的氛围中，师生共同探讨道德问题，学生因为其见解得到积极的回应而进一步提出新的见解，不为特定的道德规范所限制。随着师生对话的发展，学生的道德创新能力也得到进一步提升。

　　2. 允许犯错，鼓励学生道德创新

　　道德创新能力是道德主体对未知的道德领域、道德自我与道德生活的探索与求证的能力。学生在这些领域探索与求证的过程中难免会犯错误。我国的传统德育是规范式德育，教师不允许学生犯错，一方面，他们害怕学生步入歧途；另一方面，也害怕教育进度不能保证。不少教师把犯错误的学生看作是失败者，对他们报怨、指责，学生在这种"否定标签"下难以感受到自己的价值从而缺乏自信、胆小懦弱，他们因为怕犯错被教师指责而不敢表达自己的新观点。这种德育扼杀了学生的积极性和创造性，学生的错误虽不断减少，但其创新性却被消磨殆尽。事实证明，传统德育

---

①　甘自恒：《创造学原理和方法：广义创造学》，科学出版社2003年版，第158页。

那种循规蹈矩的教育方法只能培养出道德的守旧者而非创新者。在传统德育下，学生们听老师的话、按书本上讲的做，成为循规蹈矩、缺乏创新能力的个体。

　　心理学研究表明，创新是每个人都具备的基本潜能，勇气和自信是个体的创新能力得以实现的前提。要培养学生的道德创新能力，首先要让他们相信自己。同时，道德创新是学生思想、心理斗争的产物，在进行道德创新的初始阶段，学生的创新成果可能会被教师赏识，从而增强他们的自信；也可能会被视为大逆不道而不被教师认可，造成他们的失败感和内心焦虑。因此，道德创新需要学生具备极大的勇气去承受这些挫折。道德创新能力内在地包含着学生破旧立新、挑战权威的勇气，一个有道德创新能力的学生必须拥有冒险精神与敢于承担风险的能力。教师要支持学生，鼓励学生不怕犯错，敢于犯错，在学生犯错中寻找亮点，为培养学生的道德创新能力提供支持。学生在进行道德创新的过程中的犯错、改错，就是学生进行思考、发现问题、道德创新能力不断得到提高的过程。如果教师不允许学生犯错，那么学生就会变得懒于创新。当然允许犯错不等于无视学生的错误，而是要帮助学生从错误中找到原因，引导学生改正，从而使学生自我反思、自我教育，从改正错误的过程中享受到成功的快乐，激发继续进行道德创新的欲望。同时，学生犯错、改错的过程，也是学生不断改造"旧我"，向"新我"过渡的过程，是一个创新自我、完善自我的过程。在这一过程中，学生发现自身的不足并加以改正，其道德创新能力和自身德性都得到提升，推动自我达到更高的精神境界，走向更新的道德自我。

参考文献

著作

《列宁全集》第 25 卷，人民出版社 1988 年版。

《马克思恩格斯选集》第 1 卷，人民出版社 2012 年版。

《马克思恩格斯全集》第 3 卷，人民出版社 2002 年版。

《毛泽东选集》第 1 卷，人民出版社 1991 年版。

北京大学哲学系外国哲学史教研室：《西方哲学原著选读》上卷，商务印书馆 1981 年版。

蔡元培：《蔡元培美学文选》，北京大学出版社 1983 年版。

蔡志良、蔡应妹：《道德能力论》，中国社会科学出版社 2008 年版。

陈法根：《心灵的秩序——道德哲学理论与实践》，复旦大学出版社 1998 年版。

《传习录》。

《春秋繁露·必仁且智》。

窦炎国：《伦理学原理》，中国社会出版社 2010 年版。

范树成：《当代学校德育范式转换与走向研究》，人民出版社 2011 年版。

范树成：《德育过程论》，中国社会科学出版社 2004 年版。

范树成等：《多元化视阈中的德育改革与创新研究》，中国社会科学出版社 2010 年版。

甘自恒：《创造学原理和方法：广义创造学》，科学出版社 2003 年版。

高德胜：《道德教育评论·2012：生活德育论的反思与展望》，教育科学出版社 2013 年版。

高德胜：《生活德育论》，人民出版社 2005 年版。

高德胜：《知性德育及其超越：现代德育困境研究》，教育科学出版社 2003 年版。

高觉敷：《西方近代心理学史》，人民教育出版社 1982 年版。

高兆明：《伦理学理论与方法》，人民出版社 2013 年版。

顾明远：《教育大辞典》，上海教育出版社 1998 年版。

郭本禹：《道德认知发展与道德教育：科尔伯格的理论与实践》，福建教育出版社 1999 年版。

韩庆祥：《能力本位》，中国发展出版社 1999 年版。

韩晓燕、朱晨海：《人类行为与社会环境》，格致出版社、上海人民出版社 2009 年版。

何建华：《道德选择论》，浙江人民出版社 2000 年版。

何颖：《非理性及其价值研究》，中国社会科学出版社 2003 年版。

贺麟：《哲学与哲学史论文集》，商务印书馆 1990 年版。

洪燕云、何庆：《创造学》，清华大学出版社 2009 年版。

《湖南教育》编辑部：《苏霍姆林斯基教育思想概述》，湖南教育出版社 1983 年版。

黄建中：《比较伦理学》，人民出版社 2011 年版。

黄希庭：《普通心理学》，甘肃人民出版社 1982 年版。

江畅：《德性论》，人民出版社 2011 年版。

蒋一之：《道德原型与道德教育：道德原型及其教育价值研究》，浙江大学出版社 2008 年版。

金生鈜：《理解与教育》，教育科学出版社 1997 年版。

瞿葆奎：《教育与人的发展》，人民教育出版社 1989 年版。

寇彧、张文新：《思想品德教学心理学》，北京教育出版社 2001 年版。

《礼记》。

李伯黍、岑国桢：《道德发展与德育模式》，华东师范大学出版社 1999 年版。

李春秋：《新编伦理学教程》，高等教育出版社 2002 年版。

李吉林：《情境教育的诗篇》，高等教育出版社 2004 年版。

李建华:《道德情感论:当代中国道德建设的一种视角》,北京大学出版社2011年版。

李茂等:《哲学方法论纲》,陕西人民出版社1994年版。

李咏吟:《审美与道德的本源》,上海人民出版社2006年版。

李忠孝:《能力心理学》,陕西人民教育出版社1985年版。

廖申白:《伦理学概论》,北京师范大学出版社2009年版。

林崇德、黄希庭、杨治良:《心理学大辞典》,上海教育出版社2003年版。

刘惊铎:《道德体验论》,人民教育出版社2003年版。

刘晓伟:《情感教育——塑造更完整的人生》,华东师范大学出版社2007年版。

刘韵清、周晓阳:《开放性教学论:高校思想政治理论课开放性教学新模式研究》,巴蜀书社2010年版。

卢风、肖巍:《应用伦理学概论》,中国人民大学出版社2008年版。

鲁洁:《道德教育的当代论域》,人民出版社2005年版。

鲁洁、王逢贤:《德育新论》,江苏教育出版社2010年版。

《伦理学》编写组:《伦理学》,高等教育出版社、人民出版社2012年版。

《论语》。

罗国杰:《伦理学》,人民出版社2014年版。

蒙绍荣:《直觉思维论》,广西人民出版社2002年版。

《孟子》。

彭柏林:《道德需要论》,上海三联书店2007年版。

彭聃龄:《普通心理学》,北京师范大学出版社2001年版。

戚万学:《冲突与整合——20世纪西方道德教育理论》,山东教育出版社1995年版。

乔建中等:《道德教育的情绪基础》,南京师范大学出版社2006年版。

邵志芳、高旭辰:《社会认知》,上海人民出版社2009年版。

《师说》。

宋希仁等:《伦理学大辞典》,吉林人民出版社1989年版。

唐汉卫、戚万学:《现代学校道德教育的问题与思索》,山东教育出版社 2008 年版。

　　唐凯麟：《伦理大思路：当代中国道德和伦理学发展的理论审视》，湖南人民出版社 2000 年版。

　　汪凤炎：《中国传统德育心理学思想及其现代意义》，黑龙江教育出版社 2002 年版。

　　王光荣：《文化的诠释——维果茨基学派心理学》，山东教育出版社 2009 年版。

　　王海明：《伦理学原理》，北京大学出版社 2001 年版。

　　魏英敏：《新伦理学教程》，北京大学出版社 1993 年版。

　　吴安春：《回归道德智慧：转型期的道德教育与教师》，教育科学出版社 2004 年版。

　　吴瑾菁：《道德认识论》，社会科学文献出版社 2011 年版。

　　肖祥：《伦理学教程》，电子科技大学出版社 2009 年版。

　　肖雪慧等：《守望良知：新伦理的文化视野》，辽宁人民出版社 1998 年版。

　　颜晓峰：《创新研究》，人民出版社 2011 年版。

　　杨国荣：《伦理与存在：道德哲学研究》，上海人民出版社 2002 年版。

　　杨韶刚：《西方道德心理学的新发展》，上海教育出版社 2007 年版。

　　余维武：《冲突与和谐——价值多元背景下的西方德育改革》，江苏教育出版社 2009 年版。

　　袁本新、王丽荣等：《人本德育论：大学生思想政治教育的人文关怀与人才资源开发研究》，人民出版社 2007 年版。

　　袁桂林：《当代西方道德教育理论》，福建教育出版社 2005 年版。

　　曾钊新：《道德认知》，湖南人民出版社 2008 年版。

　　曾钊新、李建华：《道德心理学》（上卷），商务印书馆 2017 年版。

　　张敏：《多元智能视野下的学校德育及管理》，上海教育出版社 2005 年版。

　　张敏：《思维与智慧》，机械工业出版社 2003 年版。

　　张述祖等：《西方心理学家文选》，人民教育出版社 1983 年版。

　　张澍军：《德育哲学引论》，中国社会科学出版社 2008 年版。

　　章志光：《社会心理学》，人民教育出版社 2008 年版。

赵祥麟、王承绪：《杜威教育论著选》，华东师范大学出版社 1981 年版。

赵玉英、张典兵：《德育原理》，山东人民出版社 2008 年版。

《中共中央国务院关于进一步加强和改进未成年人思想道德建设的若干意见》，法律出版社 2004 年版。

《中国大百科全书》（教育），中国大百科全书出版社 1985 年版。

《中国大百科全书》（心理学），中国大百科全书出版社 1991 年版。

中国大百科全书出版社《简明不列颠百科全书》编辑部：《简明不列颠百科全书》第 8 册，中国大百科全书出版社 1986 年版。

中国现代外国哲学学会：《现代外国哲学》（第 5 辑），人民出版社 1984 年版。

中华人民共和国教育部：《普通高中思想政治课程标准》（2017 年版），人民教育出版社 2018 年版。

中华人民共和国教育部：《义务教育思想品德课程标准》（2011 年版），北京师范大学出版社 2012 年版。

周义澄：《科学创造与直觉》，人民出版社 1986 年版。

周中之：《全球背景下的中国消费伦理》，人民出版社 2012 年版。

朱小蔓：《教育的问题与挑战：思想的回应》，南京师范大学出版社 2000 年版。

朱小蔓：《情感德育论》，人民教育出版社 2005 年版。

朱小蔓、金生鈜：《道德教育评论·2007》，教育科学出版社 2009 年版。

朱小蔓、梅仲苏：《儿童情感发展与教育》，江苏教育出版社 1998 年版。

朱智贤：《心理学大词典》，北京师范大学出版社 1989 年版。

译著

［美］A. 班杜拉：《思想和行动的社会基础——社会认知论》（下册），林颖等译，华东师范大学出版社 2001 年版。

［苏联］阿·尼·列昂捷夫：《活动·意识·个性》，李沂等译，上海译文版社 1980 年版。

［法］柏格森：《创造进化论》，王珍丽、余习广译，湖南人民出版社

1989 年版。

　　［法］柏格森:《形而上学导言》，刘放桐译，商务印书馆 1963 年版。

　　［英］贝弗里奇：《科学研究的艺术》，陈捷译，科学出版社 1979 年版。

　　［美］杜威:《道德教育原理》，王承绪等译，浙江教育出版社 2003 年版。

　　［美］杜威:《民主主义与教育》，王承绪译，人民教育出版社 2001 年版。

　　［美］杜威:《人的问题》，傅统先、邱椿译，上海人民出版社 1965 年版。

　　［苏联］符·阿·阿尔捷莫夫:《心理学概论》，赵璧如译，人民教育出版社 1957 年版。

　　［英］G. E. 摩尔：《伦理学原理》，陈德中译，商务印书馆 2017 年版。

　　［德］黑格尔:《法哲学原理》，范扬、张企泰译，商务印书馆 1961 年版。

　　［苏联］捷普洛夫：《心理学》，赵璧如译，人民教育出版社 1953 年版。

　　［美］柯尔伯格:《道德教育的哲学》，魏贤超、柯森等译，浙江教育出版社 2000 年版。

　　［美］路易斯·拉思斯:《价值与教学》，谭松贤译，浙江教育出版社 2003 年版。

　　［美］马丁·L. 霍夫曼:《移情与道德发展：关爱和公正的内涵》，杨韶刚、万明译，黑龙江人民出版社 2003 年版。

　　［美］马斯洛:《洞察未来：马斯洛未发表过的文章》，许金声译，华夏出版社 2004 年版。

　　［美］麦金太尔:《德性之后》，龚群、戴扬毅等译，中国社会科学出版社 1995 年版。

　　［苏联］尼古拉·别尔嘉耶夫:《论人的使命》，张百春译，上海人民出版社 2007 年版。

　　［美］皮亚杰:《儿童的道德判断》，傅统先、陆有铨译，山东教育出版社 1984 年版。

［美］皮亚杰：《结构主义》，倪连生、王琳译，商务印书馆 1984年版。

［美］乔伊斯等：《教学模式》，荆建华等译，中国轻工业出版社2009 年版。

［苏联］苏霍姆林斯基：《给教师的一百条建议》，周蕖、王义高等译，天津人民出版社 1981 年版。

［古希腊］亚里士多德：《尼各马科伦理学》，苗力田译，中国人民大学出版社 2003 年版。

［古希腊］亚里士多德：《尼各马可伦理学》，廖申白译注，商务印书馆 2003 年版。

［古希腊］亚里士多德：《修辞术·亚历山大修辞学·论诗》，颜一、崔延强译，中国人民大学出版社 2003 年版。

［英］亚当·斯密：《道德情感论》，谢祖钧译，陕西人民出版社2004 年版。

［美］约翰·S. 布鲁贝克：《高等教育哲学》，王承绪等译，浙江教育出版社 2001 年版。

论文

蔡春：《个人知识：教育实现"转识成智"的关键》，《教育研究》2006 年第 1 期。

蔡志良：《道德能力及其养成》，《教育评论》2003 年第 5 期。

蔡志良：《论道德能力的构成要素》，《天津市教科院学报》2005 年第 4 期。

陈嘉明：《个体理性与公共理性》，《哲学研究》2008 年第 6 期。

冯建军：《"德育与生活"关系之再思考——兼论"德育就是生活德育"》，载高德胜主编《道德教育评论 2012：生活德育论的反思与展望》，教育科学出版社 2013 年版。

傅维利：《真实的道德冲突与学生的道德成长》，《教育研究》2005年第 3 期。

高清海：《中国传统哲学的思维特质及其价值》，《中国社会科学》2002 年第 1 期。

葛晨虹：《道德是一种理性智慧》，人民日报 2002 年 5 月 11 日。

龚群：《理性的公共性与公共理性》，《哲学研究》2009 年第 11 期。

郭明俊：《哲学的智慧与智慧的哲学》，《学术研究》2008 年第 10 期。

郭元祥：《知识的性质、结构与深度教学》，《课程·教材·教法》2009 年第 11 期。

黄惠萍：《当代大学生道德行为能力探析》，《发展研究》2012 年第 9 期。

黄晓珊：《培养生活智慧——生活德育的新功能》，载高德胜《道德教育评论 2012：生活德育论的反思与展望》，教育科学出版社 2013 年版。

江畅：《论德性》，《伦理学研究》2010 年第 4 期。

李萍：《论道德规范的模糊性》，《现代哲学》1995 年第 3 期。

李学亮：《论道德直觉》，《怀化学院学报》1997 年第 3 期。

廖小平：《道德认识发展过程论》，《长沙理工大学学报》（社会科学版）1993 年第 3 期。

廖小平：《道德直觉：道德认识的一种思维方式》，《贵州社会科学》1993 年第 2 期。

林瑞青：《道德直觉论》，《扬州大学学报》（高教研究版）2006 年第 1 期。

刘磊、傅维利：《实践能力：含义、结构及培养对策》，《教育科学》2005 年第 4 期。

龙杰：《试论道德直觉》，《东岳论丛》1991 年第 2 期。

龙兴海：《从传统道德到现代道德——道德转型论》，《湖南师范大学社会科学学报》1996 年第 4 期。

龙兴海：《论道德智慧》，《湖南师范大学社会科学学报》1994 年第 4 期。

卢风：《当代道德难题与伦理学发展愿景》，《学习论坛》2012 年第 9 期。

鲁洁：《创造性是人的一种基本德性》，《教育研究与实验》2007 年第 5 期。

鲁洁：《道德教育：一种超越》，《中国教育学刊》1994 年第 6 期。

申玉宝、李润洲：《个性·选择·情感——存在主义哲学观对教育的启示》，《当代教育科学》2005 年第 9 期。

施铁如：《道德观念结构与道德观念建构》，《心理科学进展》1993

年第 3 期。

孙彩平：《知识·道德·生活——道德教育的知识论基础》，《教育研究与实验》2012 年第 3 期。

唐爱民：《真实的道德生活与德育课程生活资源的开发》，《课程·教材·教法》2007 年第 5 期。

［美］威尔森：《美国道德教育危机的教训》，湘学译，《国外社会科学》2000 年第 2 期。

吴康宁：《教会选择：面向 21 世纪的我国学校道德教育的必由之路——基于社会学的反思》，《华东师范大学学报》（教育科学版）1999 年第 3 期。

许建良：《福泽谕吉的"智德"观》，《桂海论丛》2007 年第 5 期。

许青：《试论道德比较的方法论原则及尺度》，《哲学研究》1987 年第 4 期。

颜培红：《论一个在道德上受过教育的人》，载鲁洁主编《德育现代化实践研究》，江苏教育出版社 2003 年版。

杨森：《中国社会转型的特殊性分析》，《甘肃社会科学》2003 年第 1 期。

易法建：《道德图式初论》，《武陵学刊》1998 年第 4 期。

张布和：《分析维果茨基的智慧发展思想》，《内蒙古民族大学学报》（社会科学版）2001 年第 04 期。

张楚廷：《论道德智慧》，《当代教育论坛》2004 年第 11 期。

张茂聪：《道德智慧：生命的激扬与飞跃》，《教育研究》2005 年第 11 期。

张晓玲：《试论直觉的本质》，《求索》1987 年第 3 期。

郑满利：《道德情感体验：德育实效性的促力》，《华北水利水电学院学报》（社会科学版）2010 年第 3 期。

郑伟健：《简论超前直觉与科学预见》，《社会科学辑刊》1992 年第 1 期。

郑信军、岑国桢、任强：《问题特征与呈现方式对情境性道德敏感的影响》，《心理科学》2009 年第 1 期。

周武军：《道德涵义多样性模糊性实证研究》，《大理学院学报》2013 年第 7 期。

后　记

　　德育是生成学生道德智慧，培养学生德性，以促进社会和谐、进步、发展的活动。因此，德育的目标、内容、策略等是随着学生的需要与社会需要的发展变化而发展变化的。在当代，学生的需要与社会的需要均发生了巨大变化，因此德育也必须随之而变，必须突出学生道德智慧的培养。而过去学界对此问题的研究相对较少，因此德育中学生道德智慧的培养是一个值得研究的课题。

　　学生的道德发展与道德生活需要培养道德智慧。道德智慧关涉学生的道德生活与道德成长。学生的生活需要道德智慧，学生的成长更需要道德智慧，充满道德智慧的生活才是学生愿意过的生活，与道德智慧相伴的成长才能使学生成为一个"仁且智"的人，一个崇善会善的人。道德是智慧的生活方式，道德生活不仅仅是对道德规范的遵从，而且还表现为根据具体的道德情境灵活地、创造性地运用道德规范，创造新的道德和道德生活。离开了道德智慧，学生的道德生活将是缺乏灵性的、僵化的生活。为了学生更好地生活、成长，德育需要培养学生的道德智慧。

　　社会发展需要培养道德智慧。我们处在多元、多样、多变的时代，处于社会转型期，学生面临的道德情境、道德问题越来越复杂。社会转型期是新旧道德交替、冲突的时期，一些原来的与新的时代要求不相适应的道德规范失去或部分失去了合理性和作用，而时代要求的新道德规范尚未完全确立和被人们普遍认可和接受，这往往使得学生无所适从，陷入道德困惑。在这样的时代境遇中，学生如何认识复杂的道德问题，处理各种道德关系，突破道德困境和道德困惑，对道德情境作出敏锐、正确的判断，在多种道德选择中作出明智的道德选择，表现出恰当的道德行为，仅凭传授现成道德知识，仅凭抽象的道德要求显然是无济于事的，它亟须培养学生的道德智慧。拥有道德智慧的学生，才能以基本的道德原则、道德规范为依据，对面临的道德冲突进行分析，对具体的道德问题、复杂多变的道德情境作出正确判断，创造性地运用已有的道德规范，从而应对复杂多变的社会生活，社会才能和谐、美好。

德育的发展需要培养道德智慧。在德育中不少教师将"听话"作为好学生的标准，向学生传授现成的道德规范，要求学生无条件遵守，而忽视学生道德智慧的培养，这虽然能养成学生的道德行为，但是，它固化了学生的道德思维，在当今复杂的社会，这种人很有可能是莽撞的"英雄"，或迂腐的"善人"。这种做法也使德育成为按照固定的程序培养"听话"的学生的机械操作，失去了生机和活力。要想使德育充满生机与活力，需要实施智慧德育，将培养学生的道德智慧作为德育创新的一个着力点。近年来，德育中倡导生活德育、人本德育、发展性德育、主体性德育等理念，道德智慧培养与这些德育新理念均有内在联系。培养学生的道德智慧也是生活德育、人本德育、发展性德育、主体性德育的要求，它使这些德育理念的实现找到了落脚点。

为了促进我国德育改革，为了使学生道德获得更好的发展，我们对学生道德智慧的培养进行了专门的、较系统的研究，本书就是集体研究的成果。本书总论由我撰写，其他各章的作者分别是杨越岚（第一章）、王晓静（第二章）、闫娜（第三章）、张博（第四章）、徐晨晨（第五章）、刘倩（第六章）、黄泽烨（第七章）。本书由我统稿，在统稿过程中，我对每一章都进行了较大幅度的修改，有的章作了相当大的修改。

由于德育中的道德智慧培养是一个学者较少进行系统理论研究的课题，也是一个有一定难度的课题，更因为作者的水平和视野的局限，本著作一定会有不少缺点和不足，恳请学者、专家和读者不吝赐教。

范树成

2019 年 9 月